Manuela du Bois-Reymond und Bruno Schonig (Hrsg.)
Lehrerlebensgeschichten

[illegible] Kingreen
1982
von Manuela

Lehrerlebens-geschichten

Lehrerinnen und Lehrer aus Berlin und Leiden (Holland) erzählen

Gesammelt und eingeleitet
von Manuela du Bois-Reymond und Bruno Schonig

Unter Mitarbeit
von Ulrike Mietzner

Beltz Verlag · Weinheim und Basel 1982

Manuela du Bois-Reymond, Jg. 1940, Dipl.-Soz., Dr. phil., ist seit 1977 Hochschullehrerin für Bildungssoziologie an der Universität Leiden, Holland.

Bruno Schonig, Jg. 1937, Dr. phil., ist Hochschullehrer für Historische Pädagogik an der Technischen Universität Berlin.

CIP-Kurztitelaufnahme der Deutschen Bibliothek

Lehrerlebensgeschichten : Lehrerinnen u. Lehrer
aus Berlin u. Leiden (Holland) erzählen /
ges. u. eingeleitet von Manuela du Bois-Reymond
u. Bruno Schonig. – Weinheim ; Basel : Beltz, 1982.
ISBN 3-407-54122-8
NE: Du Bois-Reymond, Manuela [Hrsg.]

Satz: K. Bauer, 6520 Worms
Druck: Beltz Offsetdruck, 6944 Hemsbach über Weinheim
Umschlaggestaltung: E. Warminski, Frankfurt/M.
Printed in Germany

ISBN 3 407 54122 8

Inhaltsverzeichnis

Einleitung 7

Erich Bieling, geb. 1899, gest. 1980

Und ich hatte – wie ich immer sage – Glück. 13

Else Krause, geb. 1894

Jede Zeit hat ihr Gesicht. 43

Erich Liebe, geb. 1898

Und det Gute bleibt dann
(zusammengesellt von Ulrike Mietzner) 79

Leiden – Kurzportrait einer holländischen Stadt 99

Herr van Adrichem, geb. 1903

Der Lehrerberuf – das Sprungbrett zu etwas Höherem 103

Toos Haas, geb. 1906

Wenn ich je Kinder habe, dann das nicht 133

Bart van Elsen, geb. 1906

Mein Ideal ist, daß es zugeht wie in der Schule 163

Kommentierende Anmerkungen zu den holländischen Texten 191

Zeittabelle 196

– Deutschland 198

– Holland 199

Nachwort. 206

Einleitung

Bemerkungen über Gesprächserfahrungen mit alten Lehrerinnen und Lehrern

In den Lehrerzimmern sitzen sich alte und junge Kollegen wortlos gegenüber; sie haben sich nichts zu sagen. In den Konferenzen kommt es manchmal zu aggressiven Auseinandersetzungen über Disziplinprobleme und die Ordnung überhaupt.

Wenn einer von den Alten pensioniert wird, gibt es ein Abschiedsfest mit einer Rede, Blumen und einem Umtrunk. Manchmal kommt der Schulrat und schüttelt der Pensionärin oder dem Pensionär mit amtlicher Dankbarkeit die Hand. Offiziell ist das Lehrerleben abgeschlossen – das Pensionärsdasein beginnt.

In oft über vierzigjähriger pädagogischer Arbeit, Schultag für Schultag getan, haben die Lehrer Erkenntnisse, Verhaltensweisen, Techniken und Routinen erworben, die nun sozusagen mitpensioniert werden. Niemand fragt mehr danach, es sind nun auf einmal keine gesellschaftlich notwendigen und anerkannten Kenntnisse mehr. Was zählt, ist das Junge, Neue, erziehungswissenschaftlich Fortschrittliche.

Aber ist das eigentlich richtig? Ist, was sie wissen, altes Eisen und ist das Neue wirklich so neu?

Das war unsere Ausgangsfrage, als wir in Berlin und in Leiden/Holland, gemeinsam mit Studenten damit anfingen, alte Lehrerinnen und Lehrer zu besuchen und mit ihnen zu reden.

Es hat lange gedauert, bis wir auf diese Frage eine überraschende Antwort fanden: die Erfahrungen der Alten zählen auch deshalb nicht, weil *wir* ja nicht wissen und ihnen gar nicht zutrauen, daß sie Erfahrungen haben, die uns etwas angehen könnten.

Wir nahmen an, die alten Lehrerinnen und Lehrer hätten Kenntnisse. Kenntnisse über die Lehrerausbildung zu Beginn dieses Jahrhunderts in Preußen oder in Holland, über die Lebens- und Arbeitsbedingungen als Volksschullehrer in so verschiedenen Zeiten wie dem 1. Weltkrieg und der Zeit danach, vor 1933 und in der Zeit der nationalsozialistischen Herrschaft, im 2. Weltkrieg und in der Nachkriegszeit. Diese Kenntnisse wollten wir ihnen abfragen.

Natürlich haben uns die alten Erzählerinnen und Erzähler alles, was wir wissen wollten, bereitwillig und oft ausführlich mitgeteilt. Auf den ersten Blick jedenfalls. Sie antworteten auf unsere Fragen, so gut sie konnten. Aber schon in der ersten Stunde eines Gesprächs merkten wir, daß sie noch etwas mehr und etwas anderes wußten, als wir fragten.

Es ist nicht einfach, dies Andere auszudrücken, ohne wenigstens die Tonbandaufzeichnung eines Gesprächs vorzuspielen, und auch das würde nicht ausreichen. – Wenn wir nach einem Gespräch nach Hause gingen, kamen wir aus einer anderen Welt. Das hat einer unserer Studenten so aufgeschrieben:

„Ich empfand nach diesen drei Stunden meine Umgebung – Verkehr, Hektik, Gegenwart – ein wenig unwirklich. Ich war gerade wieder angekommen aus einer Zeit, als ein Sofa 90 Mark kostete, der Junge half, Besenhaare einzupacken, alle den Kaiser verehrten, oder das Leben im Dorf weiterging und von den Konzentrationslagern keine Notiz genommen wurde."

Wir machten die Erfahrung, daß uns Geschichten erzählt wurden, wir stießen auf Geschichtenerzähler. Das paßte uns am Anfang nicht recht in unser Konzept. Wir wollten zum Beispiel von einer alten Lehrerin wissen, wie sich der Nationalsozialismus in den Berliner Schulen durchgesetzt hat. Als Antwort wurde uns eine kleine Geschichte erzählt:

„Wir hatten sogar an dem Tag, das war der 31. Januar 1933, eine Konferenz. Die dauerte bis sieben Uhr. Man mußte immer noch extra hin. Und als ich mit der Straßenbahn übern Großen Stern fuhr, kam und kamen wir nicht weiter. Die Bahn hielt so lange da. Und plötzlich sehe ich den Fackelzug kommen, den Hitlerischen Fackelzug. . . Ich denke, was ist denn da los? Ich habe keine Ahnung gehabt von der Masse dieser Bewegung. ‚Ja, das sind die Nazis,' wird mir gesagt. – Wir hatten ja den traurigen Einzug aus dem (1.) Kriege gesehen, wie die dann zurückkamen durchs Brandenburger Tor. Und jetzt das! Wir sagten uns, ob das zum Guten ist, wissen wir noch nicht. – Also jedenfalls am nächsten Tag kommt dieser Herr (ein Nazilehrer) mit der Liste rum: Wir möchten eine Spende geben für Nazistiefel, die Partei brauche Stiefel für ihre Leute. Und daraufhin habe ich ihm gesagt: ‚Sagen Sie mal, sind Sie noch normal? Wer hat denn heute Anspruch auf diese Stiefel? Die Leute haben doch alle 'ne gute Uniform an. Die sind doch warm angezogen, die können ja auch ihre Alltagsstiefel tragen. Sehen Sie sich mal an, was unsere Kinder tragen, wie die zur Schule kommen! Und Kinder sind doch wohl noch empfindlicher als Männer.' – Und dann habe ich gesagt: 'So lange ein Kind nicht tadelloses Schuhwerk hat, gebe ich keinen Pfennig für SA-Schuhe!'"

Das ist eine Geschichte, die uns zunächst als nicht „zur Sache" gehörig erschien. Erst als uns immer wieder, auf ganz verschiedene Fragen hin, Geschichten erzählt wurden, lernten wir, daß uns hier Antworten auf nicht gestellte Fragen gegeben wurden – in diesem Fall die Antwort aus dem Alltag einer Berliner Lehrerin zu Beginn des „Dritten Reiches". Ohne daß ein politisches Wort fällt, wird von einer kleinen Widerstandshandlung erzählt. – Je mehr Geschichten dieser Art wir erzählt bekamen, umso mehr veränderte sich unsere Einstellung zur alltäglichen Arbeit der Lehrerinnen und Lehrer in der Zeit des Nationalsozialismus. Das hat eine Studentin aus der Projektgruppe als Bestandteil ihrer Erfahrung so niedergeschrieben:

„Da gab es jeden einzelnen Tag zu bewältigen mit seinen Pflichten und Problemen. Da die Bewältigung des Alltags, oft der Kampf um die materielle Existenz, die gesamte Person einnahm, konnte man nicht mehr Entwicklungen persönlicher oder politischer Art über längere Zeit hinweg verfolgen. Es war ein Kampf ums Überleben. Daß dieser Kampf bewältigt wurde, macht die Leute heute zu Recht zufrieden. Wir sind sicher nur auf Gesprächspartner getroffen, denen dies gelungen ist. Indem ich die Bedeutung des Alltags erfasse, indem ich zuhöre, bildet sich durch diese Art des Lernens ein neues *Geschichtsverständnis* heraus. Denn Geschichte besteht aus der Summe vieler Alltage, die allerdings beeinflußt sind von den politischen Ereignissen; und der Alltag verändert sich eben nicht schlagartig, sondern paßt sich ganz allmählich – fast unbemerkt – an."

Aber wir hörten nicht nur Geschichten vom politischen Alltag. Die alten Lehrerinnen und Lehrer erzählten auch von ihrer Arbeit, vom schulpädagogischen Alltag. Wiederum schloß, was sie da erzählten, nicht bei unserem „modernen" Verständnis von Erziehung und Lehrerarbeit an. Wie konnten wir auch annehmen, von den Arbeitserfahrungen der alten Kollegen sei etwas zu lernen? Kaum einer von ihnen hatte eine Universität oder eine Pädagogische Hochschule besucht, sie kamen von Präparandenanstalten, Übungsschulen und Seminaren. Über Erziehungswissenschaft konnten wir von ihnen nichts erfahren. Sie hatten andere, nichtwissenschaftliche Berufserfahrungen, die sie uns fast beiläufig erzählten:

„Alles, was wir machten, mußte gespielt werden. Das Spiel war bei uns die Seele, die Seele vom ganzen Unterricht. Nur das wurde gelesen, festgehalten und dann gelernt. Also, wenn wir etwas über die Eisen- oder die Straßenbahn (wissen wollten), dann haben wir die Tische einfach so hingestellt, daß wir 'ne Straßenbahn hatten. Dann kamen die Gäste heran, dann war der Schaffner da, der Kassierer . . . Dann wurde eben gespielt. Das Schönste, sagen die Kinder immer, (waren) aber unsere gemütlichen Stunden, wenn wir zusammensaßen. Dann haben wir hier jeder im Kreis gesessen, oder wir sind so zusammengerückt. Ich habe dann vorgelesen, aber dabei haben wir uns auch unterhalten."

Es ist nichts Besonderes, was hier aus der Unterrichtsarbeit erzählt wird. Das Bemerkenswerte, was wir fast überhört hätten, liegt in dem Satz „Das Spiel war bei uns die Seele, die Seele vom ganzen Unterricht". Also etwas Regelmäßiges, eine tägliche Praxis, keine Ausnahme. Es ist eine ganz andere Auffassung von Unterricht, über die uns hier berichtet wird, und für einen Augenblick hatten wir den Wunsch, bei diesen Lehrern in die Schule gegangen zu sein.

Wo sind diese Erfahrungen mit erzählendem Lehren, zuhörendem Lernen geblieben? Welcher heutige Lehrer würde noch so unbefangen wie Erich Bieling von „lustbetontem" Unterricht zu sprechen wagen? Wir sprechen heute von „kreativer Entwicklung", „situativem Unterricht".

Vor uns saßen Menschen, die ihre Lehrerlebensgeschichte oder Partikel daraus erzählten. Sie machten uns mit ihrer lebensgeschichtlichen Erzählweise deutlich, warum und wie sie so geworden waren, wie sie vor uns saßen. Wir sahen ihr Gesicht und die Bewegungen ihres Körpers beim Erzählen, hörten ihre Stimme und sahen, wie sie verstummten. Aber jeder lebt solange, wie andere an ihn denken. Unsere „Lehrerlebensgeschichten" wollen ihre Erfahrungen für sie und uns bewahren; ihre Geschichte geht über in unsere, mit allen Widersprüchen und Brüchen.

Erich Bieling als Seminarist ca. 1917

ERICH BIELING

Und ich hatte – wie ich immer sage – Glück

Es war nicht einfach hinzukommen. Mit U-Bahn und Bus dauerte die Reise an den westlichen Berliner Stadtrand fast zwei Stunden. Und dann noch eine Viertelstunde zu Fuß durch eine Waldsiedlung, wie es sie um ganz Berlin herum gibt. Man kann nicht mehr recht unterscheiden, ob man durch einen Ostberliner oder Westberliner Stadtteil geht – wenn man nicht auf die Autos achtet, die vor den Häusern stehen.

Erich Bieling machte uns die Tür auf und bat uns gleich in sein Arbeitszimmer. Der Schreibtisch aufgeräumt, nur zwei Bücher darauf, in denen er gerade las. Er setzte sich sehr aufrecht vor seinen Schreibtisch, konzentriert und gespannt. Nach meinen kurzen Vorbemerkungen über unser Interesse an einem lebensgeschichtlichen Gespräch mit ihm begann er gleich zu erzählen. Mit großer Prägnanz gab er einen klar gegliederten Bericht über sein Lehrerleben. Fragen dazu brauchte er nicht; sein Erinnerungsvermögen war bis ins Detail ausgeprägt. Wurde dennoch eine Frage gestellt – manchmal in seine Rede hinein – sprach er seinen Satz zu Ende und kam dann – höflich – darauf zurück.

Sein Bericht dauerte lange, insgesamt fast sieben Stunden. Wir wurden beim ersten Besuch nicht fertig. Vor dem zweiten Gespräch zeigte er mir eines seiner liebsten und wichtigsten Bücher: eine von Gertrud Bäumer und Lili Droescher 1908 herausgegebene Sammlung autobiographischer Texte zur Erfahrung der Kindheit mit dem Titel „Von der Kindesseele". Ein Buch, das ich einige Wochen zuvor durch einen Glücksfall antiquarisch erworben hatte. – Ich versprach ihm, das Buch von Jan Petersen „Unsere Straße" zu schicken; in dieser Straße in Charlottenburg, über deren antifaschistischen Widerstand Petersen berichtet, wurde Erich Bieling 1899 geboren. Zu einem Austausch von Büchern kam es nicht mehr; Erich Bieling ist am 2. Februar 1980 gestorben.

An einigen Stellen der Tonbandaufnahme hörte man – die Stimme des Erzählers begleitend – das Gezwitscher der Vögel im Garten; es war ein schöner Tag im September, man konnte die Fenster offen lassen. –

Die Form, in der der Bericht hier vorliegt, habe ich – nachdem ich eine erste Gesprächsmontage hergestellt hatte – mit Anne-Marie Bieling, der Frau Erich Bielings, gemeinsam erarbeitet.

„Und da sagte mein Vater, ich solle Lehrer werden"

Kindheit und Schulzeit im Kaiserreich

Ich wurde als 15. Kind meiner Eltern geboren. In unserer Familie sind dreizehn groß geworden, ich bin der letzte, der Dreizehnte, der groß geworden ist. Ich habe nur noch eine Schwester, die ist 97, wird 97 Jahre alt, die wohnt in Falkensee. Mein Vater – ich bin in Charlottenburg geboren – mein Vater war Stellmachermeister und hatte auch eine geschickte Hand. Der hatte da ein bis zwei Wohnhäuser gebaut und hatte auch für seine Kinder – dies war ja eine große Familie – in seinem Heimatort in Friedersdorf bei Bitterfeld – man nannte das die „Villa" – gebaut. Und das war der Ort, wo wir eigentlich, wenn wir Ferien hatten, als Kinder immer hinfuhren. Da fuhren dann meine Geschwister und meistens noch Freunde und Freundinnen. Wir waren da meist eine Versammlung von bis zu zwanzig Personen, es ging immer lebhaft und sehr interessant zu.

Ja, ich war eigentlich so das Hätschelkind meiner Mutter. Ich habe bis zwölf Jahre bei ihr im Bett geschlafen, nachher auf dem Sofa im Schlafzimmer der Eltern, und meine andern Geschwister sagten immer, ich wäre ein ganz niederträchtiger Bengel gewesen. Also ich selbst muß sagen, ich habe eine gute Kindheit verlebt, ohne jede Komplikationen und Ärger. Ich kann mich nicht erinnern, daß meine Mutter jemals mit mir böse war oder auch nur ein böses Wort gesprochen oder mein Vater mich auch nur angerührt hätte.

Ich bin aufgewachsen eigentlich so völlig unberührt und unbeleckt, wissen Sie. Und als ich dann vierzehn Jahre alt war, die Schule war zu Ende, da sagte mein Vater, ich solle Lehrer werden. Ich hatte nämlich einen Bruder, der war schon vorher Lehrer, der ist aber im ersten Weltkrieg gefallen.

In der Volksschule galt ich als mittlerer Oberschüler, im ersten Drittel ungefähr. Also ich war nicht etwa der Erste, Zweite oder Dritte, ich war vielleicht der Achte – wir hatten ja damals noch Nummern – vielleicht war ich der Achte oder Zehnte, auch manchmal der Zwölfte. Ich glaube, als ich klein war in der Grundschule – was heute Grundschule heißt – da war ich besser und später, wissen Sie, hat niemand darauf zu Hause geachtet, daß ich und wie ich Schularbeiten machte. Kein Mensch. Ich weiß gar nicht, ob ich überhaupt Schularbeiten gemacht habe, wenn ich mich erinnere. Denn wie gesagt, ich bin da ganz aufgewachsen ohne jede Beeinflussung. Wir waren ja eine große Familie, und jeder hatte mit sich selbst zu tun und die Mutter auch und der Vater. Und letzten Endes waren sie auch nicht in dem Sinne intellektuell und so interessiert, aber sie sagten, der Junge ist so ganz ordentlich in der Schule, was soll der werden, also wird er Lehrer. Also, es hat niemand mit mir vorher gesprochen.

Das Geburtshaus in Charlottenburg

Die Familie um 1900

„Wir haben nicht mal schwimmen gelernt" – „Man wollte den Menschen in uns brechen"

Ausbildung im ersten Weltkrieg

Die Präparandenanstalten hatten damals eine ganz strenge Ordnung. Da hieß es, von vier bis sieben ist Ausgang. Ich kam nach Hause, dann gab's Essen, und dann wurde gearbeitet. Von vier bis sieben konnte man eventuell noch ein bißchen spazieren gehen. Und dann um sieben Uhr mußte man wieder zu Hause sein. – Auf der Präparande war ich auch so ein Durchschnittsschüler. Ich muß sagen, daß ich zunächst natürlich insofern Schwierigkeiten hatte, als ich überhauüt nicht wußte, was sind denn Schularbeiten. Und da hieß es ja furchtbbar lernen. Unser Gedächtnis wurde mächtig strapaziert, und wir mußten auch sonst viel arbeiten. Neben Religion, ich glaube, es waren vier Stunden – wir haben ja ungefähr die halbe Bibel und alle Psalmen auswendig lernen müssen – war's Deutsch, Mathematik, Realien. Es wurden eigentlich alle Fächer, die nachher der Lehrer brauchte, rein stofflich tüchtig bearbeitet, außerordentlich gründlich. Und wir hatten auch Französisch, eine Fremdsprache. Ich kann nur sagen, sie wurde nur nebenbei betrieben. Also, das fehlte uns, die Fremdpsrachen in der Präparande. Und dann – an ein's kann ich mich erinnern – wir hatten überhaupt kaum Turnen, also was wir Turnen nennen, Sport oder so etwas. Wir haben nicht mal schwimmen gelernt, nicht wahr. Es fragte niemand, ob wir schwimmen können, und wir wurden auch darin nie ausgebildet. Und wenn wir nachmittags vielleicht mal Fußball spielen wollten, und wir wurden dabei ertappt, dann bekamen wir noch unsere Strafe dafür. Also, so wenig wurde auf körperliche Erziehung Wert gelegt damals. Rein intellektuelle Schulung. Wir mußten auswendig lernen, lernen, lernen, immer wieder. Es wurde tüchtig gepaukt bei uns. –

Und dann bin ich aus der zweiten Seminarklasse im Juni 1917 eingezogen worden. Mit achtzehn Jahren. Da kam ich dann nach Perleberg zur Artillerie, Feldartillerie, und wir hatten eigentlich als Einjährige dort ein verhältnismäßig gutes Leben. Wir wurden gleich zusammengezogen, die ganzen Einjährigen.

Als erstes war furchtbar für mich: wir mußten nämlich auch reiten lernen. Das bedeutet, wir hatten Stalldienst. Wir mußten also um vier Uhr morgens aufstehen und dann in den Stall, Pferde putzen. Ich meine, Pferde hat man ja vielleicht von Ferne früher betrachtet, aber nicht wie einen Hund gestreichelt, nicht. Und das war ja das Furchtbare: Wir mußten den Stall säubern nur mit den Händen. Es gab weder eine Gabel noch eine Schaufel im ganzen Stall. Wir mußten also, wenn wir morgens kamen, das Stroh mit den

Händen auflockern, den Abfall zurück und dann in die Karre bringen. Wissen Sie, mit diesen Maßnahmen wollte man tatsächlich den absoluten Gehorsam. Man wollte den Menschen in uns brechen, wir sollten einfach nur noch gehorsame Diener sein, Sklaven, nicht wahr. Und das hat mir gereicht. Ich bin daher für mein Leben lang Antimilitarist geworden. Das ist so groß geworden, daß mich Adolf . . . Ich wußte, was Militarismus heißt. Und das hat diese Behandlung beim Militär zuwege gebracht, nicht wahr. Ich habe das gehaßt. Ich habe das natürlich in mir verstaut, ich habe es so verdrängt, aber dieser Haß auf das Militär, der ist mein Leben lang geblieben und den habe ich auch weiter.

Also in diesem Krieg nachher: ich bin bis November 1918, bis zum Waffenstillstand, draußen an der Front gewesen und bin nicht verletzt worden. Ich hatte auch nie das Gefühl, daß mir etwas geschehen würde. Andere, die haben irgend welche Ängste oder Vorahnungen gehabt, das hatte ich nie. – Bin auch oft mit dem Offizier mitgegangen als Meldegänger, und da haben wir dann zum Beispiel einmal in einem Unterstand da gestanden. Der stand in einem Munitionslager und dieses Munitionslager wurde in Brand geschossen. Da ging immer so ein Depot nach dem anderen hoch. Wir mußten uns durchfinden und nicht alle haben immer gewartet. Man wußte ja, solange dauert's, jetzt kannst du wieder weiter.

Man hat sich eben kriegsmäßig verhalten, und ich bin durchgekommen, ist einfach gewesen. Glück muß der Mensch haben, wenn man kein Glück hat im Leben: alle anderen sind gleich am ersten Tag . . . also jedenfalls hatte ich Glück. Ich muß überhaupt sagen, daß ich bis jetzt vom Glück begünstigt bin. –

1918 sind wir dann gemütlich zurückmarschiert nach Deutschland, durch Belgien und Luxemburg und sind dann irgendwo an der Lahn zur Ruhe gekommen. Dann bin ich einmal mit meinem Pferdetransport, den sollte ich nach Ostpreußen raufbringen, mitgefahren so ungefähr bis Frankfurt, und dann habe ich zu meinem Kameraden gesagt: ‚Du mach's mal allein!' Dann bin ich umgestiegen in einen Zug und bin nach Berlin gefahren und habe mich hier von den Soldaten einfach entlassen lassen. Ich habe damals im Krieg den Kriegsdienst allein beendet. Und ich habe das auch im zweiten Weltkrieg ähnlich tun können, meinen Dienst beenden. Es waren ja da so viele Möglichkeiten, daß man gehängt wurde. Aber ich bin vorbeigekommen, habe das auch können. –

Ich kam im Dezember hier an, als junger Mensch, man war lebenshungrig, man hat Unterhaltung und Vergnügen gesucht, und das andere, das war so am Rande. Ob dann ein paar Kugeln durch die Straße schwirrten, das machte einem Frontsoldaten nicht viel aus. Es war schon allerlei in Berlin los. Der Kapp-Putsch. Es war 1920, Berlin lag dunkel. Ich bin abends aber

Ein Familienausflug

bis nach Halensee rausgelaufen, um tanzen zu können. Das war so mehr am Rande. Ich habe das durchaus verfolgt, und ich habe es auch verstanden, ich habe schon miterlebt, aber ich habe mich, ich sagte Ihnen ja, ich bin so mehr Einzelgänger, ich habe da nicht mitgemacht, weder auf der anderen Seite. Ich habe gesagt, du mußt sehen, daß du selbst durchkommst. Das war immer meine Devise. -

„Es fiel etwas von mir ab und ich war ein ganz anderer Mensch"

Erste Berufsarbeit in der Weimarer Republik

1919 machte ich dann meine erste Lehrerprüfung. Es war damals natürlich ähnlich wie heute: es war auch ein Überhang an Lehrern.

Da wollte ich auch Geld verdienen und nahm dann eine Stellung an als Buchhalter in Charlottenburg bei der Kasse der Städtischen Werke, also Wasser, Gas und Elektrizität. Damals hatte man noch Gelderheber. Da war ein großes Büro, die kamen dann und rechneten ab. Da war ich ungefähr 1 3/4 Jahr Buchhalter. – War hoch interessant.

Inzwischen war mein früherer Rektor, bei dem ich in der Volksschule in der Krummen Straße war, Schulrat geworden. Und ich nehme an, der hat dafür viel gesorgt, hat meinen Namen gelesen. Ich hatte ja überall Bewerbungen abgegeben. Dann wurde ich schon verhältnismäßig früh, also 1921 im Herbst, eingestellt als Lehramtskandidat. Und zwar vornehmlich als Vertretung. Ich bin mindestens zwei Jahre als Vertreter tätig gewesen an verschiedensten Schulen.

Und ich muß sagen, das war sehr gut, daß man nicht gleich an eine Schule kam und dort blieb, sondern die Erfahrungen, die ich mit einzelnen Schulen gemacht habe, die waren unwahrscheinlich gut. Wissen Sie, oft war es auch so, daß ich froh war, daß ich wieder weg konnte. Meine Möglichkeiten und Fähigkeiten waren doch begrenzt. Und dann war ich froh, jetzt wieder in einer anderen Schule zu sein. Dann konnte man von vorn anfangen.

Ich weiß die erste Grundschulklasse, die ich hatte. Ich machte dann ja meine zweite Lehrerprüfung 1926, und da hatte ich eine Klasse geführt bis zur vierten Klasse. Und dort habe ich meine Lektionen so angelegt, zum Beispiel die Deutschlektion: Ich bin in die Klasse hineingegangen, ich habe nur einen Satz gesagt: ‚Wir wollen heute vom Drachensteigen sprechen.' Das war alles. Sofort haben meine Kinder dieses Thema aufgegriffen und haben darüber während der Stunde erzählt. Alles, was dazu gehörte: ihre Erlebnisse beim Drachensteigen, Drachenbau – alles erzählt. Ich habe nichts dazu gesagt. Die sind an die Tafel gegangen, haben gezeichnet. So habe ich die Selbständigkeit immer im Auge gehabt. Ich glaube, das wird heute so leicht keiner fertigbringen.

Vom ersten Tag an mußten die Kinder sprechen. Und zwar in den ersten Klassen, wenn wir morgens anfingen, hieß es: „Von gestern!" Dann kamen so und so viele Kinder vor, stellten sich vorn auf und erzählten von gestern. Oft ganz einfache Dinge, nicht wahr. Und dann kamen manche, die wollten auch sprechen. Die haben dann praktisch das wiederholt, was die andern gesagt haben, haben es bloß variiert, aber die haben gesprochen und gesprochen – jeden Tag: „Von gestern!" Die Kinder wußten, sie kommen nach vorne und können sprechen. Und sie haben gesprochen.

Und ich glaube, das hat sie außerordentlich motiviert. Auch in anderen Dingen. Ich habe immer versucht – es war mein Prinzip – der Unterricht mußte lustbetont sein. Das war das Wichtigste. Sehen Sie, es verging bei mir eigentlich keine Stunde, wo die Kinder nicht mächtig zum Lachen kamen. Es mußte irgendwie ein Spaß gemacht werden, es mußte gelacht werden – ja, und dann war auch wieder Ordnung.

Und dieser lustbetonte Unterricht – ich glaube, das verstehen die Kollegen heute nicht.

Wissen Sie, wenn ich in eine Klasse kam, ich fühlte mich als Schauspieler, als wenn ich auf die Bühne trete. Ja, es fiel etwas von mir ab – und ich war ein ganz anderer Mensch. Ich war ein anderer Mensch. Ich will nicht sagen, daß ich irgendwie theatralisch gearbeitet habe, aber irgendwie habe ich versucht, die Kinder immer herauszulocken, herauszufordern. Und wie gesagt, meine Vorbereitung war auch so irgendwie, daß ich Höhepunkte hatte. Und vor allen Dingen auch sehr abwechselnd – in der Stunde nicht nur bloß reden oder schreiben oder schreiben oder reden oder so.

Also, wir sind ja durch die Arbeitsschule, die ja heute nun vorbei ist, geschult. Es war eine Entwicklungsstunde in der Pädagogik, die war in einer Weise fruchtbar, außerordentlich. Und wir haben uns, wie gesagt, auch in den Arbeitsgemeinschaften darüber unterhalten, haben auch Lektionen gegeben. – Sie müssen denken, der Oberschulrat, der vom Provinzialschulkollegium, der hatte dann nachher gesagt (also meine Prüfung war ausgezeichnet): „Ich schreibe noch etwas hinein: Herr Bieling hat uns in seiner Deutschstunde die Gedanken der Arbeitsschule vorbildlich erfüllt". Das hat er noch 'reingeschrieben.

„Wir sind verhältnismäßig gut durch die Nazizeit gekommen"

Lehrerarbeit im Nationalsozialismus

Wir sind verhältnismäßig gut durch die Nazizeit gekommen. Es wurde der NS-Lehrerbund gegründet, da mußten wir alle mehr oder weniger rein. Wir wurden dann übernommen, und ich habe dann auch ungefähr ein halbes Jahr Blockwalter spielen müssen, aber sie haben gemerkt, daß ich kaum geeignet bin. Da haben sie 'nen anderen genommen.

Na ja, anpassen mußte man sich schon geschickt. Natürlich haben wir grüßen müssen, nicht mit Guten Tag, sondern mit Heil Hitler. Aber mit Fahnenaufzug undsoweiter eigentlich nur, wenn irgendwie Sonderanlässe waren. Wir mußten uns insofern einsetzen, Zeitungspapier sammeln, Altpapier und Eisen und alles mögliche wurde ja in der Schule gesammelt. Dann mußte irgendjemand das übernehmen. Aber wir sind verhältnismäßig glimpflich über die Nazizeit bis 1939 gekommen, das muß ich sagen.

Wer da standhaft war, mußte nicht, mußte nicht beitreten, und ist auch nicht irgendwie besonders schikaniert worden. Also, jedenfalls ist es mir gelungen, fern zu bleiben, und ich bin nie – nicht ein einziges Mal – zu einer Maifeier irgendwie angetreten oder eingeladen, ich bin nie gegangen, ich bin zu keinem Aufmarsch, zu nichts gegangen.

Ich wohnte mitten in der Stadt. Ich habe noch den 1. Mai 1934 in Erinnerung. Da stand ich am Fenster und es schneite. Und ich sah die armen Leute, wie sie alle rannten zum Aufmarsch. Dachte: Na, ihr Armen. – Ich muß sagen, ich hatte auch Glück. –

Also, man hat natürlich nicht eine große Lippe riskiert, das konnte man nicht. Man mußte sich schon irgendwie einfügen. Das war ja klar. Aber wer das tat und einigermaßen geschickt war, der ist auch ungeschoren geblieben. Ja, das ist mir geglückt. Ich bin nur als Beobachter dabei gewesen. Ich sagte ja, ich bin derartig geheilt aus dem ersten Weltkrieg nach Hause gekommen, die konnten nichts bei mir gewinnen. Das war völlig ausgeschlossen. –

Und, wie gesagt, ich hatte meine Fächer, und das hat mir Spaß gemacht und hat den Kindern vor allen Dingen Spaß gemacht. Ich hatte nie die geringsten Schwierigkeiten mit den Kindern.

„Ich wollte niemanden befehlen in den Krieg und Tod"

Im Krieg

Ich wurde 1938 schon zu einer sechs- bis achtwöchigen Übung nach Tegel einberufen. Und zwar wurde in Berlin eine neue Division aufgestellt, die sogenannte 218. Division. Da ich den Motorradführerschein hatte, ich gehörte auch zu den glücklichen Menschen, die schon 1931 ein eigenes Auto hatten, wurde ich gleich zu dem Stab, und zwar zum Kradmeldestab, eingezogen. Wir wurden als Kradmelder noch mal geschult, ausgebildet.

Das war eigentlich eine recht nette Übung, rein sportlich gesehen. Ich glaube nicht, daß da nationalsozialistischer Geist in unserem Kreise dort herrschte, das war nicht der Fall, nein, nein, nein. Jedenfalls habe ich mit denen keinen Kontakt gehabt, die haben auch mit mir keinen gesucht. –

Die gleichen Leute wurden zusammengezogen, zum Kradmeldezug bei der Division. Mußten rauf auf die Rösser, das waren alles Motorräder, die von Privatpersonen gestellt wurden, abgeliefert werden mußten. Und dann ging's zur polnischen Grenze. Und am ersten September gingen wir auch – wir zwar Gott sei Dank nicht in erster Linie, es waren ja aktive Regimenter – wir gingen in zweiter Linie über die Grenze. Und machten den Polenfeldzug mit, kamen dann zurück. – Er dauerte nicht lange, nein. Oh Gott, das war für mich, wo ich den Weltkrieg mitgemacht hatte, ein Spaziergang. Natürlich gab es unangenehme Augenblicke dabei, denn als Kradmelder durch das polnische Land fahren. Erstmal fielen in der Nacht die Schein-

Als Soldat in Polen, 1939

werfer ab, dann fiel das ab, denn ging das Ding nicht mehr, und wir saßen weit und breit und kein Mensch war da. Ja, es gab schon recht unangenehme Augenblicke.

Eines Tages rief mich – als wir dort noch in Polen waren – der Major zu sich und fragte mich, ob ich Offizier werden wollte. Und da sagte ich nicht Nein, sondern sagte: „Ich möchte eine Bedenkzeit von 24 Stunden haben." Hat nie mehr gefragt, denn jeder andere hätte natürlich Ja gesagt. Ich wollte nicht.

Ich wollte niemanden befehlen in den Krieg und Tod. Wollte ich nicht. Das habe ich nicht gemacht. Ich habe gesagt, na ja, und damit war die Sache erledigt. Ich hätte am nächsten Tag wahrscheinlich Nein gesagt, und er kannte auch meine Meinung, er kannte sie. Wir kannten uns schon von der Übung her, wissen Sie. – Also ich war überall dabei, habe mir Mühe gegeben, tüchtig zu sein. Ich war auch ein tüchtiger Soldat, ich habe meine Pflicht erfüllt, ja, das habe ich. Das steckt so in einem drin, muß man ja. –

Wissen Sie, wenn Sie nicht mehr so der Kleinste sind beim Militär und sich die Zeit einteilen können, ich konnte mir einen Wagen nehmen, und habe mir den Dienst eingeteilt. Es ist besser, wenn Sie einteilen können, als wenn Sie eingeteilt werden. Das habe ich mir auch später gesagt, als ich hier Rektor wurde. Das ist besser, man teilt den Dienst ein, d.h. heute soll es ja schwieriger sein, Dienst einzuteilen. Es soll wohl angenehmer sein, eingeteilt zu werden. Aber damals war es noch etwas anderes. –

Als der Frankreich-Feldzug zu Ende war, kam die Division nach Berlin. Es war die einzige Division, die hier einen Einzug in Berlin hatte. 1941 wurde die ganze Division durch Berlin geschleust nach dem Frankreichfeldzug, um nochmal Auftrieb zu geben, wahrscheinlich. –

– Wir waren die Eroberer, ja, ja. Da bekamen wir Geschenke und Einladungen. Also, man hätte sonst was tun können. Also es war ganz großartig, d.h. ich habe das alles nur als Rummel gesehen, ich wußte auch, zu welchem Zweck das organisiert wird. Dann wurde ich bald u.k. gestellt.

„Ich lebte nur für die Schule"

Plötzlich in Polen

Und plötzlich im Spätnovember oder wann es war, bekam ich eine Aufforderung, eine Versetzung nach Polen als Lehrer und Schulleiter. Dann ging ich noch zu meinem Schulrat und wollte versuchen, das umzuändern, aber nee, der hat mich gleich als Nicht-Nationalsozialisten fertig gemacht, nicht. Also, ich war ganz nieder. Denn es wurden sicher die zuerst rübergeschickt, die nicht Nazis waren. Die anderen wollten hier bleiben, wollten ja nachher im Frieden . . ., und ich sollte in Polen da weiter ein Jahr bleiben. Aber letzten Endes war dieses auch wieder ein ganz großes Glück für mich. Erstens bin ich nicht mehr Soldat geworden und zweitens konnte ich mich nachher auch wieder absetzen.

Ich wurde dann dort abgeholt, es war eigentlich ein kleiner Ort. Da holte mich der Lehrer ab. Der war vielleicht ungefähr, ich weiß nicht, sechs bis acht Wochen oder ein Vierteljahr schon dort. Ein deutscher Lehrer, der hat es irgendwie verstanden, hier zurückversetzt zu werden, wohl in seine Heimat. Das war ein schlotterndes Bündel, als er mich abholte. Der hat fast gezittert, er sagte mir dann: „Also, morgen früh um 6 Uhr verlasse ich schon den Ort und fahre zurück." Und hat mir das praktisch alles nur so hingeworfen, denn am nächsten Tag war dort nämlich eine Hinrichtung, wurden Polen erhängt, ja. Er sollte mit den Schulkindern dort antreten und sollte dieser Prozession beiwohnen, und er glaubte natürlich, er würde dann von den Polen demnächst auch gelyncht werden, nicht. Ich bin natürlich am nächsten Tag nicht hingegangen mit meinen Kindern, ich mußte ja nicht, ich hatte ja keinen Befehl dazu, bin bloß am Nachmittag hingegangen, habe mir angesehen, wie dann so am Baum die Leichen hingen und sich im Winde drehten.

Ja, wer das gesehen hat, der sagte sich, na, nach diesem Krieg, das wird aber Deutschland teuer bezahlen müssen.

Dieses Unwesen ist natürlich immer stärker geworden, nicht wahr. Die Deutschen konnten zum Teil manchmal . . . haben sich abends nicht mehr nach Hause getraut. Also ich war ja der einzige – es war noch der Postmensch, der war nicht in der Partei – wir beide, wir waren die einzigen. Die Volksdeutschen, die gingen alle entweder in die Partei oder die SA, und es gab ja öfter Zusammenkünfte auch . . . usw., und da mußte ich immer als Zivilist als letzter so hinterhertrotten. Und jedermann wußte also, ich bin kein Parteigenosse. Dadurch ist es mir in Polen auch nicht schlecht gegangen, ich habe nie gehungert, ich konnte kaufen.

Wir hatten auch eine polnische Schule dort, und man sagte mir, ich solle mir die Schule ansehen und solle eventuell die rauswerfen. Ich hatte nur in einem Privatgebäude mehrere Klassen, und ich bin dann noch hingegangen, hab' den polnischen Kollegen beruhigt, sie brauchen sich nicht Sorge zu machen, ich nehme von ihnen nicht das Geringste, ich komme auch nicht hierher, sie können weitermachen. Das waren zunächst zwei Klassen, die ich hatte, hatte aber im Umkreis noch einige.

Ich war eben praktisch auch kleiner Schulleiter. Erst da Lehrer und kleiner Schulleiter dort, hatte späterhin auch noch eine junge Dame, ein junges Mädchen, das Lehrerin werden wollte, zur Hilfe.

Und hatte dort vor allen Dingen diese Volksdeutschen. Es gab viele Polen, die dann entdeckten, daß sie eigentlich Deutsche sind. Volksdeutsche mit dem Wasserpolnisch. Dann waren die Rumänendeutschen da aus der Bukowina und Siebenbürgen, wo die herkamen. Ich hatte diese Kinder, diese Volksdeutschen und die Auslandsdeutschen.

Ich hatte einen ganz genauen Lehrplan. Unser Schulrat in Benjin, das war ein Dr. sowieso, ein recht kluger Mann, der aber vorher Lehrer oder Schulrat in Polen war, aber ein Volksdeutscher. Wir hatten diesen Plan und hatten durchaus unser Soll zu erfüllen. Damals lernte ich als erstes die Ganzheitsmethode kennen. Jedenfalls mußte ich nach der Ganzheitsmethode die Kinder unterrichten. Ich habe sie natürlich zunächst vollkommen innerlich abgelehnt. Ich habe gesagt: Wir haben hier nach der synthetischen Methode gearbeitet. Also, ich mußte nach der Methode unterrichten. Es gab ja nicht viel Literatur, vor allen Dingen hatte ich keine Fibel. Ich habe mir einiges erzählen lassen und habe dann natürlich für meine Kinder sämtliches Material, Kärtchen, alles selbst gebaut, alles selbst gemacht. Das war gut so, damit war ich beschäftigt, jahrelang. Ich hatte keine freie Zeit und keine Zeit zum Überlegen und Angst haben.

Ich lebte nur für die Schule. Wissen Sie, das haben die Kinder erkannt, und was die Kinder den Eltern erzählen, das denken natürlich die Eltern auch über den Lehrer. Dadurch hatte ich ein sehr gutes Image dort bei allen Eltern. Und die Polen, die wußten, ich bin kein Nazi.

Also, ich kann nur sagen, daß ich in dieser Zeit gelitten war bei den Deutschen. Von den Polen weiß ich es nicht. Jedenfalls bin ich nie angepöbelt worden, ich habe nichts gemerkt. Ich wohnte zunächst in dieser Fabrik in einer Werkswohnung, und die wurde gebraucht. Da kam eben aus Westdeutschland irgendein leitender Angestellter, der die Firma wohl übernehmen sollte. Na, mußte ich eben raus. Da sollte ich mir auch eine Wohnung in Polen nehmen, von den Polen aussuchen. Ich habe gesagt: ‚Das tue ich nicht, das mache ich nicht. Ich verlange, daß man mir eine neue, – da war ein Rohbau, – daß man den Rohbau fertigstellt. Dann will ich einziehen, aber sonst ziehe nicht. Ich werde keinen Polen wohnunglos machen'.

Die polnischen Kinder beschwerten sich auch nicht bei mir, aber ich hörte das durch Umfragen, daß sie von den deutschen Kindern gestoßen, gestupst wurden, alles mögliche. Da habe ich mich natürlich bei den Kindern eingesetzt, sie sollen sich ordentlich und anständig und korrekt verhalten. Das habe ich getan, und soweit ich da Einfluß hatte, habe ich das auch gemacht, aber wie weit es ging, weiß ich nicht, jedenfalls hat es doch etwas geholfen.

Sehen Sie, die Kinder haben ja auf der Straße gesehen, wie die Polen und vor allen Dingen, in den ersten Jahren, wie die Juden behandelt wurden. Sie können sich nicht vorstellen, mit welchen Fußtritten und Schlägen die Polen, die deutsche SS und die Kanarienvögel diese Juden behandelt haben. Und dann war es so weit, daß sie alle abtransportiert wurden.

Das war so: Da war eine breite Straße, hier war die Eisenbahn, da war noch eine Straße, ich wohnte hier und konnte das alles sehen. Dann wurden die Juden zusammengetrieben, alle in diese Wagen gepfercht, und ich habe dann gesehen, wie einer ausstieg auf der anderen Seite, der wurde sofort erschossen, ja, die wurden sofort erschossen, wer herausging.

Und meine Kinder, die schrieben dann mal eine kleine Niederschrift, und ich bin so traurig, daß ich sie nicht aufgehoben habe. Die erzählten, was sie alles erlebt hatten von den Juden: wie die über den Zaun kletterten, wie sie wie die Spatzen abgeschossen wurden, wie sie niedergeschlagen wurden, das haben sie mir mir erzählt, die Kinder in einer kleinen Niederschrift.

Ich glaube nicht, daß ich hätte reden können. Ich habe die Sachen an mich genommen und habe sie auch verwahrt. Aber nachher, bei meiner Flucht, gingen sie irgendwie verloren. Das wären gute Zeugnisse gewesen. Also, die Kinder haben das ja gesehen, wie man mit den Polen und den Juden umgeht, sie haben das natürlich auch nachvollziehen wollen.

„Ich hatte wieder mal Glück"

Kriegsende

Ich hatte wieder mal Glück. Ich bekam einen Auftrag, und zwar als Ordonnanz nach Potsdam zu irgendeinem Heereskommando. Da habe ich mich auf den Weg gemacht, und als ich dann in Richtung Berlin kam, vor Berlin in Wustermark, da waren schon alle Gleise zerstört. Da dachte ich, die Gegend kennst du hier, und dann bin ich an den Gleisen entlang bis Falkensee gelaufen und habe mich da erstmal in meinem Wochenendhaus ausgeruht. Bin aber doch am nächsten Tag nochmals nach Potsdam gefahren, hab' meinen Auftrag ausgeführt.

Aber Sie hörten ja schon und Sie sahen ja die Flüchtlinge, die durch Potsdam zogen. Es war eine furchtbare Zeit, und jede Nacht waren die Angriffe, und es war ja immer damit zu rechnen, daß man einen ganzen Tag unterwegs war, um von Potsdam nach Berlin zu kommen.

Ja, und dann, wie gesagt, habe ich mir überlegt, es hat ja wohl nun keinen Zweck mehr, sich in Berlin aufzuhalten. Dann bin ich nach Falkensee gegangen, habe meine Uniform ausgezogen und habe mich etwas im Hintergrund aufgehalten. Es war damals alles auch mit einem Risiko verbunden. In Berlin wäre mir das nicht möglich gewesen, in Charlottenburg, da hätten sie mich geschnappt, hätten sie mich eingesetzt irgendwo oder am nächsten Laternenpfahl . . .

Dann eines Tages war es so weit, dann kamen die russischen Panzer nach Falkensee, und ich sehe mich heute noch am Fenster des Hauses meines

Schwagers stehen. Da sah ich mit einmal an einer Ecke, ungefähr eine Gruppe von acht bis zehn russischen Offizieren, aber derartig elegant gekleidet, so was habe ich noch nie gesehen, das müssen irgendwelche Stabsoffiziere gewesen sein, irgendeine Gruppe. Die hatte dort ihre Karten, und das dauerte auch nicht lange, die standen da ganz allein, diese Gruppe, und dann kamen, wie gesagt, bald die Panzer, man hörte, wie sie durch die Straßen rasselten. Und da, bei uns, kam vor allen Dingen der Troß, die Panjewagen, nicht, die denn da vorbeirasselten, und wir standen, aber schauten auch zu, na, und dann kam irgendein Russe auf uns zu, der wollte gleich „Uhri" haben, aber ich hatte ja die Uhr schon längst versteckt. Ich sagte, „Kamerad, nicht Uhri".

Wir haben uns auch am nächsten Morgen versteckt. Das war wohl eine polnische Division, die dort eingesetzt war. Es kamen die Truppen von Polen auch in dieses Haus, durchsuchten das Haus. Mein Schwager, der hatte das ähnlich gemacht wie ich, der hatte auch seine Uniform ausgezogen. Da waren wir im Keller und wurden dann mit Maschinenpistolen, na, zur Ruhe gebracht. Und dann haben sie das Haus durchsucht und auch meine Schwester am ganzen Körper untersucht nach Schmucksachen, ja. Vielleicht haben sie was gefunden, na, jedenfalls sind wir sie dann wieder glücklich losgeworden. Wir waren so unverschämt, wir haben eine große Flagge, eine Rotkreuz-Flagge, rausgehängt, obwohl wir überhaupt gar keine Möglichkeit hatten, jemanden zu helfen. Also, wie gesagt, bei uns fuhr vor allen Dingen der Troß vorbei. Und in den nächsten Tagen einmal hieß es, die SS kommt. Da sind diese Russen wie die Irren zurückgefahren, ja, zurückgestürmt, die müssen eine maßlose Angst vor der SS gehabt haben. Und dieser SS-Trupp, der kam aber Gott sei Dank nicht bei uns durch.

Mein Schwager war Fotograph, und zwar hatte er früher dieses Sportbild-Archiv, es war mit das größte in Deutschland. Er hatte sein Haus so gebaut: da war ein riesiger Erker, und dieser Erker war nicht ganz tief unterkellert, sondern nur in halber Höhe, und da konnte man nicht durch eine Tür hinein, sondern da stand ein Schrank vor. Dort hatte er Unmengen von fotographischem Material und Chemikalien und Apparaten aufbewahrt. Er hatte auch im Keller einen Bunker gebaut, und wenn die Leute kamen und das Haus durchsuchten, haben sie nichts gefunden. Im Erker, da hatten wir unsere Koffer mit Sachen. Ich habe persönlich meine ganze Garderobe usw., alles retten können. Das war das Wunderbare, ich hatte sämtliche Garderobe und alle Schuhe und Wäsche, und das war ja damals viel wert.

Ja, und dann haben wir uns da rangemacht und haben die Russen fotographiert. Sie glauben ja gar nicht, unsere Straße stand voller Russen, die kamen mit allen möglichen Panjewagen, mit Fahrrädern, die sie . . ., und jeder wollte fotographiert werden. Und Gruppenfotos, da habe ich tüchtig mitgeknipst, und die Russen mußten natürlich mit Naturalien zahlen. Die brachten dann, was sie woanders geklaut hatten, nicht wahr, Fleisch oder Büchsenmilch oder Kartoffeln, und dadurch sind wir tatsächlich 1945 in der schlechtesten Zeit ganz gut durchgekommen, also mein Schwager, selbstverständlich gab er mir etwas ab.

Man durfte sich natürlich nicht viel auf den Straßen zeigen, denn sie brauchten immer wieder Hilfskräfte zum Arbeiten. Das war wohl Pfingsten oder so, es gab Milch. Milch konnten wir uns immer irgendwo holen. Und da ging ich auch, ich glaube, es muß Pfingstsonntag gewesen sein, es war vielleicht morgens um acht oder neun, die leeren Straßen mit der Kanne entlang, und wie ich vorn zur Ecke komme, steht ein Russe mit aufgepflanztem Bajonett und winkt mich heran, und jeden Mann, der kam, winkte er heran. Na, dann führte er uns zur Eisenbahn, also zum Bahnhof, gab uns einen langen Schraubenschlüssel, und dann mußten wir das zweite Gleis lockern, wissen Sie, die Schrauben lösen. Na ja, das habe ich vielleicht ein paar Stunden mitgemacht, und dann habe ich den Schlüssel weggelegt bei einer guten Gelegenheit und habe mich durch die Gärten, man kannte das alles da, nach Hause begeben, und dann habe ich mich versteckt. Sie suchten ja überall die Männer. Wissen Sie, das war ja nicht das Schlimmste, aber wenn Sie zum Beispiel zu einem Transport mußten, nach dem Osten, und es fehlte ihnen einer, dann lasen sie einfach einen auf, und der mußte mit. Das hätte einem auch blühen können.

„Ich war ja nun wirklich ein routinierter und erfahrener Lehrer"

Lehrerarbeit nach dem Krieg

Durch irgendeine Bekanntmachung wurden Lehrer gesucht in Falkensee, und da ich von Falkensee nicht jeden Tag nach Charlottenburg konnte, habe ich mich bei dem Kollegen gemeldet, der diesen Auftrag von der Kommandantur bekommen hatte und habe mit ihm gesprochen. Der hatte keine Meinung und sagte: „Na ja, wir werden schon welche finden." Und als ich dann an der Tür war, raus ging, dann sagte ich: 'Wissen Sie, ich möchte aber nochmal bemerken, daß ich kein Nazi war.' Da fiel er bald vom Stuhl, sagte: ‚Was! Aber dann kommen Sie sofort zurück, dann habe ich ja für Sie natürlich eine große Aufgabe.' Dann bekam ich die Schule in Döberitz, die mußte ich aufbauen. Es war wohl schon ein Kollege da, der aber ein ganz großer Kommunist war, und der hatte gleich mit der Stadtverwaltung da gut kunkeln können und hatte das Material bekommen, um die Räume, die Schule war nur leicht beschädigt, er bekam eben Glas, um die Räume zu verglasen und bekam auch Handwerker, die einigermaßen die Schule einrichteten.

Als ich hinkam, hatte er vier Wochen schon dort gewirkt. Die Schule hatte, nehmen wir mal an, 10-12 Klassen, und Lehrer waren auch schon da. Also Lehrer nicht, es waren fast alles Schulfremde. Es waren zwei Damen, die waren Lehrerinnen, ältere Damen, alles andere waren Schulfremde. Es kam nicht darauf an, daß jemand das Abitur hatte, aber wir hatten auch einige. Dann waren es auch Handwerker oder Ingenieure von Siemens, die nicht mehr weg konnten, und Schreibkräfte, die vielleicht schon immer den Wunsch gehabt hatten. Und mit denen fing ich dann an. Die Klassen wurden eingeteilt, Kinder waren auch da.

Eine große Schule. Ich glaube, wir hatten 30 Klassen nachher, eine Riesenschule, ja, eine Riesenschule, die mußte ich dann führen. Ich weiß, sie war schon aufgebaut, aber der Schulleiter fehlte. Und da habe ich dann diese Schule geführt.

Damals kam einmal ein russischer Offizier zu mir und wollte natürlich ein bißchen Rechenschaft haben. Wissen Sie, die Russen hatten damals ein System, ja vielleicht haben wir heute etwas Ähnliches. Praktisch, systematisch, analytisch die Qualität und die Leistungen, die erworben wurden, zu testen. Ganz prozentual mußte das und linear aufgerechnet werden. Es war mir vollkommen fremd. So etwas haben wir nie gemacht. Und das empfahl er mir damals und verlangte es auch von mir. Wir sprachen dann noch eine ganze Weile. Ich hatte aber den Eindruck, daß er nicht allzu begeistert von mir war. Aber das ging dann vorüber. Das war das einzige Mal, wo ein russischer Kulturoffizier die Schule inspiziert hat.

Ich glaube, es gab für mich jedenfalls keine Konflikte, denn ich war ja nun wirklich ein routinierter und erfahrener Lehrer. Ich möchte sagen, daß ich diesen Gedanken der Anschauung, der Arbeitsschule stark miteingebracht habe. Und ich sage Ihnen ja, ich hatte in Zombowicz die Ganzheitsmethode. Ich habe dort die Ganzheitsmethode auch wieder eingeführt. Das erforderte natürlich auch viel Arbeit mit den Kollegen. Wir waren auch gezwungen, selbst viel Arbeitszettel anzufertigen. Das war eine ganz schöne Arbeit. Ich kann mich im Moment nicht erinnern, daß wir da irgendwelche großen Konflikte hatten. Natürlich wurde ich im Laufe der Zeit stark beobachtet, denn mit dem Laufe der Jahre (durch die FDJ wuchsen ja schließlich Kader, geschulte junge Leute heran), und wir Schulleiter wurden außerordentlich stark beobachtet.

Die Leiter wurden dann langsam abgesägt, und es traten nun ausgebildete junge, auch geschulte Kommunisten, an ihre Stelle. Ich sagte Ihnen ja, ich war immer in Charlottenburg gemeldet. Ich bezog meine Lebensmittel in

Charlottenburg und hatte auch meinen Wohnsitz in Charlottenburg, arbeitete aber drüben.

Ich hatte einmal ein Erlebnis in Nauen bei einer großen Versammlung. Da wurde dann zum Schluß eine Resolution an Stalin aufgesetzt und wurde dann abgestimmt: ‚Also, wer ist dafür?' ‚Alle Hände hoch.' ‚Wer ist dagegen?' ‚Keiner.' ‚Wer enthält sich der Stimme?' Ich war der einzige, der sich der Stimme enthalten hat. Es hat keine Folgen gehabt. Also jedenfalls nicht unmittelbar. Wir hatten ja unseren Standpunkt, und wir wußten, wir machen unsere Arbeit, und sie brauchten uns ja wohl auch.

1949 wurde ich dann aufgefordert, meinen Wohnsitz nach Falkensee zu verlegen. Und da habe ich gedankt, und bin dann entlassen worden. Es hatte sich aber vorher schon zugespitzt, ich hatte schon mit der SED Schwierigkeiten bekommen.

Bin also nicht geflüchtet. Ich konnte jeder Zeit rüber. Also, ich gehöre nicht zu den Flüchtlingen, ich bin normal übergewechselt. Ich bin dann nach Charlottenburg gekommen und wollte im Bezirk Charlottenburg arbeiten. Da war ein Stadtrat Sch., ein bekannter SPD-Mann. Und mit dem, das dauerte gar nicht lange, haben wir uns derartig gestritten und gezankt. Der behauptete doch, was er für ein Genosse sei, und daß wir, wenn wir so lange da drüben arbeiten, dann müssen wir doch infiltiert sein usw. usw. Der hat gar nicht gewußt, was wir da für eine Arbeit geleistet haben. Das hat ja mich maßlos aufgeregt und dann war es aus. Er hat mich natürlich nicht eingestellt.

Ich bekam keine Stellung. Ich weiß nur, daß man nach mir gleich einen Schlosser aus Weißensee, der rübergekommen war, als Lehrer eingestellt hat. Einen Lehrer, der etwas geleistet hat, der etwas versteht von der Schule, ihn einfach nicht einzustellen! Damals mußte man noch Gutachten und Leumundszeugnisse bringen. Aber ich fand dann alte Kollegen, die mir aus meiner alten Schule Leumundszeugnisse ausstellten, daß ich von Anfang an ein Antimilitarist war. Die habe ich auch noch, diese Leumundszeugnisse.

„Ich habe jedenfalls meine Forderungen gehabt und habe sie durchgesetzt"

Arbeit als Schulleiter

Ich hatte mich natürlich dann in anderen Bezirken auch beworben. Und nach einem halben Jahr, im Juni ungefähr, 1950, wurde ich hier in Spandau zunächst als Lehrer eingestellt. Ich wollte ja keine Lehrerstellen annehmen, Rektor oder garnicht. Ich hatte dann soviele Erfahrung, und ich denke nicht daran. Aber mit der Zeit werden Sie weich, nicht.

Dann wurde ich hier eingestellt, muß im Juni, Juli gewesen sein. Aber natürlich auf der Auflage, daß wenn was ist, (Rektorstelle) ich schon berücksichtigt werde. Dann wurde hier 1950 die erste Schule eingerichtet, d.h. eine neue Schule nicht. Sie werden das nicht kennen, in der Streitstraße, da draußen. . . Da ist ein ganz großes Siemenswerk gewesen, und die Stadt mietete einen Teil dieser Räume und baute sie um zu einer Schule. Diese Schule wurde mir dann übergeben, die sollte ich aufbauen. Zwar war das eine Schule, die wirklich bestens mit Nebenräumen ausgestattet war, ganz hervorragend diese Schule, aber es fand sich anscheinend in Spandau kein Schulleiter, der den Mut hatte, diese Schule aufzubauen. Es war nichts vorhanden. Die Schulleiter wurden aufgefordert, entsprechende Lehrer abzugeben. Da können Sie sich denken, was da zusammenkam. Mein Gott, das war vielleicht ein Haufen. Die haben sich ausgemistet bis dort hin. Es waren Bürokräfte und Handwerker, es war ein Ingenieur dabei. Einige, die haben sich nachher schon ganz gut gemacht, wissen Sie.

Ich hatte doch Erfahrung und konnte die Sache tatsächlich aus dem Handgelenk machen. Ich kann schon verstehen, daß die anderen Kollegen da gezögert haben. Ich habe ja in den letzten zehn Jahren nur immer Schulen aufgebaut. Sowas machte mir nichts aus.

Ich war gefürchtet. Ich mußte nun über die einzelnen Leute auch Berichte schreiben, und habe natürlich ganz sachlich und hart geurteilt, habe eben gesagt, die und die eignen sich nicht, die müssen entlassen werden. Am Ende des Jahres wurden 6 bis 8 Kollegen entlassen und so und soviele versetzt. Seitdem bin ich in Spandau verschrieen als ein sehr, sehr strenger Schulleiter.

Aber es waren auch Leute, wissen Sie, für die war ja Schule einfach ein Böhmisches Dorf. Das war ja kein Unterricht, was die machten, das war irgendwie eine Beschäftigung oder, wie soll ich das schnell nennen, es sprang nichts dabei heraus. Sie waren nicht in der Lage, einen Unterricht methodisch aufzubauen. Sie konnten das nicht.

Das hat sich natürlich herumgesprochen. Wissen Sie, die anderen Schulleiter waren alle, ich möchte bald sagen, zu feige, ein richtiges Urteil zu fällen. Ich habe konsequent den gelobt, der tüchtig war, und habe gesagt, der andere ist unbrauchbar, der muß eben weg. Vielleicht bin ich manchmal zu weit gegangen. Ich habe jedenfalls meine Forderungen gehabt und habe sie durchgesetzt.

Ich war durch meine Erfahrung eigentlich so selbstsicher, möchte ich sagen, daß es mir überhaupt nichts ausmachte, was die Kollegen dachten.

Ich habe sofort ganz souverän die Schule übernommen, habe die Stundenpläne gemacht, habe alles zugeteilt und habe Schule einfach straff geführt.

Ernennung zum Schulleiter der Klosterfeld-Schule, 1950

Der Schulleiter um 1955

Vor allen Dingen, ich hatte dort einen Elternbeirat, der sehr aufmüpfig war, maßlos aufmüpfig, die konnten sich das leisten, aber den habe ich in kurzer Zeit so völlig kleingemacht, wissen Sie. Und ich habe mich für jeden Lehrer eingesetzt. Das haben sie wohl alle erkannt, daß ich nicht von mir aus irgendwie meine Interessen verfolge, sondern ganz für die Schule und für sie da bin. Es gab keine, sagen wir mal, keine Beschwerde der Eltern. Es war oft recht schwer, und es gab durchaus sachliche Gründe, wo ich mich nicht vor die Lehrer gestellt hätte, nicht. Und in den Elternversammlungen wollten sie auch als Richterkollegium auftreten, die Eltern wollten die Lehrer da irgendwie heruntermachen. . . Das habe ich ganz rücksichtslos bekämpft. Es ist mir auch gelungen, ja. Ich habe auch die Leute nachher derartig in der Hand gehabt.

Vielleicht war es ein bißchen autoritär, aber es war nötig. Ich bin für jeden Lehrer eingetreten. Ja, vor der Öffentlichkeit gab es nur eine geschlossene Schule, und das haben sie wohl bald bemerkt, daß ich zwar etwas verlange, aber auf der anderen Seite auch ganz hinter ihnen stehe und sie nie allein lasse.

Ich war auch Ausbildungsleiter. Wir waren eine Reihe von Rektoren, die hatten diese Ausbildungsseminare, aber in anderer Form. Wir kamen jede

Woche zusammen und haben sowohl theoretische Fragen, aber vor allen Dingen einen Unterrichtsbesuch diskutiert. Jeder mußte seine amtlichen Stunden halten und dann wurde die Stunde besprochen, das war der Inhalt. Natürlich kamen die jungen Kollegen nun mit einem anderen Aufbau der Stunde heran. Schon rein äußerlich. Ich meine, wir haben früher nicht etwa nach den Formalstufen unterrichtet, das nicht, aber es kam doch ein Aufbau in den Unterricht herein, der immerhin anders war als wir ihn früher hatten. Und auch dieser Aufbau änderte sich im Laufe der Jahre. Zum Beispiel diese Arbeitsbögen, die wir früher nie gemacht haben, das war eine zeitlang ganz intensiv, und da überschlugen sich schon die Lehrer, immer wieder Besseres und Neueres zu bringen in diesen Lektionen. Ich bin sogar bestrebt gewesen, auf ihre Linie einzuschwingen und dann mitzumachen, denn ich wußte, die Pädagogik, Methodik, Didaktik ist etwas Fließendes, das ist nichts Starres, nein, nein. Im Gegenteil, ich habe das durchaus mitgemacht, und wir haben uns nach diesen Grundsätzen auch mehr und mehr gerichtet.

„Ich habe die Schule abgeschrieben"

Pensionierung

Ja, sehen Sie, nach der Pensionierung bin ich noch ungefähr drei Jahre in der Lehrerausbildung tätig gewesen. Ich hatte noch einen Kreis von jungen Kollegen, die ich weiter geführt habe. Nach meiner Pensionierung wurde gerade der Schulrat gewechselt, und die hatten keinen, und da habe ich oben vertretungsweise ungefähr 4-5 Monate den Schulrat vertreten. Habe ich Schulratsdienst gemacht. Damit war auch gleichzeitig eine Ausbildung für sämtliche Lehrer im Schulrecht verbunden. Da hatte ich dann immer oben den Saal im Rathaus, so 100 Kollegen, mit denen ich über Schulrecht sprechen mußte. Da mußte ich mich auch ganz schön vorbereiten, denn das war ja nun 1964 schon eine Generation, die was wissen wollte und selbst Fragen stellte. Also, ich muß sagen, ich war froh, als dieses Jahr um war, und ich dann das abgeben konnte. Also ich dachte, nun ärgert ihr euch mal selber. Ich will nicht sagen, daß es Ärger gab, aber es war anstrengend.

Passen Sie auf, mein Nachfolger, das war ein älterer Kollege, der war ein kleiner Siemensingenieur gewesen und der war aber sehr tüchtig in der Musik, und er war wohl auch sehr ehrgeizig. Aber als Lehrer einfach nicht möglich. Mit dem habe ich eben viele Jahre zusammen gearbeitet, er kannte ja meinen Stil. Es waren zwei Kollegen. Er sollte derjenige sein, der in die Grube fiel, und der andere sollte Rektor werden. Und als die Leute vor die

Kollegiumskaffee im Lehrerzimmer

Kommission kamen, da ist der andere zurückgetreten. Nun mußte dieser, den sie gar nicht als Schulleiter haben wollten, Leiter werden.

Ich kam noch öfter hin, weil wir doch die Ausbildungslektion geben mußten. Aber er hat mich zu keiner Veranstaltung oder irgendwie nochmal eingeladen. Er hatte dann auch ein sehr schweres Leben und ist, vielleicht nach 1-2 Jahren, mitten auf dem Schulhof an Herzinfarkt gestorben. Ich wußte, der Mann kann das nicht, der konnte das nicht. Er hatte zwar den Ehrgeiz, ja. Aber überhaupt gar keine Vorstellung von Schule und von Lehrersein und von Unterricht erteilen. Also, wenn Sie diese Aufsätze, die der in der 6. Klasse geschrieben hat, gelesen hätten, Ihnen wären die Haare zu Berge, ja, das war furchtbar.

Ich habe die Schule abgeschrieben, und zwar weil ich gemerkt habe, in dem Augenblick, wo Sie pensioniert waren, werden oder geworden sind, waren Sie überhaupt nicht da. Sie waren nicht da. Kein Mensch hat mehr Interesse für Sie. Weg. Und ich habe nun auch kein Interesse, mich da aufzudrängen.

„Ich wollte überleben"

Nach der Schulzeit

Wenn Sie jetzt nach dieser langen Zeit zurückdenken, an dieses Lehrerleben, würden Sie's nochmals machen? Würden Sie nochmal Lehrer werden?

Na, also ich sage immer wieder, ich hätte einen handwerklichen Beruf erlernen und dort aufsteigen sollen, denn ich bin ja Werklehrer geworden. Ich sage mir, wenn jemand – ich bin heute noch der Meinung – ein Köpfchen hat und dazu handwerkliches Geschick, dann wird er es im Leben weiter bringen als ein Beamter. Man muß natürlich auch Köpfchen haben und kaufmännisches Verständnis, das gehört ja dazu, sonst bleibt man hängen. Also, wenn ich Kinder sehe, Kleinkinder vor allen Dingen, geht mir das Herz auf. Ich habe immer, wissen Sie, wenn ich mal unterwegs bin oder wenn ich früher in der Eisenbahn gefahren bin, wenn Kinder waren, sie waren sofort bei mir, mit denen habe ich mich sofort unterhalten, wir haben Scherze gemacht, immer.

Sicherlich war ich in der Schule eine Respektsperson, ja, das möchte ich schon glauben, aber ich glaube nicht, daß sie Furcht vor mir hatten, nein. Vielleicht einer, böse wie ich war, der wird vielleicht noch fünf Minuten gezittert haben. –

Als ich damals nach Polen versetzt wurde, da war ich ja so resigniert. Hätte ich einen Revolver gehabt, vielleicht hätte sogar ich Selbstmord gemacht, ja also, so vergewaltigt zu werden und in diesen . . . Unsinn hineingezerrt zu werden, in dieser Weise. Also, das hat mich ja an den Rand der Verzweiflung gebracht. Ich hatte zweimal Selbstmordabsichten, einmal am 3. August 1939, da waren wir schon in Thorn, oder na ja, in der Gegend, und da hat Adolf eine große Rede gehalten, und da sagte er, daß eben England und Frankreich den Krieg erklärt hätten. In dem Augenblick wußte ich, das ist Deutschlands Untergang. Da habe ich mir gedacht, wie kann er nur. Da war ich maßlos deprimiert, ich hätte auch tatsächlich am liebsten Schluß gemacht. Ich sagte mir, nochmal das, was du schon mal 1918 durchgemacht, sollst du jetzt nochmals durchmachen. Das kann nicht sein.

Da war ich zweimal außerordentlich deprimiert, es waren aber nicht schulische oder berufliche Gründe, das waren eben mehr politische Gründe. Ich bin auf Tauchstation gegangen, wenn es notwendig war, und ich hatte – wie ich immer sage – Glück. Ich wollte überleben.

„Sie haben mich frei reden lassen"

Nach dem Gespräch

Ich möchte nur eins sagen, daß mir die Erinnerungen durch den Kopf gegangen sind, viel stärker als sonst im täglichen Leben. Ich möchte sagen, daß ich doch einen Tag immer wieder an das frühere Leben gedacht habe. Dies und jenes kam mir in den Sinn, was wir vielleicht auch gar nicht zum Ausdruck gebracht haben. Aber ich habe mir darüber keine Gedanken gemacht, wie Sie das hätten besser machen können. Sie haben mich frei reden lassen, und sicher hätten Sie manches noch tiefer herausholen können, wenn Sie irgendwie gezielte Fragen gehabt hätten. Sie haben ja auch Fragen gestellt, und ich habe versucht, darauf zu antworten.

Aber die Gedanken waren doch viel mehr zurückgerichtet. Man dachte: Da warst du! Wie war's dort? Was habt ihr dort gemacht und wie war das? Das war lebhafter in mir, ja, das möchte ich sagen.

Anne-Marie Bieling: Nachbemerkung

14. 10. 1980

Auch für mich, die ich die letzten 35 Jahre an der Seite Erich Bielings gelebt habe, war es aufschlußreich, diese seine Lebenserinnerungen noch einmal zusammengefaßt zu hören bzw. zu lesen. Sie bringen deutlich seine Einstellung zum Leben allgemein, vor allem aber seine Liebe zu Kindern und zu seinem Beruf zum Ausdruck.

Mein Mann war – obwohl vom Vater dazu bestimmt – Lehrer aus Überzeugung. Seine Anteilnahme am Lehrerberuf, am Bildungswesen und an gesellschaftspolitischen Entwicklungen war viel stärker, als es aus seinen Worten herauszuhören ist und hielt unverändert bis an sein Lebensende an.

Es war das gleiche berufliche Engagement, die gleiche politische Interessenlage, die uns so stark miteinander verband. Bis zuletzt gab er mir Rat und Hilfe, auch in allen beruflichen Fragen. Sein Urteil war für mich der Maßstab meines Handelns und hat auch unsere Söhne mit geprägt. Was ich geworden bin – als Mensch und als Lehrerin – habe ich ihm zu verdanken.

Auch war seine Wirkung auf andere, vor allem auf junge Lehrer, größer als er es wahrhaben wollte.

So entspricht seine etwas resignative Einschätzung des Abschieds vom Lehrerberuf nicht ganz den Tatsachen. Mein Mann irrte, wenn er meinte, nach der Pensionierung sei es, als sei man nie dagewesen. Zu seinem 80. Geburtstag fand sich eine große Gratulantenrunde seiner ehemaligen „Klosterfelder" bei uns ein, und zwei Briefe – anläßlich seiner Pensionierung bzw. zum Geburtstag geschrieben – mögen Zeugnis ablegen für das, was Erich Bieling für die Schule bedeutet hat:

Berlin, den 31.1.64

Sehr geehrter Herr Bieling,

zu Ihrer Pensionierung möchte ich Ihnen meine besten Wünsche und meinen aufrichtigen Dank übermitteln.
Ich bitte, es mir nicht zu verübeln, wenn ich zugleich aufschreibe, was sich sonst nicht so leicht sagen läßt, was ich aber glaube, aussprechen zu müssen.
Ich weiß es zu schätzen, daß ich einer der vielen Lehrer bin, die durch Sie geprägt wurden. Stets haben Sie versucht, das beste aus uns zu machen. Viele werden Ihnen dankbar bestätigen, daß wir uns nicht so schnell und nicht in der von Ihnen vorgezeigten Richtung zu solchen Lehrern entwickelt hätten, wie wir es nun geworden sind. In die Dankbarkeit mischt sich jedoch auch etwas Trauer. Uns fehlt in Berlin eine pädagogische Institution, an der so hervorragende Lehrer wie Sie den heranwachsenden Kollegen wertvolle Hilfe und den noch tätigen Lehrern neue Anregungen vermitteln könnten.
Aber ich möchte annehmen, daß es – falls Sie es nicht anders wünschen – trotzdem nicht still um Sie wird, sondern daß es Wege und Möglichkeiten gibt, Ihre pädagogischen Erfahrungen weiterzugeben.
Ich grüße Sie voller Hochachtung und wünsche Ihnen alles Gute für Ihr weiteres Leben,

Ihr dankbarer
H.N."

Und ein Glückwunsch eines Kollegen zum 80. Geburtstag lautet:

„Heut' wird er Achtzig, unser Chef,
und es ist wieder mal ein Treff
auf der Kolchose jwd:
Geburtstagsparty, Matinee!

Ich hab' die Kunde wohl vernommen,
kann aber leider doch nicht kommen,
da ich grade dieser Tage
mich mit einer Krankheit plage.

Drum will ich reimend formulieren,
von ganzem Herzen gratulieren
und hoffen, daß auf diesen Tag
noch mancher schöne folgen mag!

Oft sagten Sie im Dienst so hin:
„Ich weiß, daß schlöcht als Mensch ich bin"
und ließen kurz darauf uns wissen,
was ab sofort wir tun nun müssen!

Der Ihnen eigne Führungsstil
verfehlte gleichwohl nie sein Ziel:
unauffällig zu verwalten,
sich Sympathien zu erhalten!

So denk' ich gern an Sie zurück
und halt' es für verdientes Glück,
daß Sie im Kreise Ihrer Lieben
bis heute geistig jung geblieben!"

Else Krause als Schülerin in der privaten Höheren Mädchenschule, 1905

ELSE KRAUSE

Jede Zeit hat ihr Gesicht

Ihrem Haus gegenüber ist eine neue, niedrige Kirche gebaut; darum ist die Wohnung im dritten Stock hell. Man kann ein großes Stück vom Himmel sehen. Das ist selten in den dämmerigen Straßen in Berlin-Friedenau.

Frau Krause empfängt uns zum ersten Gespräch im Wohnzimmer. Schöne Möbel aus der Zeit um die Jahrhundertwende. Schöne Landschaftsbilder an den Wänden. Wir fühlen uns schnell wohl, und das Gespräch fängt ganz lebendig mit einem Rätsel an: „Na, wie alt würden Sie mich denn schätzen?" – „Ja, sagen wir mal 79?" – „Na, noch'n bißchen mehr. Noch ein paar Jahre drauf." – „Ist das wahr?" – „85!" – Es blieb so lebendig. Frau Krause erzählte einen ganzen Nachmittag. Und bewirtete uns. Und erzählte. Nach dem ersten Gespräch sind wir in einem Briefwechsel geblieben. Frau Krause hat mir viele Fotographien und Dokumente zu ihrer Lebensgeschichte geschickt. Wir wollen mit ihnen und ihrer Lebenserzählung gemeinsam ein Album anfertigen. In diesem Album werden die ersten Schulzeugnisse aus ihrer Schulzeit zu lesen sein – und die Zeugnisse, die sie später als Lehrerin ihren Schülern mit großer Sorgfalt geschrieben hat. Es wird Seiten aus ihrem Mädchenpoesiealbum enthalten und Dokumente aus ihrer Lehrerinnen-Personalakte, in der es um Dienstaltersstufen und um Evakuierungskosten geht. Frau Krause hat viele Dokumente ihrer Geschichte aufbewahrt; am lebendigsten aber sind ihre erzählten Geschichten, aus denen sich ihre Lebensgeschichte zusammensetzt, in ihrem Gedächtnis bewahrt.

Die Fassung, in der Frau Else Krause ihre Lebensgeschichte hier vorlegt, hat sie in intensiver Auseinandersetzung mit meiner Montage des Erstgesprächs entwickelt. Sie hat diese Montage bearbeitet, ergänzt und gekürzt. Sie hat aus der Alltagssprache, in der sie erzählte, eine Schriftsprache entwickelt und dabei einen ganz neuen Text geschrieben. Während dieser Arbeit habe ich sie öfter besucht. „Ich schreibe meine Memoiren. Lesen Sie doch mal, ob es so geht," sagte sie. – Aber vor dem Lesen und Diskutieren gab es frischen, selbstgebackenen Apfelkuchen und starken Kaffee. Wir haben dabei über Häuser und Gärten geredet – und über die Schule. Aber auch über den Versailler Vertrag und die möglichen Gründe für das Aufkommen des Nationalsozialismus in Deutschland.

„Oft kam der Kronprinz hoch zu Roß und winkte der Bevölkerung"

Kindheit in der Kaiserzeit

Im Jahre 1894 wurde ich in Berlin geboren. Ich geriet also ohne mein Zutun in eine der interessantesten Perioden der Neuzeit.

Eigentlich hatte ich eine gute Kindheit. Meine tatkräftige, energische Mutter löste viele Probleme auf ihre Art; mein Vater mit künsterlischen Ambitionen und viel Humor war sehr gastfrei. Unser Haus war selten ohne Besuch. Ursprünglich war er Architekt bei einer großen Baufirma. Leider stand sein Gehalt in keinem Verhältnis zu dem guten Ruf des Unternehmens. Es klappte nicht mit dem Geld. Und meine Mutter sagte: „Das reicht nicht für eine fünfköpfige Familie. (Ich war die mittlere von drei Töchtern.) Du mußt etwas dazu verdienen." So trat er in geschäftliche Beziehungen zu der altberühmten Weinfirma Habel. Leider starb mein Vater, als ich zehn Jahre alt war. Mein erster tiefer Schmerz, wir verstanden uns gut, und er hatte mich besonders gern. Warum, weiß ich nicht.

Nun wurden die Gelder knapper. Meine Eltern hatten inzwischen ein Haus gekauft, das Mama erbte und von dessen Miete wir lebten. Dieses Haus war für mich etwas Besonderes: lauter Siebenzimmerwohnungen mit herrlichem Parkettboden, großen Kaminen, Türen und Decken handgemalt, mit Wachs überzogen. Riesige Gesellschaftsräume, kleinere Schlafzimmer und in der Mädchenkammer nur Platz für ein Bett. „Hochherrschaftlich" nannte man das!

Dieses Haus lag in Moabit am Kriminalgericht und stieß mit der Rückseite an den Hof der 4. Garderegiments. Es hieß das Wachregiment, weil es immer die Wachablösung für das Ehrenmal Unter den Linden stellte. Täglich um 12 Uhr zog es mit großem Tschinbumdera durch unsere Straße. Das war für Alt und Jung sehr vergnüglich. Oft kam auch der beliebte Kronprinz hoch zu Roß an der Spitze des Regiments vorbei und grüßte freundlich die Bevölkerung. Alles, was das Kaiserhaus betraf, fand immer großes Interesse bei den Berlinern.

Unser Haus war meist von Juristen und Offizieren bewohnt. Und wir hatten auch recht nette Leute darin – sogar Prominenz. Der Generalintendant der Königlichen Theater, von Hülsen-Haeseler, besuchte ab und zu seinen Neffen von Naso. Auch ein Adjutant des Großherzogs von Coburg-Gotha wohnte im Hause. Da kam der Fürst in der Prunkkutsche, Lakaien und Kutscher mit Federbusch etc., er selbst in ordengeschmückter Uniform. Für Kinder und Erwachsene ein Grund zum Stehenbleiben und Staunen!

Doch wir kamen noch näher an die hohe Politik heran. Die beiden anderen Etagen waren vermietet an die kriegsgeschichtliche Abteilung des Generalstabs, der damals erst seine Gebäude am Königsplatz baute. Nach Fertigstellung kündigte die Behörde. Obgleich wir darauf gefaßt waren, gab es einen ziemlichen Schock. Wie mögen die leeren Wohnungen aussehen, nachdem lange Jahre eisenbeschlagene Soldatenstiefel darüber stampften, und rauhe Fäuste die bemalten Türen packten? Was wird das an Reparaturen kosten? – Jeder neue Mieter wollte natürlich eine völlig renovierte Wohnung haben.

Scheinbar trat ein Glücksfall ein: es meldete sich das Reichskolonialamt. Das war damals eine Einrichtung, die die Verwaltung unserer Kolonien betrieb. Das war um 1909. Der Kolonialminister Dernburg wollte eine Filiale einrichten und brauchte die Räume. Den Vertrag besitze ich noch heute. Als bedenkliche Klausel: vorausgesetzt die Genehmigung des Reichstages. Aber wer konnte da Bedenken haben?

Es kam der 1. April – Einzugstermin. Niemand zog ein, niemand meldete sich. Wir waren im Theater gewesen und kamen nach Hause. Damals gab es noch einen Portier, der aufpaßte. Er kam uns mit einem Telegramm entgegen: „Der Reichstag hat die Genehmigung versagt!" Kein Wort von Entschädigung. – Jetzt saßen wir da mit unseren vier verwohnten Siebenzimmerwohnungen. Es war ja damals ein ganz schöner Ausfall. Das Haus war auf 420000 Mark geschätzt, die Hypothekenzinsen gingen in die Tausende. Gottseidank klappte es später mit der Vermietung. Ärzte, Rechtsanwälte und Beamte fanden die Verkehrslage günstig.

Für mich trat in diesen Jahren ein wichtiges Ereignis ein. Meine Mutter fand bei ihren „Transaktionen" oft Unterstützung bei einem Herrn unseres Bekanntenkreises, einem Witwer. Der Zufall hatte es wieder gefügt. Mama war noch in den Vierzigern, hatte aber die Hoffnung auf eine neue Heirat aufgegeben. Mit drei Töchtern im bald heiratsfähigen Alter findest du doch keinen passenden Mann mehr, dachte sie. Es kam aber doch einer, und das war ein Mann, der dann mein Stiefvater wurde und mein Leben in allerbester Weise beeindruckt hat, ein Mensch, der voller Güte, Wissen und Verständnis war und immer zum Guten redete. Kein Vater hätte es besser machen können. Nie habe ich meine Eltern vor uns Kindern streiten hören.

Mein Vater war Telegraphendirektor im Polizeipräsidium Berlin, ein verantwortungsvoller Posten. Ich sah die Pflichttreue des preußischen Beamten und lernte daraus für mein Leben. Sogar der Sonntagvormittagsspaziergang führte ihn zu seiner Dienststelle, um nach dem Rechten zu sehen. Seine Position brachte ihn in enge Tuchfühlung mit der Feuerwehr. Abends, wenn die Theater anfingen, mußte ein höherer Beamter anwesend sein, um im Fall einer immerhin möglichen Katastrophe sofort Maßnahmen zu treffen. Eine Dienstloge stand dafür zur Verfügung.

Auch ich profitierte davon und erlebte auf diese Weise schon als junges Mädchen „die Blüte des Theaters und der Kunst" mit all seinen berühmten Autoren, Darstellern und Musikern. Ein reiches Erleben, eine glückliche Jugend und eine Fülle von Wissen wurde mir geboten. Ich bin noch heute dankbar dafür. Und doch fand ich im Unterbewußtsein, daß etwas in unserer sozialen Gesellschaft nicht stimmte. Ich las eben zu viele Bücher!

„Wenn wir viel Geld für Euch investieren, dann müßt Ihr auch etwas tun"

Mädchenbildung vor dem ersten Weltkrieg

Nun aber mein Werdegang in der Schule.

Damals war ich eigentlich ein ziemlich braves Kind. Meine Mutter war streng dagegen, uns in die Gemeindeschule zu schicken. Wir hätten ja häßliche Reden, Krankheiten und Läuse (!) mit nach Hause bringen können! Also, ab mit allen Dreien in die „höhere" Privatschule.

Diese wurde von einer feinen älteren Dame, Frau eines spanischen Universitätsprofessors, geleitet. Es war ein kleiner Betrieb, etwa zehn bis zwölf Mädchen in der Klasse, aber ich muß sagen, ich habe eine Menge gelernt, weil man immerzu „drankam". Die Direktorin unterrichtete mit zwei älteren Schwestern und einigen netten Lehrerinnen. Die drei Damen stammten aus einer kinderreichen Familie, und wahrscheinlich nahm man sich aus Tradition nicht die Mühe, die Namen der Kinder modegerecht zu machen. Sie hießen Albertine, Bernhardine, Coelestine. . . Es ging streng nach dem Alphabet, genau so streng wie die Ermahnungen mit erhobenem Zeigefinger. Das fanden wir recht komisch, aber wir lernten. Für uns in Freiheit dressierte Kinder eine gemütliche Schulzeit!

Die Schule kostete damals eine Menge Schulgeld, und meine praktische Mutter sagte immer: „Wenn wir so viel Geld für Euch investieren, müßt Ihr auch was tun und fleißig lernen."

Schon frühzeitig hatte ich ein großes Interesse für Sprachen, Geschichte, Erdkunde, während Mathematik, Physik und Chemie die Stiefkinder blieben. Französisch und Englisch machten mir keine Mühe. Ich habe dafür eine gewisse Begabung.

Die Zeit verging. Mein Vater machte sich Gedanken über meine Zukunft: „Du willst doch später weiterkommen, und dann ist eine Privatschule keine Empfehlung. Wenn sie Dir auch die besten Zeugnisse geben, so sagt sich jeder, es geht nach Gunst." – Er veranlaßte, daß ich auf die Städtische Dorotheenschule in Moabit kam.

Die Schule, nach der Reform 1908 zehnklassig, hatte einen hervorragenden Ruf und einige wunderbare Lehrer. Auch die anderen bemühten sich, uns ein fundiertes Wissen mitzugeben. In klassischer Literatur und Sprachen wurde viel auswendig gelernt. Sehr viel Gedichte und Zitate habe ich noch heute im Gedächtnis.

Die Krönung dieser Zeit war die Abschlußklasse unter dem hervorragenden Direktor und Englandkenner Prof. Dr. Hamann, der in uns Liebe und Verständnis für die Klassik weckte.

Wenig beliebt waren die „neuen" Fächer Mathematik und Physik.

Eine sehr geschätzte Religionsphilosophin hatte an beiden Händen die obersten Fingerglieder verloren, als sie in eine Gletscherspalte geriet. Trotzdem gab sie Handarbeit. Es war nicht so, daß man sich auf sein Fach versteifte, wie das heute ist. Auch wir mußten alles lernen und können, in der Ausbildung und Praxis erst recht.

Der Schulwechsel war für mich sehr anregend. Ich lernte eine Menge neue Menschenkinder kennen aus unterschiedlichem Herkommen. In meiner Klasse waren viele Jüdinnen, mehr als 25 Prozent. Wir haben uns alle sehr gut vertragen, und es gab keine Probleme. Unsere Verbindung reicht noch bis in die Gegenwart. Einige dieser Mädchen hatten einen „großen Mund". Die durfte ich nicht mit nach Hause bringen, da Mama schlechte Einflüsse fürchtete. Mir schüchternem Backfisch imponierte aber die Dreistigkeit, mit der sie ihre „Heldentaten" erzählten. Da wollte ich doch auch mitmachen!

So wurde ich eine Zeit lang ziemlich aufsässig. Der Freiheitsdrang der Pubertät machte sich bemerkbar.

Der Drang nach Lösung aus staatlichen und bürgerlichen Zwängen war damals sehr stark. Künstler, Studenten, Arbeiter strebten nach Freiheit. Der „Jugendstil" war eine neue Lebenseinstellung. Die „Wandervogelbewegung" erfaßte auch die einfachsten Menschen. Die naturfreudige Jugend schloß sich zu Gruppen zusammen, zog mit Rucksack und Gitarre durch die Wälder, freute sich an Volkstanz und Volksliedern, an munteren Spielen und am romantischen Lagerfeuer. „Frei wie ein Vogel" war man wenigstens am Wochenende.

„Uns wurde was erzählt, ob wir's glaubten oder nicht"

Lehrerinnenbildung im ersten Weltkrieg

Nun stand ich vor der Frage: Was tust du? Wozu hast du Lust?

Ich hatte schon immer Neigung zu Sprachen, Erdkunde, Geschichte, schönen Künsten, was eben ein junges Mädchen beeindruckte. Ich hatte noch lockere verwandtschaftliche Beziehungen zu Marlene Dietrich. Ein Bruder ihres Vaters heiratete eine Schwester meiner Mutter. Wenn wir in den Ferien an die Ostsee fuhren, besuchten wir meist die Großmutter Dietrich in Eberswalde. Als Kind freute man sich schon auf die berühmten „Spritzkuchen". Eine jüngere Tochter in dieser großen Familie Dietrich war Erzieherin beim Grafen Sowieso, alter märkischer Adel, und sie erzählte mir von den schönen Reisen, die sie immer mitmachen konnte. Dachte ich: „Das könnte dir auch gefallen." – Na ja, nun waren Erzieherinnen (für die erste oder zweite Klasse) noch nicht gleichwertig mit Lehrerinnen – ein Grad tiefer.

Also, voraus schwebte mir das Studium. – Da habe ich gedacht, es muß herrlich sein, andere junge Menschen bilden zu können. Wenn ich an meine fabelhaften Lehrer dachte . . . Kurz und gut, ich landete auf dem Oberlyzeum, der Königlichen Augusta-Schule, der Musteranstalt Preußens, wie sie genannt wurde. Es wurde eine schreckliche Zeit für mich. Ich war ein Mensch, der freiwillig für alles Eifer und Interesse bewies, aber unter Zwang zur Opposition neigte. Es gefiel mir gar nicht auf der Schule, und ich erklärte eines Tages meinem Vater: „Ich möchte nicht mehr hingehen."

Schon die Art der Lehrer war ganz unpersönlich. Sie lehrten auf ihrem Podium und setzten Dinge voraus, von denen wir noch nie gehört hatten. Wenn das nicht klappte, gab es schlechte Nummern usw. – Wir hatten eine Klassenlehrerin, die arbeitete oft mit erhobenem Zeigefinger nach Comenius' Methode: „Komm her Knab', lerne klug sein!" Das gefiel mir gar nicht, und ich dachte: „Ich werde doch wohl umsatteln und etwas anderes machen." – „Na," sagte mein Vater, „nun hast du angefangen, mach doch das Jahr zu Ende." – „Gut", erwiderte ich, „wenn du mir versprichst, daß ich es woanders noch mal versuche."

Etwas später kam ich dann auf ein neues Oberlyzeum in Neukölln. Wir waren erst die zweite Klasse, die zum Abi geführt wurde. Es war eine Zeit des Umbruchs, nicht nur für mich. Überall gab es neue Ideen und neue Taten.

An dieser Schule in Neukölln hatte ich ziemliche junge Lehrkräfte. Die waren meist um die Dreißig/Vierzig, alle eingestellt auf moderne Unterrichtsmethoden. Neue Wege taten sich auf. Der persönliche Kontakt, den man früher so vermißte, hier war er stets vorhanden. Zum ersten Male erlaubte man uns Diskussionen im Unterricht. Klassische Werke waren nicht nur Leseübungen, sondern Erlebnis. Es gab Gespräche über bestimmte Themen, Ansichten, Probleme, so daß eine gewisse Lebendigkeit im Unterricht aufkam. Das gefiel mir, und ich habe mit großer Freude die Schule durchgemacht.

Mit klopfendem Herzen trat man am Prüfungstag vor die strenge Kommission. Und, o großes Glück! Ich wurde von der mündlichen Prüfung befreit. Die Sprachen retteten mich. Bei der technischen Darstellung der Gasgewinnung hätte ich bestimmt versagt. Ob man damals schon auf die Begabung Rücksicht nahm?

Wie ein riesiges Unwetter brach im August 1914 unerwartet der erste Weltkrieg über uns herein. Aus der fröhlichen Jugendzeit mit ihren Freuden und Hoffnungen traf uns mit Macht der Ernst des Schicksals. Sehr viele unserer Verwandten und Freunde meldeten sich spontan in ritterlicher Gesinnung als Freiwillige in der Armee. Wir waren tief erschüttert über die vielen Todesnachrichten. Vorbei die schöne Zeit mit Spiel und Tanz, mit Wanderungen und Reisen. Der seelische Schock war nicht das Einzige. Hinzu traten die materiellen Nöte. Es fehlte an allem: wenig Lebensmittel, schlechtes Brot, keine Kleidung, keine Kohlen, keine Seife. Außer Kohlrüben kein Gemüse, kein Obst usw.

Alle Menschen waren plötzlich sehr ernst und verzweifelt. Unter diesen Umständen fühlte man sich als Frau besonders gefordert, beruflich etwas zu leisten, im Ausgleich für das Opfer der Soldaten.

In dieser traurigen Zeit begann unsere seminaristische Ausbildung. Zwei Semester methodische Ausbildung und Unterrichtsarbeit. Dieses Jahr war sehr anstrengend. Acht Stunden mußten wir zur Verfügung stehen, von morgens um acht Uhr bis nachmittag vier Uhr. Dazu hatte ich einen weiten Weg, nichts im Magen und fror entsetzlich. Auch die Schule war nur dürftig geheizt.

Eine angegliederte Mädchenmittelschule war für unsere Unterrichtsproben bestimmt. Sechs bis acht Stunden wöchentlich mußte man vor eine bestimmte Klasse treten. Das bedeutete eigene Information, schriftliche Ausarbeitung für den Mentor, Korrekturen, Unterrichtsmaterial. – Durch das Los wurden Thema und Klasse bestimmt. Da war alles drin! – So stand man vor fremden Kindern, beladen mit Wissen, und doch etwas hilflos. Im Hintergrund saß der Mentor, notierte sich meine Fehler und rief manchmal auch ein „Aber, aber!" dazwischen. Kritik folgte nach Schluß.

Ein Vierteljahr durfte man diesen Unterricht durchführen, damit man sah, was man in dieser Zeit erreichen konnte. Dann folgte eine neue Auslosung. Diesmal war es mein Angsttraum – Botanik.

Montags in der ersten Stunde kamen die Kinder mit großen Pflanzenbüscheln, die ich bestimmen sollte. Der Lehrer hatte sich zurückgezogen. Ich hatte keine Ahnung und dachte an den Rat einer lieben Kollegin: „Sagen Sie, Sie kennen nur den lateinischen Namen – ignorantia pyramidalis." – Es ging nochmal gut. – Diese Übungsschule hat uns gründlich auf Überraschungen vorbereitet. Ich war dankbar dafür.

Die methodische Unterweisung war von zwölf bis sechzehn Uhr. Alle Fächer, die man unterrichten konnte und sollte, wurden gründlich durchgeforstet. Wir mußten unsere Vorschläge machen. „Wie gedenken Sie in Erdkunde den Iran einzuführen?" – Also, mit allen Informationen und Bildern etc., wie man es heute auch macht. Es war eine gute Vorstufe, die ich früher gar nicht kennengelernt hatte. Uns wurde was erzählt, ob wir's glauben wollten oder nicht.

Später im Beruf wollte ich die geographischen Berichte meiner alten Lehrer erfahren und machte weite Reisen auf dem Erdball. Irren ist menschlich. Die Welt verändert sich täglich. Es ist gut, mit eigenen Augen zu sehen, mit eigenem Verstand zu prüfen. Das belebt auch den Unterricht.

„Schließlich muß man sich ja doch anpassen, nicht wahr?"

Erste Anstellungen und Vertretungen am Anfang der Weimarer Republik

Ja, und dann ging nun eigentlich die praktische Arbeit los. Ich war durch die viele Arbeit und die Entbehrungen im ersten Weltkrieg elend geworden, daß meine Mutter mir riet: „Du wirst doch nicht gleich voll in den Betrieb einsteigen? Such dir doch irgendeine Beschäftigung für den halben Tag." – Ich fand auch Gelegenheit, an eine Privatschule zu kommen, an der ich nur 15 Stunden wöchentlich gab. Sie lag in der Nürnberger Straße. Ich bekam wöchentlich 60 Mark Gehalt, davon ging noch etwas für eine Altersversorgung ab. Hätte ich nicht wohlhabende Eltern gehabt, ich hätte verhungern können.

Die Arbeit war einfach. Drittes Schuljahr, zehn Kinder in der Klasse. Meist stammten sie aus dem Tauentzien-Kurfürstendamm-Viertel, Töchter reicher Geschäftsleute und des Hochadels, der damals im Winter in Berlin versammelt war. Im Sommer fuhren sie auf ihre Güter und meldeten die Kinder ab, um das Schulgeld zu sparen. Die arme Schulinhaberin hatte dann keine Einnahmen.. Das fand ich schäbig von den reichen Leuten. Die Mädchen kamen selten ohne „Fräulein" und ohne Gefährt in die Schule. Von „Vons" wimmelte es nur so. Daß ich mit meinem schlichten Namen honoriert wurde, war also eine Ausnahme. Ich fühlte mich trotzdem als höherer Dienstbote der Haute Volée, kündigte und meldete mich für den Schuldienst der Stadt Berlin. Wenn ich gewußt hätte, was da auf mich zukommt!

Schon die Einberufung war ein Schock für mich: „An die Schulamtsbewerberin E.K." (Ohne „Frau" oder „Fräulein"). „Sie haben sich am . . . da und da zu melden . . ." etc. etc.

Ein unfreundlicher Rektor, eine einfache Gemeindeschule, merkwürdige, primitive Kollegen, Lage: nahe der Weddinger Grenze. Ich komme in „meine" Klasse im – ständigen – Nachmittagsunterricht und pralle zurück. Die Luft war zum Schneiden. 60 Kinder saßen auf halb so vielen Plätzen, zu sechs auf einer Bank. Diese armseligen Geschöpfe, unterernährt, ungepflegt, ungewaschen! Als ich durch die Bänke ging und die krätzigen Hände sah, überfielen mich Mitleid und Ekel. Ich kam heulend nach Hause und sagte: „Ich glaube, es geht nicht, nein, es geht nicht!" – Womit hatte ich diesen Sturz von der Höhe in die Tiefe verdient?

Unmögliche hygienische Verhältnisse auf Toiletten und Waschgelegenheiten. Ich war an Sauberkeit gewöhnt und fühlte mich sehr unglücklich. Ab und zu gab es „Läuseferien", die wir den Soldatenvätern auf Urlaub zu verdanken hatten. – Was half es? Man mußte sich ja doch anpassen.

In der Bevölkerung gärte es mächtig. Vier Jahre Krieg und noch kein Ende abzusehen! Man hungerte, man fror, man trauerte um die vielen Toten. Die Arbeiter in den Fabriken streikten. Schluß mit dem Krieg! Unsere Geduld ist zu Ende. Gelegentlich Schießereien auf offener Straße, so daß man in den nächsten Hausflur eilen mußte. Der Kaiser war nach Holland geflüchtet und hatte die Armeen im Stich gelassen!

Im November 1918 brach dann alles zusammen. Männer mit Jakobinermützen und mit geladenem Gewehr fuhren auf Lastwagen durch die Straßen. Wir erschraken zu Tode. Das war Revolution! Aber was bedeutete das alles? Der Arbeiter- und Soldatenrat übernahm die Regierung. Spartakus regierte die Stunde.

Eins stand fest: der Krieg war aus, die enttäuschten Reste der Heere kehrten zurück. Man versprach dem Volk freie Wahlen: die Weimarer Republik wurde geboren. Was brachte sie uns?

Ernste Männer bemühten sich, Ordnung zu schaffen. – Für das Parlament kandidierten oft Dutzende von Parteien. – Der Versailler Friedensvertrag war so ungeheuerlich, daß wir für Lebenszeit bestraft waren. Milliarden an Werten mußten abgeliefert werden, auch Waffen, Kriegsgeräte, Eisenbahnen, Fabriken etc. etc. Fremde Soldaten machten sich arrogant im Lande breit. Verzweiflung breitete sich im ganzen Lande aus. Arbeitslos oder Hungerlöhne. – Der heimliche Widerstand wuchs. Linke und Rechte bekämpften sich blutig.

Wir Lehrer mußten weiterhin unsere Pflicht tun und wollten ja auch helfen, das Chaos zu besiegen. Unsere Hoffnung war, nach einigen Jahren angestellt zu werden. Die Bezahlung war kümmerlich: im ersten Jahr gab es stündliche (!) Bezahlung – 1,20 Mark. Etwa hundert Unterrichtsstunden – ein Glücksfall! – ergaben also 120,– M. In den Ferien erhielten wir keine Entlohnung! Hatte man keine Familie, konnte man ruhig verhungern. Ab dem zweiten Jahr dann bis zur Anstellung 12-,– M, nach fester Anstellung stieg das Gehalt alle Zwei Jahre um 20,– M.

Unsere Hoffnung auf Anstellung war eine Fehlanzeige! Ich habe 13 Jahre darauf gewartet und 23 Vertretungen an verschiedenen Schulen gemacht. Das sei vorweggenommen. Es lag daran, daß nach dem ersten Weltkrieg junge und ältere Lehrer als Flüchtlinge aus Ostpreußen nach Berlin kamen, eine Stelle beanspruchten und erhielten.

Aber für uns arme Berliner Junglehrer begann eine ganz, ganz trübe Zeit. Es war ein Überhang an Lehrern. In kurzen Abständen wurden immer ganze Jahrgänge gekündigt. 1898, 1897 etc. Von vielen tüchtigen Kollegen hörten wir, daß sie fristlos gekündigt seien. Was sollten die Armen machen? – In absehbarer Zeit gab es überhaupt keine Stellen. Sie mußten in andere Berufe übergehen, in kaufmännische Betriebe, in Banken oder Fabriken u.ä. und waren noch glücklich über irgendeine Tätigkeit. Zum Teil wurden sie noch besser als beim Magistrat bezahlt.

So viel vergeudetes pädagogisches Wissen!

Man hatte von uns verlangt, daß wir uns ständig in Kursen aus- und weiterbildeten: abends Arbeitsgemeinschaften, Sportgemeinschaften, philosophische, religiöse, sprachliche mit Übungen in der Praxis. Wir haben sehr eifrig an allen Studien teilgenommen. Praktischer Unterricht auf dem neuesten Stand. Und dann kam der Dank für unseren Fleiß und unsere Mühe. Zum Glück für mich stoppten die Kündigungen bei meinem Jahrgang. Also gingen die Vertretungen weiter: machmal acht Tage oder vier Wochen oder ein halbes Jahr. Nie sah man richtig den Erfolg seiner Arbeit. Erst nach etwa zehn Jahren erhielt ich einen festen Arbeitsplatz und kam endlich zu dem Unterricht, den ich mir wünschte. Die Kinder waren überall froh, wenn man sich um sie kümmerte.

„Mit 32 Jahren bin ich endlich fest angestellt worden"

Lehrerin in der Weimarer Republik

Inzwischen hatte sich vieles verschlechtert. Einmal für mich persönlich durch den Tod meines Vaters. Unser schönes Haus wurde für Inflationsgeld verkauft. Es gab Krankheiten und Schicksalsschläge in der Familie. Die Inflation wurde zur Lawine. Jeden Mittag erhielten wir unser Geld, eilten sofort mit unseren Millionen und Billionen in den nächsten Lebensmittelladen, denn am Nachmittag war das Papier schon wieder weniger wert.

Politisch sah es ganz schlecht aus. Es gab zahlreiche Parteien, die Regierungen wechselten oft mehrmals im Jahr. Die Menschen fühlten sich entehrt durch den verlorenen Krieg und verzweifelt durch die hohen Kriegslasten. Fabriken wurden abgebaut, die Arbeitslosigkeit griff um sich. – Das war die Zeit der „goldenen zwanziger Jahre". Nun, ich kann Ihnen versichern, für uns waren sie nicht immer golden. Gewiß, Konjunkturritter aus den zusammengebrochenen Ostländern und Neureiche aus unserem Lande konnten die verschwenderisch angelegten Vergnügungen und Vorteile genießen. Das Leben konnte wohl schön sein, aber nicht bei unseren Finanzen! 250,– Reichsmark Monatsgehalt waren selbst bei der späteren Währungsreform recht bescheiden. Und doch konnten wir noch zufrieden sein.

Die Arbeitslosigkeit stieg in die Millionen, im Ausland wurden wir immer noch als „Kriegsverbrecher" angesehen, auch wenn sich unsere Staatsmänner um Vertrauen im Ausland bemühten. Die Auswirkung dieser traurigen Zeit zeigte sich auch in den Schulen. Die meisten Väter waren arbeitslos, die geldliche Unterstützung durch den Staat zum Verhungern. Hitlers und Lenins Ideen gewannen an Boden.

Mit 32 Jahren bin ich endlich angestellt worden. Als ich mich an der neuen Stelle meldete, hatte ich gleich einen „schönen" Empfang. Der Chef, ein etwas bärbeißiger, aber gutmütiger Herr, empfing mich mit den Worten: „Gehören Sie auch zu den Weibern, die ewig fehlen?" – Ich dachte, das kann ja gut werden. Er hatte aber auch Grund. Meine Vorgängerin verstand es, mit wenigen Unterbrechungen mindestens ein dreiviertel Jahr zu fehlen. Ich war fassungslos über die „Technik". In meinem Leben habe ich sehr wenig gefehlt. Immer noch mit letzter Kraft zum Dienst! Dieses Verantwortungsgefühl gegenüber Kindern und Kollegen verdanke ich wohl meiner „preußischen" Erziehung!

Der Traum vom Studium, von der Übermittlung „höheren" Wissens war nun wohl ausgeträumt.

Die Semester, die ich als „Hospitantin" in Abendkursen an der Humboldt-Universität absolvierte, die Studien in Philosophie, Literatur, Geschichte,

Im Kollegium, 1932

Soziologie, Kunstgeschichte und zusätzlichen Sprachen – Spanisch und Italienisch – hatten sie mir für meinen Beruf Nutzen gebracht? Trotz allem glaubte ich, ja. Wenn ich das Niveau vieler im „Schnellverfahren" ausgebildeter Lehrer bedenke . . .

Sie werden mich fragen, warum ich nicht geheiratet habe. Der erste Weltkrieg hatte viele Bindungen durch den „Heldentod" des Partners zerstört. Ich wollte und mußte Geld verdienen. Außerdem bestand ein Schulgesetz, daß eine verheiratete Lehrerin sofort gegen eine Abfindung den Beruf aufgeben mußte. Diese Tatsache trug uns den schönen Spitznamen „Magistratsnonne" ein. So streng waren da die Bräuche!

Doch nun zu meiner ersten offiziellen Stelle. Die Schule lag in Moabit in der Lewetzowstraße, am Schnittpunkt des „reichen" Hansaviertels und des „armen" Beusselkietzes. Etwa 35 muntere Knaben schauten mich an, kritisch und vertrauensvoll. Wir waren uns gegenseitig sympathisch, und da im Hause Ordnung herrschte, kam es bald zu einer erfolgreichen Zusammenarbeit. Natürlich gab es auch Reibereien unter den Schülern, keineswegs wegen der vielen jüdischen, meist recht intelligenten Kinder des Hansaviertels, auch nicht etwa aus Neid – eben Meinungsverschiedenheiten, die sich durch Einsicht und Aufklärung schlichten ließen. Es war eine schöne und erfolgreiche Zeit, auch die Beziehung zu den Eltern war optimal.

Die Klassen wechselten. Eine Zeit lang führte ich sie vom ersten bis zum vierten Schuljahr durch, dann hatte ich sie einigermaßen „fit" fürs Gymnasium.

Die Schule in der Levetzowstraße in Berlin-Moabit, in der Frau Krause nur durch die Evakuierung im Krieg unterbrochen – bis zur Pensionierung – unterrichtete

Viel Spaß machte mir immer die Anfangsklasse. Damals waren die Kleinen noch nicht durch das Fernsehen vorbelehrt, man konnte richtig Neuland bearbeiten. Und die Zeit ging dahin wie im Spiel, Schwierigkeiten wurden in Geschichten verpackt. Kein Kind kannte Ängste oder Streß. Manche wollten nicht einmal Ferien haben.

Um 1933 – am Anfang der Hitlerzeit – gab es viel Not; denn wo kein Geld ist, fehlt es an allem. Eines Morgens kam der jüngste, schmächtige Sohn eines arbeitslosen Malermeisters zu spät in die Schule. Draußen war ein tolles Wetter – Kälte und Schneematsch. Er war völlig durchnäßt und zitterte. Ich sah die durchlöcherte Pappschuhsohle und die nassen Socken. „Komm, setz dich an die Heizung und trockne dich erst mal!" – Die Klasse war bestürzt. Dann habe ich gleich eine pädagogische Mahnung anbringen wollen. „Seht mal, so geht es manchen Kindern. Seid froh, wenn eure Eltern euch noch Schuhsohlen bezahlen können!" – Den Kleinen schickte ich nach Hause ins Bett. Aber dieses Ereignis ging mir immer im Kopf herum. Irgendwie muß ich die Kinderherzen gerüht haben. Ein Junge meldete sich stürmisch: „Mein Vater ist Schuster. Der macht das Besohlen bestimmt billiger. Wo der Werner doch sechs Geschwister hat!" – Die Kinder wollten alle helfen.

Als Lehrerin, 1932

Wir einigten uns, daß ich ein Drittel der Summe dazu gab, die Klasse Zweidrittel. – Es war ein großer Erfolg, auch bei den Eltern. Guterhaltene Kleidungsstücke, aus denen die Kinder herausgewachsen waren, wurden mir gebracht. Nach Schulschluß, nachdem alle Geschenke in einer leeren Klasse lagen, verzog ich mich. Die Jungen sollten unbeschwert aussuchen und nehmen können.

„Was blüht uns denn jetzt wieder?"

Lehrerin in der Nazizeit

Am 31. Januar 1933 hatten wir eine Lehrerkonferenz gehabt. Es war 19 Uhr, und wir hatten einen langen Tag hinter uns, waren müde und hungrig und freuten uns auf das Zuhause. Meine Straßenbahn fuhr damals über den „Großen Stern" (heute Straße des 17. Juni) im Tiergarten. Ein Riesenstau! Wir kamen nicht vorwärts. Keiner wußte, warum.

Plötzlich sah ich durch die Bäume einen Fackelzug. Ich denke, was blüht uns denn jetzt wieder? – Ich hatte keine Ahnung von der Masse dieser Bewegung. „Ja," klärte man mich auf, „das sind doch die Nazis!" – Wir hatten den traurigen Einzug unserer geschlagenen Truppen durch das Brandenburger Tor gesehen. Was sollte dieser Festzug? – Ob das wohl zum Guten ist?

Unser ganzes Kollegium war eigentlich recht gegen Hitler eingestellt, nur ein jüngerer Kollege entpuppte sich als ein wilder SA-Mann, in Saalschlachten erprobt. Er war ein ganz netter Kerl, leistete aber wenig und fühlte sich nur stark durch die Partei. Am nächsten Tag kommt dieser Herr mit einer Sammelbüchse und bittet um eine Spende. Die SA braucht Stiefel! – Ich dachte, das kann doch nicht wahr sein! „Ihre Leute haben doch fabelhafte Uniformen und können ihre Alltagsstiefel tragen. Sehen Sie doch das schäbige Schuhwerk unserer Schüler an! Solange die Kinder keine vernünftigen Schuhe haben, gebe ich keine Pfennig." – Was man damals noch für Mut hatte!

Er lachte, nahm nicht übel, die Zusammenarbeit ging vorsichtig weiter, bis uns nach Jahren seine volle Rache traf.

In einer Lehrerkonferenz (1940) hielt ein sehr geschätzter Kollege einen Vortrag über ein kulturelles Thema, in dem auch die Namen einiger jüdischer Gelehrter, Künstler, Dichter fielen. Plötzlich springt der SA-Mann auf, schreit: „Herr, wissen Sie nicht, daß das Juden waren?" – „Natürlich weiß ich das," war die Antwort, „aber Sie können doch nicht leugnen, daß diese Leute einen großen Einfluß auf unsere Kultur gehabt haben?" – „Das werden Sie bereuen! Ich werde Sie anzeigen." – Er tat es auch, denunzierte diesen hervorragenden Lehrer, der sofort entlassen wurde. Das ganze Kollegium war empört und beschloß, – der Chef an der Spitze – eine Eingabe an die Behörde zu machen, daß dieser untragbare Mann an eine andere Schule versetzt würde.

Er wurde versetzt, aber die Rache der höheren Instanz traf uns alle mit voller Wucht. Das Kollegium flog auf, jeder wurde an eine entlegene Stelle versetzt, wo man unerfreuliche Arbeit vorfand. Es war Krieg, 1940/41. Aber die Rache glimmte weiter. Eines Tages, März 1940, bekam ich einen Brief vom Schulrat mit dem Befehl: „Sie haben sich umgehend zur Schularbeit an evakuierten Berliner Kindern in Buchwald zu melden." – Ich konnte die Bosheit nicht fassen! Der Ort war auf keinem Atlas zu finden. – Es war ein Dorf an der polnischen Grenze, 800 Einwohner, 5 km von der nächsten Bahnstation Bernstadt, eine Stunde Kleinbahn nach Oels, dann eine Stunde Eilzug bis Breslau.

Ich erhob sofort Einspruch, da ich 40 Schüler vor dem Ostertermin zu betreuen hatte. Es nutzte nichts, ich mußte hin. – Nachdem ich mich beim Schulrat in Oels gemeldet hatte, nahm ich den Frühzug nach Bernstadt und hoffte, mit meinem vielen Gepäck ein Gefährt zu bekommen. Der einzige Besitzer eines klapprigen Autos war unterwegs. Auf dem Bahnhof gab es nichts zu essen. Ich hatte auch keine Lebensmittelkarten! Alle zwei Stunden

Mit ihrer Klasse, 1937/38

fragte ich nach dem Autofahrer. Um 18 Uhr kam er endlich und fuhr mich mürrisch in „mein" Dorf. Es war stockfinster, den ganzen Tag fiel ein kalter Schneeregen. Ich war der Verzweiflung nahe. Verfroren, müde und hungrig betrat ich meine „Wohnung" in der Dorfschule. Was ich da erlebte, setzte allem die Krone auf.

Ein altes Kinderbett mit Gitter, eine Liege, bei der die Sprungfedern unter der Decke wie Konservenbüchsen hochstanden, ein wackliger Schrank, Tisch und Stuhl, eine Waschkommode mit Wasserkanne, die mein Vorgänger als Aschenbecher benutzt hatte, ein alter Ofen, der das Feuer gleich nach außen sprühte, keine Gardinen – keine Verdunkelung, damals im Kriege eine Todsünde! Als ich die Tür zum Alkoven öffnete, war der ganze Raum mit Müll, Abfällen und Altpapier gefüllt. Schnell wieder zu, denn ich hatte Angst vor Ratten.

Mich packte die Verzweiflung. Ich fing an zu befehlen: Ofen heizen, warmes Wasser bringen, Gardinen anmachen usw. Diese Sprache wurde verstanden. Als der Mann auf Urlaub kam und alles erfuhr, entschuldigte er sich wegen seiner Frau.

Der Bürgermeister hatte mich zur Verpflegung bei einem nahebei wohnenden Gutsbesitzer angemeldet. Das war meine Rettung! Ein sehr gastfreies Haus, fabelhaftes Essen, kulturelle Gespräche, eine Badewanne, sogar ein Konzertflügel. Weil ich die beiden Kinder in der Schule hatte und dem Sohn Nachhilfe gab, wollte man mir kein Geld abnehmen. Es war eine rei-

Mit ihrer Klasse, 1938/39

zende Familie. So hielt ich es bis zu den dörflichen Sommerferien aus. Da traf mich ein neuer Schlag.

Der NS-Lehrerbund in Breslau schrieb mir einen Brief, für zwei Wochen Diäten (3,– Mark täglich) zurückzuzahlen, die ich unrechtmäßig bezogen hätte. In Wirklichkeit hatte das Land wegen der Ernte ja andere Ferien als die Städte. Ich schrieb einen empörten Brief und zog die Dorfbevölkerung als Zeugen heran. Außerdem drohte ich mit einer Klage wegen dieser Ehrabschneidung. Ganz schön keß in der damaligen Zeit! Es hätte auch schief gehen können. Doch ich bekam nie eine Antwort.

Da sich die Zahl der Berliner Kinder von zwei auf eines herabsetzte (ein Tantenkind für Dauer), teilte ich dem Schulrat in Oels mit, daß ich meine Aufgabe als erledigt ansähe und nach Berlin zurückkehre. Es erfolgte kein Einwand. – Aus diesen Dingen lernte ich, daß man für sein Recht kämpfen muß.

In Berlin kam ich wieder an meine alte Schule.

„Eine neue Zeit der Prüfung"

Evakuiert nach Ostpreußen

Ich kam also an meine alte Schule zurück. Das etwas veränderte Kollegium fragte sich: „Was mag die wohl verbrochen haben, daß sie ‚strafversetzt' wurde?" – Wenn die Leute gewußt hätten, daß ich zwei Jahre vorher mit einem Orden geehrt wurde!

Eines Tages bekam ich eine Postkarte vom Rathaus Tiergarten: Melden Sie sich am . . . Mai 1939 zwecks einer Rücksprache. – Mit einer Kollegin in derselben Lage ging ich zur Dienststelle. Ein mürrischer Beamter erklärte sich für nicht zuständig und schickte uns zu einem anderen. Als wir unsere Vorladung zeigten, holte er ein Kästchen mit einem Orden und einer Urkunde. „Unterschreiben Sie, daß Sie das gekriegt haben", sagte er unhöflich. Sie können sich denken, wie „geehrt" wir uns fühlten!

Urkunde

„Der Führer und Reichskanzler hat mit
Erlaß vom heutigen Tage der Lehrerin
Else Krause in Berlin-Friedenau als
Anerkennung für 25jährige treue Dien-
ste das Silberne Treudienstehrenzeichen
verliehen.

Berlin, den 9. Mai 1939

Der Staatsminister und Chef der Präsidial-
kanzlei des Führers und Reichskanzlers
. . ."

Die Ironie des Schicksals wollte es, daß ich 1945 nach der Ausplünderung der Bankfächer in meinem Safe nur einige Papier und das „Hitlerkreuz" vorfand.

Nun wirkte ich wieder an meiner alten Schule. Von Wirken konnte man kaum noch sprechen. Die Kriegsnot verstärkte sich täglich. Sehr oft gab es Sirenengeheul mit nachfolgenden Bombenangriffen. Oft hieß es, drei- bis viermal nachts mit Köfferchen in den Luftschutzkeller, kaum lagen wir nach der Entwarnung angezogen auf dem Bett, kam der nächste Angriff wie vordem. Todmüde mußte man morgens zum Dienst, vorbei an brennenden und zerstörten Häusern, zu Fuß weite Strecken gehend, da keine

Straßenbahn fuhr. Täglich mußten wir unsere Fenster mit Pappe vernageln. Endlich sah man wohl in der Regierung ein, daß etwas für die Zivilbevölkerung geschehen müsse. Die Evakuierung der Schulen in andere Gebiete begann. . .

Eines Tages kam der Befehl: Ihr müßt mit Sack und Pack nach Ostpreußen!

Eine zweite Zeit der Prüfung!

Nach zweitägiger Fahrt kamen wir müde und frierend in der Kleinstadt Nordenburg an. Auf dem Bahnhof standen die Bauersfrauen und begrüßten uns höhnisch: „Da kommen ja die Bombenweiber aus Berlin." – Ein Leiterwagen fuhr uns ins Schützenhaus. Hier sollte die Verteilung der Quartiere stattfinden. Es gab kein Kinderlager; manche Mütter begleiteten ihre Kinder, das war leidlich in Ordnung. Aber die armen Einzelkinder! Sie wurden regelrecht an die Bevölkerung versteigert. Wer möchte einen Jungen von acht Jahren? Wir Lehrer hatten erst am späten Abend alle untergebracht. Es war harte Arbeit, alle Tränen zu trocknen. . .

Endlich konnten wir auch in ein Quartier. Mich nahm eine dortige Mittelschullehrerin mit in ihre Dreizimmerwohnung. Was ich dort an Schmutz und mangelhafter Hygiene erlebte, war unerhörte Zumutung. Ein alter Hausflur voller Müll mit Ratten war die „Toilette". In dem mir angebotenen Zimmer versuchte ich noch am ersten Abend ein bißchen Ordnung zu schaffen. Als ich am nächsten Tag, einem Sonntagmorgen, meine Säuberung fortsetze, wollte mich ein junger Kollege mit seiner Frau zum Essen abholen. Er war empört, nahm mich sofort mit, verschaffte mir ein anderes Quartier und ließ mein Gepäck abholen. Ich kaufte einen Blumenstrauß, bedankte mich bei der „Kollegin" für die „Gastfreundschaft" und verschwand.

Meine neue Bleibe war eine Dachkammer, ca. zehn qm, mit einem weißen Bettgestell (Holzrasten und Strohsack), einem Küchentisch mit Stuhl, einfachem, kleinem Fenster und einem defekten Eisenofen. Da ich im masurischen Winter nicht erfrieren wollte, ließ ich mir einen kleinen Kachelofen setzen, holte mit von daheim einen Spiegel, zwei Teppichbrücken, Vorhang, Kleider und Bilder, bekam Holz und Kohlen, und es war beinahe gemütlich in meiner winzigen Bude. Das Essen war leidlich. Die Wirtin war ja die Schwester des Schlachtermeisters!

Von der gastgebenden Schule wurden wir ziemlich ausgenutzt. Da viele Männer im Feld waren, konnten sie uns gut gebrauchen. Wir Berliner hatten immer nachmittags Unterricht, die andern vormittags, wo ich meine Reststunden abarbeiten mußte. Ein toller Stundenplan! Von acht bis neun, von elf bis zwölf, von vierzehn bis achtzehn Uhr, also wöchentlich 34 Stunden.

Einmal im Monat wurden alle Lehrer des Kreises zur Konferenz nach Gerdauen geladen. Eine Stunde Eisenbahn, dann eine Dreiviertelstunde Weg

Schule und Lehrer-Wohnung in Buchwald, 1941

zum Ort, denn die Bahnhöfe hier lagen alle weitab. Hier hätte ich mich beinahe in die politischen Nesseln gesetzt. Ich hatte es gar nicht bemerkt.

Später sagte eine Berliner Kollegin aus einem Nachbarort: „Wissen Sie, ich habe sie damals bewundert." – „Wieso denn?" – Folgendes war geschehen:

Auf der Konferenz trat neben dem Schulrat noch ein Kriminalkommissar ans Rednerpult. Jener sollte uns über unsere Pflichten aufklären. Also, er erzählte uns, daß russische Agenten nachts mit Flugzeug über den Wäldern abgesetzt würden, sich unter die Bevölkerung mischten, und woran wir sie erkennen könnten. „Vorsicht! Sie sind bewaffnet, melden Sie das sofort der Polizei!" Und . . . und . . . Die Aussicht, den „Heldinnentod" im fernen Land zu sterben, reizte mich weniger als die Worte des Kommissars, und ich sagte vernehmlich: „Das ist doch alles Quatsch!" – Es war mir so rausgerutscht. Alles um mich herum erstarrte. Was wird man mit ihr machen? – Ich muß an dem Tag wirklich einen Schutzengel gehabt haben . . .

Der Wassermangel und die Abwässerfrage gingen mir an die Nerven. Das Flüßchen Aschwöne war Lieferant für Trinkwasser, Freibaden und Wäschewaschen. Zufällig entdeckte ich auf dem Schulhof einen Brunnen mit sauberem Wasser, im Keller sogar eine Badeeinrichtung. Den Bademeister bestach ich mit meiner Zigarettenration und durfte jede Woche ein warmes Bad nehmen. Ich fühlte mich beinahe als Kulturmensch. Die Verpflegung aber blieb dürftig, obgleich rundum Bauern wohnten.

So verging ein eisiger Winter. Die Kriegslage im Osten wurde immer schwieriger. Oft hörte man schon Kanonendonner. Mit einigen Lehrern faßten wir den geheimen Plan, Pferd und Leiterwagen zu kaufen, und die uns anvertrauten Einzelkinder mit allem Gepäck zu verladen und nach Hause zu fahren. Weichsel und Oder schienen uns die größten Hindernisse. Aber es kam alles anders.

Zunächst mußte ich im Mai 1944 auf Befehl der Behörde eine größere Reise unternehmen. Als ich vormittags vom Dienst zurückkam, fand ich ein Schreiben vom Schulrat vor: Sie haben sich heute noch zu einer Lagerausbildung nach Bad Podibrad (Tschechoslowakei) zu begeben. Ihr Zug geht um 20 Uhr ab Königsberg. – Bis dahin waren es vier Stunden Eisenbahnfahrt ab Nordenburg. Mir blieben also zwei Stunden für die Vorbereitung: Kofferpacken, vom Dienst abmelden, Reise-Lebensmittelkarten eintauschen etc. etc. Wie mir erst später bekannt wurde, hatte sich eine ostpreußische Lehrerin aus Angst vor dem feindlichen Ausland geweigert, die Reise zu machen. Ich mußte also Lückenbüßer spielen, obgleich ich mit Kinderlagern nichts zu tun hatte. Aber ich war gar nicht traurig, sondern freute mich, ein neues, unbekanntes Land kennenzulernen. Es war ein besetztes Gebiet damals.

Auf der Fahrt sprach ich mit Tschechen, hörte mir ihren Kummer an, teilte meine bescheidenen Butterbrote mit ihnen und erfuhr interessante Dinge. Nach 26stündiger Reise kam ich in Podibrad an und wurde in einem guten Hotel mit drei anderen netten Damen im Zimmer untergebracht.

Warum hatte man mich hierher geschickt? – Plan: Ausbildung als Lagerleiterin, Umerziehung im geschichtlichen und sozialen Denken, Spiel, Sport, Singen im NS-Sinne. Es gab dort etwa 200 Stellen, an denen die Hitlerfahne morgens gehißt wurde. – Nun, ich überstand auch diese Zeit, genoß auf dem Rückweg noch zwei Tage das herrliche Prag, besuchte Berlin und kehrte viel klüger in mein Exil zurück. So wurde mir eine zugedachte Strafe öfter zum Segen. Es kommt auf die persönliche Ansicht an...

In Ostpreußen sah es schlimm aus. Der Russe war schon in Grenzdörfer eingefallen, der Kanonendonner war schon deutlich zu hören. Aus der Plan vom Leiterwagen!

Da kam uns wieder der Zufall zu Hilfe. Der Tag des Hitler-Attentats im Hauptquartier Rastenburg – nicht weit von uns – am 20.7.1944 war angebrochen. Um zehn Uhr vormittags klingelte der Dorfdiener durch die Straßen: Alle Evakuierten haben ihr Gepäck an den Straßenrand zu stellen und sich um halb zwei auf dem Bahnhof einzufinden. Um zwei Uhr geht der Zug nach Berlin.

In aller Eile wurde gepackt: Kisten, Koffer, Körbe mit Betten, Wäsche, Kleidung, Teppichen, Kochgeräten, Büchern. Vieles mußte man zurücklassen, aber wir waren froh, daß wir fortkamen. Die Kinder wurden gesammelt,

Zu Gast beim Gutsbesitzer in Buchwald

und es ging los. Nach vielen Stunden hatten wir die großen Ströme – unser Albtraum – hinter uns und waren auf Heimatboden. Nanu, warum ging es plötzlich nach Süden? Wir wollten doch nach Berlin! – Am Abend wurden wir in einem Dorf zwischen Bitterfeld und Wittenberg mit unserem ganzen Gepäck ausgeladen. Was nun? – Meine dritte Evakuierung hatte begonnen.

Ich wurde zunächst im Schulhaus untergebracht, sollte mir aber selbst eine Stelle suchen. Die Kinder waren in alle Winde verstreut. Durch die Vermittlung einer jungen Lehrerin kam ich an die Schule des Industriedorfes Mühlanger.

„Es war so eine Weltuntergangsstimmung"

Das Kriegsende 1945

Meine neue Arbeitsstelle war für mich als Berlinerin recht annehmbar: nur zwei Stunden Fahrt von Berlin entfernt, die Hälfte einer Vierzimmerwohnung mit Küche, einem brauchbaren kleinen Kachelofen, genügend Heizmaterial, eine dritte Klasse, sehr diszipliniert, nette Kollegen. Das Schulhaus war ziemlich groß: unten die Keller und Luftschutzräume – sehr wichtig! –, im Erdgeschloß vier Klassenzimmer, die zweite Etage zwei Lehrerwohnungen, ein Boden mit Mansarde, darüber ein Trockenboden für Heilpflanzen, die die Kinder sammeln mußten. Hinter dem Hof die Nebenräume und Toiletten – also es war ein recht großes Gebäude. Angesichts der herannahenden Gefahr schrieb ich meiner Schwester in Landsberg a.d. Warthe, sie möge zu mir kommen und hier wohnen. Die Antwort war negativ: „Was soll uns denn im sechsten Kriegsjahr noch passieren?" – Nun, ich wußte nicht, was passiert war. Nach dem Russensturm blieb sie verschollen.

Meine Schulkinder waren recht brav und zutraulich, auch die Eltern freundlich, alles hätte so gut sein können, aber das Damoklesschwert des Krieges hing über uns. Aus dem Osten kamen die ersten Flüchtlingstrecks. Ein Bild des Jammers und des Elends! Manche noch mit Pferd oder Kuh oder Ziege, die meisten aber zu Fuß mit dem Kinderwagen. Wir halfen, wo wir konnten, und bekamen einen Vorgeschmack auf unser eigenes Schicksal, wenn sie von ihren grauenvollen Erlebnissen erzählten.

Von meinem Fenster aus konnte ich den Schulhof überblicken. Am Sonntagvormittag wurden dort alle Männer und Jungen für die „Verteidigung" ausgebildet. Volkssturm hieß es!

Man hätte diese elenden, halbverhunderten, halbverkrüppelten Menschen sehen müssen, die Vierzehn- bis Fünfzehnjährigen spielten Krieg mit der Panzerfaust – nein, in dieser Zeit verlor ich die letzte Hoffnung auf unsere Zukunft.

Die Russen kamen immer näher. Wir Hausgenossen hatten uns versprochen zusammenzubleiben, was auch komme. Da der Ort an der Elbe lag, wollten wir im Notfall versuchen, uns zum anderen Ufer, das jetzt amerikanisch war, durchzuschlagen. – Es sollte für mich alles anders kommen.

Ein eiskalter, trüber Tag am 24. April 1945. Wir hatten die ganze Nacht schlaflos in unseren Kellern gesessen, die Panzerwagen rollten durch die Straßen, die Geschütze donnerten nach Wittenberg hinüber. Ein paar Soldaten kamen, durchsuchten und plünderten unsere Wohnungen. Sogar unsere einzige Nachrichtenverbindung, der „Volksempfänger", landete auf einem Panjewagen. Ihr „Matka, komm!" fand kein Gehör. Aber wir atmeten auf, denn wir hatten Berichte gehört . . .! Doch es fing ja alles erst an.

Bleiben wollten wir nicht. Mit unseren Koffern zogen wir aus. Das sah unser Nachbar, ein Schlachtermeister. Er hatte eine russische Kommandostelle im Haus und lud uns in seinen gutgeheizten Keller ein. Wir alle übermüdet, halberforen, hungrig, sahen zunächst einen Ausweg. Der Meister schenkte uns jedem – wir waren jetzt noch acht Personen, einige ältere Menschen dabei – eine große Wurst, eine Speckseite, ein Pfund Butter und Brot. So großzügig hatten wir ihn beim Einkauf noch nie kennengelernt! Unser Hoffnungsschimmer sollte bald verblassen. Ein Unteroffizier zählte uns und verkündete: „Morgen früh, acht Uhr, alle erschossen!" – Dieses teuflische Spiel wiederholte er jede Stunde. Das war das Ende! Verzweiflung überfiel uns.

Nach einiger Überlegung siegte der Fluchtplan. Die Gruppe ging leise über den Hof, ich wollte den Weg abkürzen, fand den Ausgang nicht und war isoliert. Zweimal geriet ich in Lebensgefahr. Ich hatte mit dem Dasein abgeschlossen. Ich wurde gefangengenommen und plötzlich wieder freigelassen: „Dawai, geh nach Hause!" – Wo war noch ein Zuhause? – Ich schlich in dieser finsteren, kalten Nacht durch ein menschenleeres Dorf, vor jedem Eingang ein bewaffneter Soldat, der mich mit seinem „Stoy!" erschreckte. Schließlich vor mir das Schulgebäude, von zwei Männern bewacht. Ein hastig überquerter Schulhof, mein offener Keller. War ich gerettet?

Die Stalinorgel begann zu donnern, Gegenangriff von Wittenberg, die Ziegel fallen vom Dach, das Haus bebt. Ich lerne wieder beten in meiner Einsamkeit: „Lieber Gott, laß doch das Haus einstürzen, ich will nicht mehr leben!" – Weltuntergangsstimmung. Aber meine Stunde hatte noch nicht geschlagen. Am nächsten Morgen lebte ich noch. Die Vernunft meldete sich: Hier kann ich nicht bleiben!

Bei den Wirtsleuten eines Gasthauses fand ich Unterkunft und Verpflegung. Ich schälte tagelang Kartoffeln für die russische Gulaschkanone und wurde mit Fleischsuppe und frischem Brot belohnt. Welche Köstlichkeit! – Das Leben siegte wieder. Nach anfänglichen Fluchtplänen in den ersten Tagen kehrte eine leidliche Ruhe ein. Schule war natürlich nicht, alle Schulbücher wurden verbrannt.

Und schon stand ich vor neuen Aufgaben. Die Zwangsarbeitslager und ähnliches wurden geöffnet: Flüchtlinge, Gefangene, entlassene Soldaten, Arbeiter, sehr viele Ausländer wollten zurück in die Heimat, möglichst nicht mit leeren Händen. Viel Erschütterndes erlebte ich in diesen Wochen. Ich wurde zur Sanitäterin, Trösterin und Ratgeberin, zur Schiedsmännin und Dolmetscherin. Wie gut, daß ich Sprachen konnte – diese Anwendung hätte ich mir nie träumen lassen.

Im Herzen bewegte mich aber ständig die Sorge um Berlin. Wie mag es Verwandten und Freunden gehen? – Als eines Tages der erste Zug angekündigt wurde, lief ich morgens um vier Uhr die acht Kilometer zum Bahnhof. – Aber bei mir sollte in dieser Zeit auch das Einfachste kompliziert werden: erstmal unterwegs Beraubung der Reisenden durch Ausländer. Nach kurzer Strecke Aussteigen aus militärischen Gründen. Fußweg auf den Schwellen bis nach Jüterborg. Plötzlich schwärmen Kosaken aus, zwingen uns zum Abbau von Schienen. Mir langte es jetzt! Ich floh mit zerschundenen Händen und gelangte auf Umwegen per Zug nach Berlin.

Abends kam ich in Lankwitz an mit meinem kleinen Köfferchen. Die

Brücke über den Kanal lag halb im Wasser, ein kühner drei Meter Sprung, bei dem mich hilfreiche Hände unterstützten. Kontrolle durch einen russischen Posten. Und ich war wieder daheim.

„Aber wir haben alles gemeistert"

Lehrerin in der Nachkriegszeit

Da stand ich nun nachts um ein Uhr in meiner Vaterstadt. Trümmer, wohin das Auge sehen konnte bei der Finsternis. Ganze Straßenzüge vernichtet. Man stolperte über Trümmer und Abfälle. Hatte Angst vor dem Unbekannten – Freund oder Feind? – Es gab viele Deserteure, die von den Russen gejagt wurden. Und doch war der einzige Gedanke: Steht dein Haus noch? Wo wirst du diese Nacht bleiben?

Auf meinem Heimweg schwand die Hoffnung immer mehr, zuviel Bekanntes war vernichtet. Auch meine Straße hatte zwei Luftminen abbekommen. Aber das Haus war noch da! Glücklich und vorsichtig ging ich hinein. Vielleicht stand nur die Fassade? – Alles war in Ordnung, nur meine Mitbewohnerin war sehr erschocken und glaubte, einen Geist zu sehen. Ich war so müde und erschöpft, daß ich fünfzehn Stunden schlief.

Nach zwei Tagen lief ich zu Fuß – es gab ja keine Verkehrsmittel –, um nach meiner Schule zu sehen. Sie stand noch. Das Dach war zwar stark beschädigt, alle Fenster ohne Scheiben, aber sie stand. Welcher Glücksfall!

Auch mein Chef war schon zur Stelle und freute sich: „Kommen Sie bald zu uns! Wir brauchen jetzt dringend Handwerker. Können Sie uns helfen?" – Welche Berlinerin hätte da wohl „Nein" gesagt! Wir alle hatten ja den brennenden Wunsch, wieder Ordnung zu schaffen und unsere Stadt aufzubauen.

Also fingen wir an mit den Fenstern. Holzteile wurden ausgebessert, Nägel hatten wir, und die dicken Pappen unserer alten „Anschauungsbilder" von Fuchs und Storch fanden nützliche Verwendung als Glasersatz. Das war zwar nicht schön – und dunkel, schützte aber vor Regen und Wind. Als die Schule im August wieder einigermaßen in Schuß war, fanden sich auch die Kinder allmählich ein. So lange es warm war, konnte man bei offenem Fenster arbeiten, aber im Winter fielen viele Stunden aus. Täglich wurden Aufgaben gestellt, die zu Hause erledigt werden sollten. Oft gab es auch dabei Probleme, denn wer hatte schon Heizung und Beleuchtung?

Es gab keine neuen Schulbücher, auch die Bücherei war sehr ausgesondert worden, Papier und Schreibmaterial fehlte überall. Wo sollte man an-

Das Kollegium im Berliner Blockade-Winter, 1947/48

fangen? Es war schrecklich in den ersten Jahren, aber wir haben alles gemeistert.

In dieser Zeit bekamen wir mehrere Schulamtsanwärter jeglichen Alters und aus den verschiedensten Berufen und – mit wenigen Ausnahmen – völlig unterrichtsfremd. Da die PGs noch nicht entnazifiziert waren, brauchten wir Ersatz. In acht bis neun Monaten wurden die „Neuen" ausgebildet. Zunächst hospitierten sie bei uns Älteren, um erstmal Kontakt zu unseren Schulklassen zu bekommen. Aber mangelndes Wissen unserer neuen Kollegen, die oft noch einen Kampf mit der deutschen Sprache ausfochten, zwang uns manchmal zum Eingreifen, wenn den Kindern Fehler beigebracht wurden.

Das Beamtenrecht war uns abgesprochen, wurde aber nach Jahren wieder erneuert. In der Zwischenzeit waren wir Angestellte mit kleinem Gehalt, von dem Einfünftel für Krankenkasse und Sozialversicherung abgezogen wurde. Eine „sparsame" Zeit! – Ich wollte aber nicht „sparen", ich wollte nach so langer Notzeit endlich leben und meine Träume vom Reisen erfüllen.

Noch war es nicht so weit. Die Russen machten Schwierigkeiten mit der Zone und 1947/48 verhängten sie eine Blockade über West-Berlin. Eine neue Leidenszeit begann. Nichts kam über die Schiene, alles über die Luftbrücke. Dankbar hingen wir an unserem fabelhaften Oberbürgermeister Ernst Reuter, der uns täglich durch seinen Zuspruch den Rücken stärkte. Ernst

Das Kollegium, 1951

Reuters Reden wurden durch öffentliche Lautsprecher übertragen. Wir selbst hatten ja keinen Strom für das Radio . . . Gas und Elektrizität waren rationiert. Die Berliner widerstanden dem verlockenden Angebot des Ostens auf Lebensmittel und Kohle. Auch das haben wir gemeistert. Dank an die Amerikaner, die uns dabei halfen.

Nach dem Kriege wußten wir nicht, was uns die Zukunft bringen würde. Wer sollte für uns eintreten? Mit dem NS-Lehrerbund hatten wir schlechte Erfahrungen gemacht. Der Gedanke an eine Lehrergewerkschaft wurde 1945 verwirklicht. Nun hatten wir eine Organisation, die uns gegen die Übergriffe der Behörden in Schutz nahm und unsere Rechte verteidigte. Es war ein neuer Anfang, die Gewalt der „Ämter" gebrochen.

Man durfte mal ein Wort riskieren und seine Meinung sagen, was früher gefährlich war. Der Weg war offen für eine Entfaltung im Berufs- und Privatleben. Auch die Schule profitierte davon. Was wir in früheren Jahren angestrebt haben, die Jugend durch Anschauung und Erkenntnis zur Reife zu führen, sie zu lehren, daß Rechte auch mit Pflichten verbunden sind.

Ich war meiner alten Schule treu geblieben. Sie führte jetzt den Namen „Praktische Oberschule". Jungen und Mädchen wurden jetzt gemeinsam unterrichtet. Das gab zwar manchmal Probleme, aber wir rauften uns zusammen. Ich versuchte, jeden als Persönlichkeit zu behandeln, in schwierigen Fällen zu raten und zu helfen, kurz, mit meiner Klasse zu leben. Zwölf- bis Fünfzehnjährige sind nicht leicht zu behandeln. Sie fühlen sich schon

Mit ihrer Klasse, 1947

halb als Erwachsene. Ihren Übermut dämpfte ich mit Humor, manchmal auch mit Ironie. Vielleicht hatte ich zuweilen ein schlechtes Gewissen, weil meine Unterrichtsstunde nicht streng methodisch durchgeführt wurde, aber ich habe mich bemüht, sie alle ans Ziel zu bringen.

Im letzten Jahr in der Hauptschule arbeitete ich etwas freizügiger mit meinen Schülern. In jedem Quartal ließ ich sie eine große Arbeit mit selbstgewähltem Thema anfertigen. Sie hatten drei Wochen Zeit, Material zu sammeln. Der Erfolg überraschte mich. Ich erhielt ganze Aktenberge mit Text, Bildern, Zeichnungen, Modellen etc. Alles mit großer Liebe gearbeitet. Durch diesen pädagogischen Trick der eigenen Themenwahl lernte ich auch die Interessengebiete der einzelnen kennen: vom gelesenen Buch, technischen Problemen, Tiergeschichten, James Dean, Reisebeschreibungen, Filmen usw. Für mich bedeutete dieser Plan (bei 32 Schülern) eine riesige Mehrbelastung, und ich habe viele Nachtstunden für die Korrektur geopfert. Reisen mit der Klasse machte mir immer viel Spaß, sei es der Teutoburger Wald, Oberbayern, Franken, Fichtelgebirge. Freude an der Natur, an seltsamen Formationen und Gebäuden, an der Bevölkerung, an ihrer Sprache, ihrer Tätigkeit.

Ja, und dann tauchte bald für die Kinder das Problem auf: Was soll ich selbst als Beruf wählen? – So führte ich die Jugend in die verschiedensten Betriebe: Busbahnhof, Siemens-Kabelwerk, Strumpffabrik, Kamerabau, Telefunken, Weberei, Schuhmacherei, Großbäckerei, Schillertheater hinter

Mit ihrer Klasse, 1950

Mit ihrer Klasse, 1952

Karneval mit ihrer Klasse, 1956

Mit ihrer letzten Klasse, 1957/58

Frau Krause als Stellvertretende Schulleiterin, 1959

den Kulissen, Museen, Krankenhaus und vieles andere. Sie lernten viele Berufe kennen, sprachen mit Angestellten über ihre Arbeit, ihre Freizeit. So erfuhren sie, daß einem im Leben nichts geschenkt wird. Aber auch ich erfuhr etwas: Daß meine Berufskenntnisse dringend erweitert werden müßten. So ließ ich mich in zwei Semestern Abendkursen über handwerkliche und technische Arbeitsgänge belehren, habe mein Wissen weitergegeben und manchem die Berufswahl erleichtert.

Als Bonbon gab es mehrmals Opern- und Theateraufführungen. Es wäre noch vieles zu erzählen. Aber ich hoffe, daß diese Einblicke in meinen Unterricht genügen. Bei Kindern und Eltern fand ich meist viel Anerkennung und Zuneigung. Wir feierten gemeinsam Feste und Schulaufführungen. Schwierigkeiten ließen sich immer bereinigen. – In diesem Jahr, 1980, lud mich ein ehemaliger Schüler zu einem reizenden Fest ein. Er war vor 50 Jahren bei mir eingeschult worden und wollten diesen Tag festlich begehen. Wir waren die ganze Zeit freundschaftlich verbunden. Er behauptete, ich sei seine zweite Mutti gewesen und hätte seinen ganzen Lebensweg stark beeindruckt. Heute ist er Direktor einer großen Firma.

Viel Anhänglichkeit habe ich in meinem Leben erfahren. Vielleicht habe ich doch manches richtig gemacht?

„Der Begriff ‚Ruhestand' schmeckte mir nicht besonders"

Nach der Pensionierung

Vor zwanzig Jahren war der Tag gekommen, an dem ich in den Ruhestand treten sollte. Alle Ehrungen und Glückwünsche, alle Blumen und Geschenke halfen nicht darüber hinweg: Ein neuer Lebensabschnitt hatte begonnen.

Der Begriff „Ruhestand" schmeckte mir nicht besonders. Ich hatte ja noch so viel vor . . .

Zunächst wollte ich mein großes Hobby fortführen. Ich hatte schon einige schöne Reisen hinter mir, kannte die Alpenländer, Westeuropa, Italien, Jugoslawien, Ungarn, Schweden, Norwegen, Israel, Griechenland, Bulgarien, Dänemark, Spanien mit Balearen. Das war alles vor der Pensionierung. Einige Male gehörte ich zu den Pionieren des Tourismus, als noch alles ursprünglich und gastfrei war. Das waren herrliche Zeiten. Man erlebte Land und Leute. Doch bekanntlich kommt der Appetit beim Essen. Meine Pläne gingen weiter. Es ergab sich die Gelegenheit, noch andere Erdteile kennenzulernen.

Ein französisches Schiff brachte mich für zwei Monate hin und zurück nach Spanien, Marokko, Brasilien, Uruguay und Argentinien. Eine unvergeßliche Reise! Ich kehrte bereichert zurück, obgleich meine tränenreiche Familie mir den Tod durch Haie oder Giftschlangen prophezeit hatte. – Im nächsten Jahr waren zum ersten Mal die Grenzen der Ostländer geöffnet. Sogleich machte ich eine erholsam-schöne Donaufahrt von Wien bis zur Mündung. – Amerika kam mehr in Mode; die Gehälter besserten sich allmählich, so daß ich mir einen Flug in die USA leisten konnte. Das war eine ganz andere Welt! Laut, hektisch, problemreich die großen Städte – eindrucksvoll, phantastisch abwechslungsreich die Landschaften. Romantisch war es, den Gran Canyon in einer Blockhütte zu erleben und mit richtigen Indianern zu sprechen! Der Santa-Fee-Zug mit seinem Ausflugsabteil (zwei Stockwerke) fuhr uns durch die Südweststaaten nach Hollywood und San Franzisko. Doch ich will mich kurz fassen.

Ich hatte inzwischen Russisch in fünf Semestern Volkshochschule gelernt, um mich auch mit einer slawischen Sprache vertraut zu machen. Das kam mir zugute, als ich 1964 Rußland besuchte. Moskau – Flug über Sibirien nach Chabarowsk am gewaltigen Amur. Nach zwölf Stunden D-Zug Ankunft in Nachodka am Japanischen Meer. Ein russischer Dampfer brachte uns in zweieinhalb Tagen nach Yokohama und Tokio. Was ich hier in Japan an Gastfreundschaft, Charme, Sauberkeit und Kultur erlebte, läßt sich nicht in zwei Sätzen sagen.

Die Abschiedsfeier zur Pensionierung, 1960

Gegensätze ziehen sich an: Nordkap, Island, Spitzbergen. Was für gewaltige Eindrücke! – Azoren, Madeira, Marokko, die herrliche Inselwelt der Ägeis. Zum drittenmal Israel neu. Am eindruckvollsten Ägypten bis Assuan, das ich sehr liebe. – Rumänien mit seinen interessanten Moldauklöstern. – Bretagne und Normandie, Irland, Tunesien, Tschecheslowakei und zuletzt 1977 Westafrika – von Senegal bis Elfenbeinküste. – In diesem Jahr noch einmal zum touristenüberschwemmten Rhodos. Bin ich übersättigt oder reisemüde?

Ich schätze meine vier Wände, denn das Alter klopft öfter an die Tür.

Und wenn ich Rückschau halte über mein Leben, so bin ich glücklich und dankbar für alles, was mir Gott geschickt hat. Dankbar bin ich auch all den Menschen, die mir zu Seite standen in trüben Stunden: meiner Familie, meinen Freunden, meiner langjährigen Mitbewohnerin Frau Elsbeth P. – Dank auch Herrn Prof. Schonig, der meine Lebenserinnerungen wieder lebendig werden ließ.

Gott möge unser Land segnen!

Erich Liebe als Soldat im ersten Weltkrieg, 1916
(2. Reihe, 4. von links)

ERICH LIEBE

Und det Gute bleibt dann

Erich Liebe: unsere erste Begegnung – wir müssen zusammen vor der verschlossenen Wohnungstür eines Studenten, in dessen Wohnung wir das Gespräch führen wollen, warten. Es stört ihn nicht weiter. Er wirkt überraschend leger: helle Kleidung, Sandalen, Baskenmütze. Die Armprothese ist ihm so selbstverständlich, daß sie kaum auffällt.

Er wirkt mindestens zehn Jahre jünger.

In der Wohnung schaut er sich überall um, im Schlafzimmer, im Bad; er interessiert sich für die Herkunft der Möbel und für die Entstehung der selbstgemalten Bilder. Wie der Student dort wohnt? Allein? Mit der Freundin? – Wenn er jung wäre, würde er auch so leben wollen.

Eine weitere Begegnung in seiner Wohnung, in der er mit seiner Frau lebt. In einem schon grüneren Außenbezirk Berlins: in einem Mehrfamilienhaus. Nicht sehr auffallend, aber mit einigen Besonderheiten: einem knallrosa angestrichenen Bad, mit bunten Farben und Pflanzen in den beiden Zimmern, sehr schöne Landschaftsaquarelle. Wir dürfen uns überall umsehen. Alles wirkt säuberlich und gemütlich. Die Küche: das „Reich seiner Frau". Sie ist auf einem Kaffeekränzchen, hat aber alles hergerichtet, den Kaffee in der Thermoskanne und Kuchen. – Ich lerne sie nur sehr kurz bei einem weiteren Besuch kennen.

Das Ehepaar Liebe ist noch sehr unternehmungslustig, sie sind den ganzen Tag beschäftigt: morgens lesen sie die Zeitung, den „Tagesspiegel", dann werden Besorgungen gemacht. Am Nachmittag haben sie Verabredungen. – In der Wohnung hängt ein Berlinstadtplan mit vielen Fähnchen im Ost- und Westteil der Stadt: die Bekannten.

Sehr viel kümmern sie sich um die Familie des Sohnes in Ostberlin, sie machen Reisen nach Westdeutschland und in die DDR.

In allen Gesprächen immer wieder dieser Satz: „Und wie ich schon sagte, das ist abgeschlossen für mich. Aus. Vorbei." – Ob das stimmt?

U.M.

„Strammsitzen"

Kindheit und Schulzeit

Die Bergmann wurde mal jefragt: ‚Was ist Glück?' Und die Antwort: ‚Ein schlechtes Gedächtnis und gute Gesundheit.' Schlechtes Gedächtnis – alles was Mist und Dreck und Sch . . . – weg, ne Wand vor. Ja und det Gute bleibt dann, und da hat man mehr von, als wenn man sich über den alten Dreck dauernd arjert.

Es ist interessant, wie man das Leben auffassen kann. Also ich bin '98 jeboren, bin 81. Die sagen immer: ‚Mensch, du veränderst dich jar nicht!'

Mein Vater is gelernter Tischler, stammt aus Schlesien. Meine Mutter stammt aus Schlesien, und die ganze poplige Verwandtschaft stammt aus Schlesien. Mein Vater war mit seinen Brüdern auf Wanderschaft, bis nach Dänemark rauf. Der war Sattelmacher.

Ick bin ja hier ein jeborener Berliner. '98 geboren, am 8. April, morgens um 7 Uhr 25.

Da in der Friedensstraße, da iss ne Kirche, und die heißt Auferstehungskirche, und dahinter liegt ne Schule, ne Mädchen- und ne Knabenschule, und in die Knabenschule bin ick gegangen. Det war ne sogenannte Volksschule, und die Volksschule hab ick durchgemacht bis zur – damals gings umgekehrt – bis zur ersten Klasse.

Strammsitzen. Kann ick det noch?

Und die Lehrer. Wir hatten Lehrer jehabt und Lehrerinnen. Also im ersten Schuljahr hatten wir ja meistens Lehrerinnen, weil eine Lehrerin, wenn sie nicht so jung ist wie Sie, sondern schon 'n bißchen älter ist, besser umgehen kann mit den kleinen Herrschaften, die da antreten. Also bei uns warn's ja bloß Jungs. Fräulein Hartsch hieß die, die konnte so wunderbar schreiben. Ja, das waren die ersten Jahre.

Erst nach obenhin kam dann mal 'n Lehrer dazwischen, sonst waren es allet Damen. Bis rauf in die erste Klasse.

Ich hatte Glück, ick hatte Glück. Da war'n paar Häuser weiter von uns ein Konvikt, das is eine Pension für werdende Pfarrer, Studenten. Da war ein Pfarrer, der Name wird Ihnen nischt sagen, Sigmund Schulze, der war mal Pfarrer in Potsdam anner . . . Kirche, der hat sich ganz dem sozialen Gebiet hingebracht. Der war ganz neu damals, der zog von den Straßen, uns Lausejungs raus, rein. Da ham wer erst unten 'ne Lesehalle gehabt, da konnten wer lesen und malen und sonst noch wat. Und nachher hat er einjerichtet, da hatten wer unten 'ne Tischlerei jehabt. Oben die Studenten, die lehrten uns Stenographie, da lernten wer och so'n bißchen die Sprachen kennen. Wir konnten och Trompete blasen. Alles von denen jelernt. Die Studenten wohnten da umsonst, aber mit der Verpflichtung, die Kinder von der Straße ranzuziehen und aus denen was zu machen. Und die sind alle was jeworden, die Burschen. In einer Gegend in Berlin, na, wolln wer mal sagen, Arbeitergegend, nich wahr, ne reine Arbeitergegend, da ham se ne ganze Menge Bengels rausgeholt.

Gott, ich war nu nich gerad ne Feuerflamme, nich wahr, aber so'n bißchen ne Leuchte hatte ich wohl im Kopf drin. Nu hab ich mit meinen Eltern gesprochen. 'N Lehrer? Was machen wer nu mit dem Jungen?

„Wir hatten gar keine Zeit"

Ausbildung in der Präparandenanstalt

Tja, hm, soll er 'n Lehrer werden.

Naja, ich bin dann nach Königsberg in die Neumark jekommen. Da hab ick dann angefangen. Präparandenanstalt. Da hieß es einfach auch bloß: Viel lernen. Wissen Sie, ein richtiger Lehrer damals, der mußte sein ganzes Wissen, seinen ganzen Stoff im Kopf haben, der mußte, wenn er nackend hinkommt, dann mußte der unterrichten können.

Es gibt keine Fächer, es gab alles, alles. Das einzige, was zujekommen war, war Französisch und Musik: Geige, Orgel, Klavier. 'N Lehrer muß doch Geige spielen können, wenn er in die Dorfschule kommt, muß er doch in der Kirche Orgel spielen können. Das war doch alles ganz fein ausjedacht.

Ich hab inner Pension gewohnt, nur in Pension mit gleichaltrigen jungen Leuten. Die meisten waren doch in derselben Klasse. Wir hatten bloß Ausgangszeit, nachmittags von da bis da, abends von da bis da, nich wahr. Höchstens, also daß wir mal zusammen gingen, als wer da im Seminar waren, also mal ne Molle trinken. Ach, doch noch etwas: Tanzstunde. Tanzstunde ham wer jemacht, ja, großen Saal und da ham wer se jeschnappt, det jing dann. Die Lehrer, die hatten och Dienst, die mußten die ganzen Buden abklappern, ob alles nach Hause jing. Und zur bestimmten Zeit war keiner zu Hause. ‚Wo sind die bloß?' – ‚Keine Ahnung'. Und da waren wir schwofen.

Ja, das gabs auch, also den Spaß hatten wer och, und tranken mal 'n Glas Bier, rauchten.

Also die Zeit, die Präparandenzeit und Seminarzeit war ne schöne Zeit, und wir haben och viel jelernt. Wir mußten selbständig sein und hatten kein Geld. Damals, will mal sagen, da kostete die Pension, die meine Eltern bezahlen mußten, im Monat 30 Mark. Des war mit Essen und Trinken, und davon ham wer noch Schulbücher bekommen. Was ham wir denn für Jeld gehabt, jarnischt. Sagen wer mal, wenn wer mal ‘n Glas Bier tranken, denn war das alles.

Politisieren kannten wir garnicht, hatten wir auch keine Zeit zu, und gar keine Lust. Wir hatten gar keine Zeit, wir waren eingespannt. Also man kann sich garnich vorstellen, was wir da ranbolzen mußten. Wir mußten doch, wenn man ‘n Lehrer war, damals, wie ich schon sachte, ohne Buch unterrichten können. Die Gedichte mußten wir alle auswendig, die Kirchenlieder mußten wer auswendig können.

Ich hab se ja auch nie jekonnt.

Des war ein bestimmter Teil. Soviel mußte man können. Und wer nu auch Orgel spielen konnte, der war natürlich bevorzugt für ne Landstelle. Meistens war er der Jüngere. Wenn noch eener da war, dann war der der Ältere. Und der Ältere sagte: „Der Jüngere kann ja orgeln". Denn kriegte der die Orgelstelle dazu, kriechte dafür ’n paar Pfennige. Man mußte ja auch alles können.

„Wir waren keine Freiwilligen"

Im 1. Weltkrieg

Ich war noch aufm Seminar. Also Seminarist. In der dritten Klasse warn wir – wär noch die zweite und die erste Klasse, dann kam det Staatsexamen. Naja, kam der Krieg, 16 wurd ich eingezogen. Wir sind keene Freiwilligen, waren alle keine Freiwilligen.

Kam nach Galizien. Auch ne Glückssache. Vor mir ging ‘n Transport ab nach n‘ Westen, und zwar wo die Große Schlacht Verdun war. Naja, da ham se den Großteil niederjelegt. Wiedersehen. Aus. Der Rest kam denn wieder.

Der nächste Transfer ging so Februar, März, April, und wir sind ‘n Monat später nach ‘m Osten gekommen. Und zwar . . . nach Galizien, wo jetzt heute vom Papst immer erzählt wird. Krakau, Lemberg, Tarneburg. Und denn waren wir an der russischen Grenze. Des war 17.

Und da wurde ick verwundet, durch ‘n Granatvolltreffer. Ein Ruck und alles erledigt. Naja, Lazarett in Tarneburg. Erst mal aufm freiem Felde, und dann in Lemberg. Da ham se det Eisen abgeschnippert und geschnappert, was zuviel war, son Papierverband, damals gab nur Papier. Schlimme Zeit, und Kohlrüben. Ja, ham se’n Papierverband jemacht.

Das war 17. Da weiß ich det Datum heute noch. Am 27. August ‘17 hat’s gebumst, mittags. Auch bloß durch ne Dummheit. Interessant, wie’s manchmal im Leben spielt. Da hab ich's denn geschafft. War et aus für mich, der Krieg. Von da aus ins Lazarett. Nu war'n Arzt im Lazarett in Lemberg. Da ham wir uns auch unterhalten, und da kommt der ... aus Berlin. „Mann", sagte er, „wolln Se nach Berlin?" – „Naja", sach „klar, will nach Berlin." – „Ja, aber wir können bloß die nich loofen und nich sonstwat können, nich wah." – „Na", sacht er, „Sie können doch nich loofen?" – „Nee", sach ich „det is nich möglich, bin viel zu schwach dazu". War ausgelaufen. Naja, hat er so geschoben mit nem Lazarettzug bis nach Berlin-Frohnau. Frohnau bin ick gelandet, nachts, Lazarettzuch, in irgenson einfaches Lazarett, und da bin ick wieder mit Menschen zusammengekommen. War denn bloß 'n halbet Jahr im Lazarett.

Det war denn die Einleitung. Habe viel jehabt, als ich denn laufen konnte. Bin ins Theater gegangen, habe schreiben jelernt. War für mich mit einemal was neuet, ja links schreiben. Damals war et schon Rackow, die Handelsschule Rackow, die irgendwo da im Zentrum ist. Da hatten se schon probiert, wie man links schreiben konnte.

„Und da das Ungewisse"

Berufsfremde Arbeit und erste Anstellung in der Weimarer Republik

Also . . . den Krieg erlebt, alles überstanden und nu wieder . . . ja und nu wat'n nu? Will Lehrer werden, hab keine rechte Hand. Mein Arzt hat jesacht: „Machen wer, machen wer. Machen wer ne Prothese. Da machen wer denn hier son Halter an Ihren Stock dran, dann ziehen Se hier auf und schrauben Se feste." Hab ick gemacht.

Hab ick noch in der ersten Zeit, wo ich hier die erste Stelle hatte, da waren Jahre vergangen, noch Geige gespielt.

So nu, wat kam denn nu? Der Krieg, der Krieg war zu Ende.

Ick hab bei meinen Eltern jewohnt, ja und denn? Ach, Seminar, ja. Ick mir denn eingeschrieben da, hab denn noch Seminar durchgemacht, erste Lehrerprüfung gemacht. Das war so zwei, drei Jahre später, die erste Lehrerprüfung. Zu'n Sommerferien waren wir fertich.

Und denn war die Lücke. Nu mußten wer warten auf ne Stelle. Jetzt kommt die Sache. Ja, nu passen Se uff, passen Se uff. Ne Sache, die wir heute och haben. Wir jammern, daß heute soviel Stellen nicht besetzt werden können, die gar nicht da sind. Bei uns war es damals der Krieg. Der erste Weltkrieg war zu Ende, da mußte doch Posen abgetreten werden. Und die Lehrer mußten alle raus und die gingen jetzt in die Stellen, wo wir eigentlich wären so turnusmäßig eingestellt, so langsam reingeschliddert. Also, die alten Lehrer alle da rin, und wir saßen draußen.

Was nun? Na, erst mal hab ick gefaulenzt. Hab jesacht, daß ich mich ausruh. Und dann: Ick habe inner Bank jearbeitet. Ick hatte Glück. Muß dusselig gewesen sein. Die andern sind alle im Sägewerk und sonstwo, die sind rumjewandert in Deutschland, von eener Ecke in die andere jeschubst. Die waren teilweise Wanderlehrer, sozusagen. Wenn einer krank wurde, dann mußte der hin, nich wahr. Aber wir konnten des nich machen, oder ich hab's nich machen lassen.

Hab ich mir gemeldet auf einer Bank, hieß Mitteldeutsche Kreditbank, besteht auch nüscht mehr, auch weg. Da hab ick gearbeitet, ein Monat, zwei Monate für Stundenlohn, bloß als Hilfsarbeiter, im Kontokurrent. Die Abrechnungen gemacht jeden Abend. Da wurde noch nich mit Maschinen gearbeitet, ging alles durch Rechnen, ein, zwei, drei, und wenn 'n Pfennig zuviel war, oder zuwenig war von der Kasse aus, dann mußten wer det Ding alles nochmal durchrechnen. Da hab ick jelernt, so richtig zusammenzählen, ging ganz so wie ne Maschine.

Neben mir stand auch einer, der hat sich det immer anjesehen. Ob ich ihm leid getan hatte, ich weiß nicht. War'n Jude. Da sacht er: „Liebe, ich wer Ihn mal was sagen. Sie machen für den ne Arbeit, wo vor Ihnen, als Sie hier herkamen, zweie die Arbeit jemacht haben." – „Aha", sag ich, „Zweie". Also, so raffiniert ham die auch gearbeitet. Wenn der eine das schaffte ... Na, dann kam er eines Tages, war auch so kurz vor Weihnachten, sagte er: „Liebe, ich habe wat für Sie." – „Wo?" – „Ja,", sagt er, „Bankfach". – „Und ich dachte, ne Lehrerstelle hätten Se für mich." – Bankfach. Mendelssohn und Co.

Ick wußte von Mendelssohn, dem musikalischen Mendelssohn. Aber det war eine Bank Mendelssohn. Ne Weltbank.

Da sagte er: "Ich hab da auch wieder nen Bekannten sitzen, und die suchen wen. Ham Se Lust?" – „Tja", sach ick, „wat ick hier mache, jeden Tach mache. Und für den für zwei arbeit, is nich mein Fall." – Sacht er: „It jut. Kündijen Se mal hier und zum 1. Januar gehn Se rüber und sagen da unten Bescheid, ich hätte Sie jeschickt."

Nu könn Se sich det vorstellen: Hier verdienste paar Pfennig, kannste von leben, so unjefähr. Und nu da det Ungewisse. Tja, dacht ich, los, Abfahrt, hin. Mich da vorjestellt. Oh, da hatt ich Augen jemacht. Des war'n Bankbetrieb.

Ich erzähl Ihnen mal folgendet, was da war: Der hieß Steinbach, der war der Personalchef da, und der hat sich mit mir unterhalten. Ich saß hier, er saß da, und hab erzählt, so und so ist mir ergangen. „Naja," sacht er,

Das Kollegium, 1927

„ham Sie Ihr Bewerbungsschreiben mit?" – „Ja." Rausjeholt, jejeben. „Naja", sacht er, „is doch alles in Ordnung, ja, könn Se kommen, 'ne wahr, könn Se kommen". – „Ja", sach ich, „Herr . . . Steinbach, hab keine rechte Hand." – „Ham Sie das geschrieben?" – „Ja, selbstverständlich." – „Ja," sacht er, „is doch jut, is doch zu lesen, alles in Ordnung. Nu jehen Se ma runter, und so weiter, melden Se sich da", (Siewert hieß der, is och schon dot) „in der Abteilung." Depotabteilung, und da kam ich so richtig ins Geld rin. Na, da hab ich jearbeitet, also mindestens vier Jahre. Ich kriecht ja keine Lehrerstelle.

Mein Provinzschulrat, det war in Frankfurt anner Oder, und da schrieb ich dann hin und wieder mal hin: Ich warte noch auf ne Stelle. Es gab da ja bloß die Landstellen und so weiter. Und denn schickten sie mir zwei- oder dreimal ne Stelle: vier Wochen Landsberg an der Warthe, vier Wochen in Fürstenwalde, und als sie mir das drittemal wieder schickten, hab ich aber jeschrieben: so und so. Bin selber hinjefahren zu dem Herrn, na wie hieß er denn noch – Kramer, Regierungsrat: „Nein, Sie sind vorjemerkt, sehn Se und, da is extra 'n Kreuz vor Ihnen, 'n rotet Kreuz." Da bin ick nach Hause jefahren wieder und hab überlegt. Mit Vatern noch beratschlagt. Vater hat jeschimpft. Ich sage: „Weeßte, ick bleibe noch auf der Bank. Die Sache ist noch sauer. Ich kriege nie ne Stelle, wo ick sagen könnte, kann ich da bleiben. Ich bin doch auf fremde Hilfe anjewiesen!" Naja, dann war det zu Ende, ich blieb da, und da hab ich mich jarnich mehr jemeldet. Nach vier Jahren . . .

Jetzt kommt wieder ne Weltgeschichte: Man muß ja staunen, wie die großen Geschäfte ihre Nase hatten, war doch alles Inflation, war doch alles Mark und Dollar. Wir hatten Dollar, wir kriegten teilweise in Dollar ausgezahlt. Also ick warn reicher Mann da. Und denn – wie war das nun? Da hört ich, da wurde mir auch jesacht, man kann von hier freiwillig abgehen. Freiwillig. Da kriegt ich spitze Ohren, dacht ich, aha, da is doch wat in der Weltgeschichte im Gange, die woll'n hier raus.

Hab mich gemeldet. Nu war et folgende Bedingung: entweder Sie kriegen vier Jahre Ihr Gehalt weiter, und dann ist der Fall für uns erledigt. Auf Wiedersehen. Oder: Sie kriegen solche Abfindung, also in einer Summe. Det waren zichtausende, da könn Se 'n Geschäft anfangen, oder sonst wat, nich wahr? – Sehen Se ma, so war dat: zwei Entscheidungen. Ich sachte, vier Jahre det Gehalt weiter, is ganz schön – jetzt jehste in deine Lehrerei zurück.

Nu war ich doch da in Frankfurt anjemeldet. Jetzt bin ich hier nach Berlin jegangen. Hier in Berlin da war der Berliner Lehrerverband, Verband Berliner Lehrer oder Berliner Lehrerverband, so hieß det Ding, war am Alexanderplatz, war das große Lehrervereinshaus. Und denn hab ich mich da jemeldet, und die ham gleich mich anjenommen. Und dauerte jarnich lange, ging ich als Hospitant.

„Wo wohnen Sie?" – „Na, ick wohne da". – „Na also, in der Schule da könn Se hospitieren. Es iss 'n Rektor, der is Spezialist für Naturkunde und Naturgeschichte und sowat."

Da war ick denn eben. Ich konnte gut zeichnen – links – ich war 'n Zeichenkünstler. Und dem gings darum, was der nun erzählen wollte, und belegen wollte mit Zeichnungen. Da machte ich ihm die Zeichnungen dazu an die Tafel, große. Da war ich ne Zeitlang.

Denn sacht er: „Gehn Se ma zu dem hin." Da war bloß um de Ecke rum ne andere Schule, ne Mädchenschule. Da is 'n Rektor, der is bekannt hier in

Mit seiner Mädchenklasse, 1931

Mit seiner Mädchenklasse, 1932

Mit seiner Mädchenklasse, 1935

Berlin als Spezialist. Der war mit den Zähnen. Der propagierte ‚Pflegt Eure Zähne, damit Ihr schön Beißerchen machen könnt.' Ging ich zu dem hin. Da ging ich denn in die Klassen richtig rein, übernahm die Klasse selbst. Das hab ick denn 'n Halbjahr so jemacht.

Sag ich: „Wissen Se, müßte eigentlich zweite Prüfung machen." – „Ja", sagt er, „könn wer machen." Na, hab ich nochn bißchen gebolzt, daß alles nich so schlimm war. Dann hab ick mein zweites Staatsexamen gemacht. Da war ick Beamter.

War ne schriftliche Arbeit. Dann kam die Prüfungskommission hin, warn alles Regierungsräte.

Der Lehrer, der war ja auch bei, der Rektor war bei, alle beide waren bei. Aber vonwejen die Kommission, also woll'n wir mal sagen wie heute, daß die Lehrer da sol viel mitreden konnten, gab's nich. Da war 'n Regierungsrat, noch so'n Viech, die Rektoren. Da hab ick meine Prüfung jemacht, in Ordnung. Alles klar. Schriftliche Arbeit abjeliefert, Staatsexamen jemacht, feste Anstellung.

Mein Vater sacht: „Mensch, du bist ein Lausejunge, machst da Geld auf der Bank, und denn gehste noch da hin, machst dein Staatsexamen." Aber ich habs ja geschafft. Ja, dann war ick an der Schule, war ick solange bis se verbrannte.

So bin ick nu wieder da hinjekommen, wo ick eigentlich wohnte, und war die ganzen Jahre dort.

Ich wunder mich, wenn ich so hör: der jibt bloß ein Fach, is ser Fachmann drin. Der macht zwei Fächer, Fachmann drin. Wir mußten alles machen. Was nich ging, war Turnen und Musik. Alle andern Fächer mußt ich geben, ob det kleine Mädels waren oder große Mädels, ganz egal. Da gabs kein Erbarmen. Damals warn ja noch in der ersten Zeit Mädchenschulen und Knabenschulen getrennt. Ich war inner Mädchenschule. 181ste Gemeindeschule.

Wir haben schöne Jahre da verlebt, die Eltern warn in Ordnung, alles prima. Und die Kinder auch. Natürlich, wer nich jelernt hatte und nich mitkam, der blieb sitzen. Wenn da ein, zwei mal hängen blieben, man mußte damals 'n Halbjahr bloß nachmachen. Wir hatten in der ersten Zeit noch zwei Termine: Oktober und April, also halbjährlich, also ging 'n Verlust immer bloß über'n halbet Jahr. Hmm, hat man heute nich.

Die ham im Kopp gerechnet wie ne Rechenmaschine, das is Training, weiter is das nischt. Und sie mußten erzählen, wiedergeben, was sie gelesen hatten, ohne Angst und ohne Zwang. Wir hatten Lesebücher. Da hatten wir die paar Sachbücher, ja, und daraus wurde jelesen. Und Jedichte. Die ham och Jedichte jelernt, und ham's jeschafft und fein aufjesagt, fein aufjesagt. Also die Jören hatte ein Jedächtnis, hab ick nur jestaunt, wat die so fertich kriejen. Und de Hauptsache war: Sauber, die Hefte waren sauber.

„Nu kriegte man langsam spitze Ohren"

Leben im Nationalsozialismus

Wir hatten Eltern, konnten zu mir kommen, wenn sie Sorgen hatten. Also mein Material war: Handwerker, Arbeiter, jawohl . . . ungelernte, nich wahr, Handwerker, Geschäftsleute, Arzt. Det wer ich nie verjessen. Arzt, der hieß . . .feld, war'n Jude. Alles in Ordnung, ging alles in Ordnung. Wir hatten da gar keine Schwierigkeiten jehabt.

Naja, und denn, ich hatt det eigentlich gar nich gemerkt, wat da passiert war. Hitlerzeit, nich wahr.

Der Schulrat saß übrigens bei uns inner Schule, hatte sein Dienstzimmer inner Schule: ‚Morjen, Herr Schulrat'. – ‚Morgen'. Jing immer ganz famililiär. Und dann kam det mit den Nazis, und da wurden wir nicht belästigt, sonderbarerweise, wir hatten zwar einen jüdischen Lehrer und eine jüdische Lehrerin. Der jüdische Lehrer war im Weltkrieg Feldwebel gewesen, zu Hause anner Wand hingn da die Säbel. So muß man sich det alles vorstellen.

Wat heute jar nich möglich is, also wolln wer mal sagen, wat man sich unter Hitler gar nich vorstellen konnte.

So war dat. Der is gestorben. Seine Frau lebte noch längere Jahre, bekam die Pension, holte se sich immer da ab inner Schule. Und die Lehrerin, ick weeß nich, wo die jeblieben is.

Jedenfalls nu kriegt man langsam spitze Ohren: Die kam nich mehr, die wurde abjemeldet, der wurde abjemeldet. Da sagten wir, meine Kollejen: „Watn los, Kinder?" – „Haste nich jehört, haste nich jehört." – Ick sage: „Is nich möglich, kann nich möglich sein." –

Also ich hatte et nich jeglaubt, des nich jeglaubt. Wir waren ne Schule, wo ne Menge jüdische Kinder waren, jüdische Lehrer und Lehrerinnen waren. Aber denn merkte ich, wie det so zerbröckelte. Bekannte und Jeschäftsleute undsoweiter, waren weg. Ich sage: „Wo sind denn die bloß?"

Und denn traf ick mal einen – det war nu schon ne janz brenzliche Zeit – der war Handschuh- oder war et Hutmacher – Jeschäftsmann, also Gewerbetreibender. Den traf ich mal oben bei unserer Siedlung, wo wir da wohnten. Sage: „Wo . . .?" Der hat mir dann reinen Wein eingeschenkt. Sacht er: „Wir haun alle ab." Ich sage: „Wieso?" – „Ja, es is ganz dicke Luft." – Son Dicker war det. „Ja, wo wolln Se denn hin?" – Is och weggekommen, sind alle weggekommen. Und die armen Deubels, die Kleenen, ja, kleenen Handwerker, wat so war, die sind alle hops jegangen.

Also man kann nich sagen, wo die jeblieben sind, warn weg. Is ne traurige Sache.

Dat wurde so erzählt, hörte man hintenrum. Wir hatten keine Bekannten, wir hatten keinen bei uns, der da 'n Bonbon hatte, nischt. Unsre Schule hatte keinen, war keiner drin. Wir lasen auch nie den Völkischen. Sag ick: „Jetzt ham sie mir den Völkischen." – „Papierkasten." Uns hat keiner was jetan, eigenartigerweise, kein Mensch. Ob das vielleicht daran lag, daß soviel Juden da waren, ich weiß nich. Wir ham manchmal jestanden und ham jesacht: „Wat is denn bloß los?"

Die ham denn hier Uffmärsche jemacht mit Fähnchen. Hab ick alles durcherlebt. Kenn se so und kenn se auch so. Ich hatte nie Ärger gehabt.

Einmal, da war Versammlung, da hat ick keen Arm hochjehoben. Dat war schlimm. Ah ja, und dann kam da der Ortsfritze, der rief mich denn ran, sacht er: „Könn 'Se mal'n Moment mit rüberkommen?" – „Na klar", sag ich, „mach ick". Und da ham wir uns ausjesprochen. Det war kurz vor Ende des Krieges, ein Vierteljahr noch vorher, und da ham wir uns beide ausjesprochen, ohne 'n Blatt vorn Mund zu nehmen. Da merkte ick, der war och nich astrein. So lernt man die Menschen kennen. Wir ham uns treu und brav verabschiedet, keinem Menschen wat jesacht, bloß, als der Krieg zu Ende war, da hab ick det betrauern müssen.

Am Königstor da, da hingen die Bäume so über die Mauer, da hingen die Strippen noch, wo sie die – wie nannten sich die Jungen – Jungvolk, die hatten sie doch schon einjesetzt, aufgehängt hatten, weil die nich pariert hatten. Wir ham den Krieg gesehen.

Und die ganze Bomberei, davon sprechen wir nich. Bomberei von hinten bis vorn, von oben bis unten durchjemacht, in der Stadt, draußen inner Siedlung. Was wir die Nächte durchjemacht haben . . . wir haben Feuerwerk jesehen.

Ja, also wenn man det erlebt hat, dann sieht det alles ganz anders aus, als da so jeschrieben und jemacht wird. Da sollte man drin jewesen sein, in den Kasten.

„So waren zwei Welten"

Nachkriegszeit

Ja, und denn kamen die Russen, bei uns in die Siedlung och. Ich seh se noch wie heute ankommen, Panjewagen.

In dem Bunker. Die Russen warn doch da. Meine Frau hab ick rausjekriecht. Janz einfach: Liebe fiel um. Und meine Frau dachte erst: Ich geh hops. Ich dachte: Jetzt machste et janz einfach, markierste. Und dann ham die jeschrien: „Hier is einer umjefallen, muß rausjebracht wern an die frische Luft!" – Da war meine Frau und noch eene, die ham mich da rausjezogen. Wir rannten nun in die Siedlung zum Haus hin, hinten durch die Gärten durch.

Wir kommen da hin – ach det Haus war von denen abjebrannt bei der Bomberei, war bloß 'n Keller da, da könn wer unter, bemerkt uns keiner. Hat sich wat! Wir ham noch jarnich lange da jesessen, kommt einer rinjestiebelt. Ach du lieber Jott: Russe, 'n Russe, noch eener. Der sprach aber Deutsch, konnte Deutsch. Also nich fließend, aber jebrochen Deutsch. Der jrüßte uns. Ick dacht, wat is denn nu eigentlich los, jetzt biste nich mehr janz im klaren, wat hier passiert is. Wollten wir raus. „Nix! Bleiben, bleiben! Wir hier, ihr da!"

Wir mußten denn rin in det Zimmer, wo die waren. Saßen alle um 'n Tisch rum. Det war der Kommandant von der Batterie. Der war da drin. Nu, denn ham wer erst geklönt, so und so geht's uns und so: „Ja nu, was is nu Krieg, is doch ne Schweinerei, is doch, guck doch raus, alles kaputt." – Ja, und dann ging det los, und nachher kam raus, – wat war det? – wie nannt er sich? – daß er'n Studienrat is aus Moskau. Professor, Schulbeamter in Moskau. Wenn er mit mir alleine war, sacht er: „Wozu is das alles?" –

Besonders, wenn die Bombennächste so waren, da war in Berlin alles ein Feuermeer. Sacht er: „Wozu?" – „Wozu? Wir in Moskau, wir haben Arbeit. Müssen hier alles kaputtmachen." – Ja, so waren zwei Welten.

Da denkt man nicht. Da überlegt man bloß, wie kommste lebend aus diesem Schlamassel hier raus? Das is die Kunst. Ick hab se alle rausjebracht. Die ganze Siedlung, alles raus, sind alle rausgekommen. Naja, überstanden.

Als der Krieg zu Ende war, starb meine Mutter. Die hat et nich überstanden. Und denn war mein Junge. Der war inner Hitlerjugend. Der war aufm Gymnasium. Mußt er doch Hitlerjugend spielen. Und der war weg. Ham wer nich erfahren, wo der jeblieben is. Waren noch . . . zwei Tage eh die Russen kamen, da war er noch bei uns. War in Berlin irgendwo als Volkssturm. Da war er nochmal drin. Da sag ick: „Komm weg, komm weg!" – Da wollt er türmen mit einem. Ham se'n aber unterwegs geschnappt. Der eine war aus'n Laubenkolonien, der wußte da Bescheid. Sind se zu 'n Siemenswerke da rauf, und da inne Laube einjebrochen. Ham noch Kleidung jefunden. Und dann war er geschnappt. Der war in Landsberg anner Warthe im Kriegsgefangenenlager. Wir ham die janze Zeit jesessen und wußten nich, wo er war. Is och wiederjekommen. Die Lunge war anjebufft, da leidet er heute noch.

Ja, so war det. Und denn fingen die nu an: „Wer war Nazi?" – „Liebe?" – „Naja, Liebe. Der war Lehrer. Der muß Nazi gewesen sein." – Aber nu in der janzen Siedlung, da war bloß ein einziger, det wußten wer, der war Nazi. Aber alle andern, war keiner bei 'n Nazis. Nu wollten se nachweisen, aber konnten nischt nachweisen. Fanden in keener Liste und nischt, nischt. Ja, so war det bis dahin. Wie war det?

Alles vergessen. Alles vergessen und weiterleben. Weiter jibt's da nischt.

So, damit Se nu richtig einjedeckt sind: da hab ich noch in Oranjenburg vier Jahre im KZ jesessen. Wieso? Dat möcht ich auch gerne wissen. Aber ich kann's Ihnen sagen, warum. Janz einfache Sache: die Kinder waren doch alle weg aus Berlin. Und die Lehrer. Ich war einer von denen, die nicht mitgingen aus dem und dem Grunde hier (deutet auf seine Armprothese). Die Lehrer mußten wat tun. Die wurden vom Hauptschulamt zur Verfügung jestellt. Ham wer unjefähr den Sommer über die Bibliothek jeräumt. Und denn kriecht ich Marschbefehl. Da wurde ich überwiesen in – wie nannte sich det? – Ministerium des Äußeren, ja. Da war ich in einem Archiv. Wo die sich alles holen konnten, wo alles gelagert war zum Nachsehen und die Schriftstücke lagen: Abjeholt, 'n nächsten Morgen oder abends. Morgens jeholt und abends wieder wegjebracht. Untern Linden war's, inner Querstraße. Da hab ick . . . könnte beinah 'n halbet Jahr jewesen sein.

KZ, ja. Das ist ne ganz einfache Sache. Weil ich in diesem Ministerium gearbeitet hatte, da war ich verdächtig.

Da kam eines abends – die Brüder sind ja immer nachts jekommen – der Kaufmann hatte noch auf, meine Frau beim Kaufmann, und da kam 'n Auto an. 'N Zivilist ging rein und fragte: „Wohnt hier ein Herr Liebe?" – „Ja, das is hier Frau Liebe." – „Ach", sagt der, „komm Se ma mit. Wir wollen Ihren Mann gern ma sprechen. Komm Se ins Auto, wir fahren Sie gleich mit." – Sind se mitjekommen. Und da hat er jesacht zu mir – in Deutsch – ob er 'n Deutscher war, weiß ich nich, aber er sprach fließend Deutsch – aber auch in Zivil. Alles in Zivil. Und die sagten: soundso. Der hat 'n Protokoll aufjenommen. Und dann hat er einfach jesacht: „Ja, suchen Sie für Ihren Mann noch einmal Unterwäsche aus, er muß mit uns kommen zum Verhör." Dann gings los. . . Vier Jahre.

Wir sind jelaufen bis zur Bernauer Gegend, da wo . . . Sachsenhausen liegt. Und wer nich weiter kam, der kriechte eines mit 'm Kolben aufn Kopf. War die Sache erledigt. Wie die da alle hinjekommen sind, weeß ick nich. Aber ick hab die janze Zeit nischt jetan. Ick hab da die janze Zeit über faulenzen müssen. Des is 'ne Kunst. Und die Wanzen bekämpft. Aber wo die meisten dran kaputt jegangen sind, des war mit den Lungen. Lungensache.

Die waren im Bad, wo man immer erzählt hat, die haben da die Bäder jehabt mit dem Jift drin. In solchen Bädern ham wir jebadet. Ohne Fenster, oben Brausen drin. Alles in Ordnung. Eine Tür rin, andre sich wir hinten raus wieder. Aber bei uns wurde nischt verjiftet. Wir ham da richtig abjebadet. Aber vorne warn großer Raum, wo die Sachen abjelegt werden mußten. Die gingen durch die Heißmangel, die wurden dadurch entlaust, auf Deutsch jesacht. Auf der andern Seite kriegt man die dann wieder.

Wir standen da nackend und da waren die Türen offen. Da ham sich alle die Lunge kaputt jemacht.

Und wo se begraben sind, kann ich och sagen. Des is ein Wäldchen, da war ein Massengrab, is gleich da bei dem Lager. Alle Abend fuhr der Bretterwagen vorbei und da lagen se durff, alle mit einer Marke drauf. Die sind alle einjebuddelt worden, nich verbrannt worden.

Aber die haben uns jezeigt die Öfen, wo vorher die Nazis verbrannt haben. Da waren solche Haufen noch, da is ja nich viel übrig von. Die ham se uns jezeigt.

Denn eines Tages hörten wir, da sind welche entlassen worden. Da sacht einer: „Du, wir sind dran." Ich lag ja nich im TB-Lager, sondern ich lag ja im Vorlazarett. Sacht er: „Du bist och mit dran!" – Na schön. Richtig, am nächsten Tach mußt'n wer uns anziehn, kriechten zweihundert Zigaretten. Das war ein Vermögen. Können Sie sich das vorstellen, zweihundert Zigaretten?! In der damaligen Zeit!

Die haben uns mit den großen Lastautos gefahren bis zum Bahnhof Oranienburg. Der Herr Kommandant mit, nich in Uniform. Zivil, im blauen Anzug, wie üblich. Und von jedem mit Handschlag verabschiedet: „Ihr seid jetzt alles wieder freie Leute." Jeder kriegte da so'n Stück Papier, da stand druff: Entlassen da und da. Aus. Ick kenn se von allen Seiten.

„Nu standen wir wieder draußen"

In der geteilten Stadt Berlin

Nun bin ich wieder zurück nach Berlin. Aber nu wieder in Berlin. War doch zurück im Friedrichshain. Nu wollt ich doch da wieder als Lehrer anfangen. Ick war da inner Schule und die sachten: „Nee, Mensch, is dat een Glück. Noch'n Lehrer da. Ick weeß ja jarnicht, wo wer hin sollen mit den Kindern allen."

Jetzt ging ick hin zum Schulamt. Mußte erst zum russischen Verbindungsoffizier. Geh hin, sag so und so, da und da jewesen, bin jetzt wieder hier zurück. Möcht hier wieder in' Dienst eintreten. Und so weiter. „Nix", sacht er, „geht nich!" Ich kam da nich rein. Nu standen wer wieder draußen.

Rüberjebracht hat mich ne Schulrätin, vom Schulamt drüben. Hat jesacht: „Liebe, Ihre Papiere hab ich schon rüberjebracht. Melden Se sich mal drüben." – Da war noch keene Mauer. Da war ich hier oben im Wedding in der Schule. Kam ick hier her. Gleich anjenommen, in der Schule. Richard-Schirrmann-Schule. Is die Volksschule da am Krematorium Wedding. Muß in 'n fünfziger Jahre, Mitte der fünfziger Jahre gewesen sein. Ick find det allet nich mehr. Wissen Sie, wie jesacht: Alles vergessen, is det jesündeste.

Können Sie sich die Schule vorstellen?! Schneider, Schuster, Bäcker, alles was noch irgendwie Beene hatte, war Lehrer. Und als ich in die Schule zurückkam, da war der Direktor Müller da. Der hat auch können was im Fach. Da sacht er: „Got sei Dank. Endlich! Jetzt kommt ein Lehrer!"

Durch die Mauer war ich ja abjebremst, konnt ja hier nicht mehr arbeiten. Da war ick denn paar Jahre als Korrektor in einem Verlach, drüben. Kinderbuchverlag. Schöne Jahre verlebt da. Verdiente 500 Mark.

Mein Sohn, der is ja noch drüben. Der konnte ja nich rüber, als die Mauer kam. Ich konnte ja nur, weil ich Rentner war. Ja, wie et Schicksal spielt. Man kann da nichts sagen. Man kann da nich sagen, wie kannste et machen oder so. Det gibt's nich. Des is ne Glückssache. Man soll nich viel erhoffen. Ick bin immer gut gefahren.

„Für mich ist dat det, was ich verjessen soll"

Von heute aus gesehen

Wir leben doch in eener Revolution der Lehrerausbildung und der Lehrerarbeit. Is doch ne Revolution. Wir hatten des damals genauso gehabt nach dem 1. Weltkrieg: die neue Schreibweise, und det der Lehrer mehr Rechte kriegte unnd soweiter. Wurde vieles verbessert, was vorher noch alles von 1850 her war.

Ja, für mich hat's keinen Sinn mehr. Für mich ist dat det, was ich vergessen soll. Damals waren auch solche aufregenden Zeiten, aber da is man ja, wie jesagt, inne Dummheit reinjeschliddert, nich wahr. Hab es jemacht. Wollt ja nich Tischler werden wie mein Vadder. Und so kommt man dazu. Also nie verzagen, wenn man den Beruf ergreift. Da muß man Lust und Liebe dran gewinnen. Die wird einem nicht jeschenkt.

Wenn ick heute bei meiner alten Schule komme, zum Rektor da, Herr Müller, sach ich: „Menschenskind. Ich könnt es hier bei euch nich aushalten!" – Sacht er: „Sei stille. Unsere Schule is noch prima. Wir ham heute ne Menge Türken da, aber die Schule is prima. Bei uns läuft alles wie am Schnürchen. Die jungen Kollegen, die hinjekommen sind, die ham wer alle so erzogen, dat se wissen, worums's jeht, und daß Ordnung und Fleiß immer zum Ziele werden kann."

Mit seiner Jungenklasse, 1950/51

Mit seiner gemischten Klasse, 1956

Da werden Se auch ihre Freude dran haben. Man soll ja auch seine Freude dran haben. Wenn 'n Lehrer da is, dem mies is, und dem alles zum Halse herauskommt, der soll nich Lehrer werden. Ja, das is einer von den schwersten Berufen. Die sagen immer: die Lehrer gehen da vier, fünf Stunden hin, und machste inner Woche deine 30 Stunden, dann bist'n feiner Mann.

Wir ham halbe Nächte manchmal durchjesessen. Arbeiten muß man und seine Freude dran haben. Sie müssen unterscheiden: Lehrer und Erzieher. Lehrer und Erzieher sind zwei verschiedene Sachen. Wer ein guter Erzieher is, kann auch gut lehren. Die Kinder sollen doch was lernen, und des soll so sein, daß sie auch lernen, daß sie den Willen und Spaß dran haben, aber die ham heute keinen Spaß mehr.

Nich wahr, ham keinen. Wenn sie da Noten mit 5 1/2, sowas gab's doch früher garnicht, ham wer garnich gemacht. Da wurde so'n Bericht zu geschrieben. Im Zeugnis waren nicht bloß Noten drin, sondern auch ne Beurteilung. Und die war wichtig. Das wußten die Eltern jenau. Da kamen die Eltern sofort an und fragten: „Was macht'n der?" Ich bin ja auch'n komischer Kauz gewesen. Ick hab gesacht: „Inner Schule is es so: ick bin der Lehrer und Ihre Kinder sind mein Material, das ich erziehen soll. Und die och was lernen sollen, worauf se weiter können in die Realschule oder sonst weiter in die nächsten Zweige." Daß sie da weiterkommen, nich wahr, daß sie ihr Handwerk – wie soll ich mal sagen – sie brauchen gar nich soviel zu

Mit seiner Klasse, 1959

wissen. Sie müssen sich zurecht finden. Sie müssen verstehen, was nützlich is und was nich nützlich ist. Dat müssen sie lernen.

Und: Sie müssen dran denken: als Lehrer müssen Sie ein Beispiel sein. Ein Beispiel sein, wenn Sie morgens in die Schule reinkommen. Ich bin nie zu spät gekommen. Ich hab och nich im Hof gestanden und ne Zigarette geroocht oder ne Zigarre geraucht. Die Kinder wissen ganz genau, was sie dem Lehrer abverlangen können und was sie mit ihm anfangen können. Wir waren lustig und fröhlich miteinander. Wir ham Ausflüge gemacht, wir sind auf Reisen jegangen, alles prima geklappt. Immer prima jeklappt. Und die Kinder, für die war ich'n Vater. Konnten kommen, wie sie wollten. Sie fanden Rat und Tat, konnte helfen, wo es jing. Und wenn einer mal'n bißchen schief aus der Sache, dann hab ich mir ihn bloßmal vorgeknöpft und gesagt: „Was is denn nu los hier, wenn alle sowat machen?"

Wenn ick denke, wie ich gestern mit der U-Bahn gefahren bin mit einer Klasse zusammen. Es war ne Katastrophe. Ick hab keen Lehrer und keine Lehrerin gesehen. Waren alle schon 14, 15 Jahre alt. Und die haben einen Krach und einen Rabauz jemacht da drin. Also det durften se bei mir nich machen, wenn wir gefahren sind. Die waren so dressiert, die Kinder. Die wußten genau, daß wir als Gemeinschaft gehen. Muß jeder für die Jemeinschaft geradestehen, und es darf nicht das Publikum sagen: „Des is ja'n schöner Horror!"

Ja, die Erziehung und die Kinder sind in Ordnung. Was ham wir denn vorher für Geister gehabt. Wenn ich denke vorm ersten Weltkrieg, nach'm ersten Weltkrieg. Waren doch alles prima Klassen – aber heute! Wir sind ja freier, nich wahr. Alles ganz anders. Also, ich müßte mich vollkommen umstellen. Ich würde sicher daran kaputt gehen. Denn wie soll ich erziehen? Ja, wie soll ich leben? Wie sollen die was lernen, wenn die da'n wilden Mann machen?

Wir haben auch unsere Reisen gemacht, Thüringer Wald und sonst wohin. Des ham wer auch gemacht. Wir ham unsere Späße gemacht und alles. Und det jing. Und die Eltern, die sind mir heute noch dankbar. Auch Schülerinnen sehe ich noch. Vor ein paar Jahren traf ick die hier in Berlin. Waren vier Mädels. Haben schon wieder Kinder. Als wir wieder zusammenkamen, sagten die: „Herr Liebe, war det schön bei Ihnen. War det schön." Ja, des is die einzige Belohnung, die wir haben. Bezahlt ham wer nich viel bekommen. Würde keiner machen dafür. Aber heute, heute verdient man viel mehr als Lehrer.

Ich bekomme eine Pension von, det is wohl zweiacht. Ja, damals waren wir schlecht bezahlt.

Ick würde sagen, der Lehrerberuf ist 'n schöner Beruf. Es ist etwas Schönes. Man kann sehen, wie Menschen heranwachsen, wie se langsam selbständig werden und stolz werden und Kenntnisse beweisen. Ich weiß garnich, ob des heute auch noch so is wie jestern. Na heute ham die det alle so schön, Vatter arbeitet, Mutter arbeitet, Vatter hat'n Auto, Mutter hat'n Auto und der Junge kriegt 300 M. Taschengeld. Was is det, wenn wir mal jetzt Saurejurkenzeit kriegen. Alles schon dagewesen. Wat is denn mit denen?

Heute wird doch bloß die Leistung bezahlt, und sie werden zur Maschine jemacht. Maschinen fressen die Menschen auf. Ja, wenn wir Alten zusammen sind, denn sagen wir Immer: „Nee, nochmal nich."

Wieviel Berufe hab ick ausgefüllt! Auf der Bank anjefangen, war ich ja Angestellter, dann war ick Korrektor, dann war ick, denn hab ick mal wieder die Schule gemacht, denn wieder mal'n Konrektor, machte doch alles, was ich bekam, hab auch immer Spaß dran jehabt, bin immer gut jefahren.

Man weiß nich, was besser is, man weiß nich, man sieht denn auch nich den Erfolg . . . Die vielen Arbeitslosen, die auf der Straße rumlungern müssen. Weiß nich, ob das das Richtige ist.

Man muß sich jedes Stück erst langsam erwerben, denn merkt man, wie wertvoll es ist. So isses.

Aber Sie müssen bloß dran denken; suchen Sie immer aus Ihrer Arbeit die Rosinen raus, und die jenießen Sie. Des is ne große Napfkuchenarbeit. Da suchen Sie sich die Rosinen raus und die jenießen Sie und damit trösten Sie sich, wenn Sie mal 'n harten Kern drin finden irgendwo. Des is die Kunst.

Leiden – Kurzportrait einer holländischen Stadt

Leiden, die „Museumsstadt" und der Geburtsort von Rembrandt, kennen vielleicht nicht alle deutschen Leser, auch wenn sie schon einmal in Holland waren. Zum Meer, nach Katwijk zum Beispiel, einem von den Deutschen sehr geliebten Ferienort, kann man in einer Dreiviertelstunde radeln. Gleichzeitig liegt Leiden am Rand des dichtest besiedelten Gebietes von Holland, nördlich vom Regierungssitz Den Haag und dem großen Rotterdammer Industriegebiet, und 30 km südwestlich von Amsterdam.

Heute kann man sich nur noch schwer vorstellen, daß die kleine Stadt Leiden (100 000 Einwohner) im 17. Jahrhundert zu den größten Städten Hollands gehörte. Sie verdankte ihre Bedeutung der Textilindustrie – und das Schicksal der Stadt blieb jahrhundertelang an diesen Industriezweig gebunden. Im 15. Jahrhundert ist Leiden international bekannt für seine Tuchindustrie. Im 16. Jahrhundert bricht diese entwickelte Industrie unter dem Druck der englischen Konkurrenz sowie der politischen Entwicklung (spanische Besatzung; Befreiungskämpfe) zusammen. Durch den Zuzug von flämischen Facharbeitern und Verlegern erholt sich die Textilindustrie im 17. Jahrhundert, das Manufakturwesen entsteht, mit ihm der Leidener Lohnarbeiter – früher als in den meisten Städten Hollands. Die Ausbeutung betrifft vor allem auch Frauen und Kinder; Seuchen überziehen die Elendsquartiere, in denen die Textilarbeiterfamilien zusammengepfercht sind und die erst in den letzten Jahrzehnten abgerissen wurden. Im 18. Jahrhundert verfällt die Leidener Textilindustrie unter dem Druck des internationalen Markts; die Fachkräfte wandern ab, aber die Armen bleiben. Im 19. Jahrhundert gehört Leiden zu den ärmsten Städten Hollands mit den geringsten Löhnen in den arbeitsintensiven Textil-, Nahrungs- und Genußmittelindustrien, die sich hier ansiedeln. In den ersten Jahrzehnten des 20. Jahrhunderts erholt sich die Stadt; neue Wohnviertel werden gebaut, Industrie siedelt sich an (neben den genannten Zweigen: Bau und Metall); der Mittelstand entwickelt sich.

Leiden ist also jahrhundertelang eine proletarische Stadt gewesen, deren Bevölkerung mit ihrer berühmten, 1575 nach der Befreiung von den Spa-

niern gegründeten Universität nichts zu tun hatte. Heute wird das Stadtbild zwar von vielen Studenten (17000) mitgeprägt, die universitären Einrichtungen sind über die ganze Stadt verteilt, die Universitätsklinik ist einer der größten Betriebe, aber die Arbeiter, der mittelständische Kleinhandel und die Beamten scheren sich wenig um die sorgsam gepflegte universitäre Tradition, und die Professoren wohnen nicht in Leiden, sondern haben ihre Häuser in den Randgemeinden.

Herr van Adrichem als Rektor mit seinem Kollegium in Leiden (1960)
(dritter von links)

Der Lehrerberuf – das Sprungbrett zu etwas Höherem

Herr van Adrichem wohnt mit seiner Frau in einem kleinen Einfamilienhaus in einem gutbürgerlichen Viertel in Leiden. Er ist ein außergewöhnlich klarer und konzentrierter Erzähler, der auch an den Fragen seines Gegenübers interessiert ist und gern debattiert. Weniger als andere Erzähler spitzt er seine Erinnerungen auf Pointen zu.

Der Literatur galt immer seine Liebe, er hätte gern selbst geschriftstellert und am liebsten Literaturwissenschaft studiert. Auf seinem Gebiet hat er Lehrbücher bearbeitet und Lehrgänge geschrieben.

Als er sein vierzigjähriges Schulleiterjubiläum feierte, 1969, erhielt er den Orden „Pro Ecclesia et Pontifice" der katholischen Kirche für besondere Verdienste im kirchlichen und Gemeindeleben, er zeigt mir die goldene Medaille auf lila Samt, übrigens ohne übermäßigen Stolz.

Herr van Adrichem ist ein durch und durch gemäßigter Mann. Er erschrak selbst ein wenig, als ich ihm seine Lebensgeschichte zur Beurteilung vorlegte. Ob er die Dinge nicht doch etwas zu radikal dargesellt habe? Und er streicht hier und da einige Sätze weg. Gleichzeitig hat er als ehemaliges Aufsteigerkind ein überaus scharfes Bewußtsein von den Klassenverhältnissen entwickelt. Die damit verbundenen Klassengegensätze sieht er, hat sie ja auch am eigenen Leibe erfahren und in seiner Karriere verarbeitet. Aber sein Welt- und Gesellschaftsbild wird zu stark von seinem Glauben geprägt, als daß er die gesellschaftlichen Widersprüche mit anderen als von der katholischen Kirche sanktionierten Mitteln bekämpfen möchte.

Letztes Jahr feierte er seine goldene Hochzeit. Wir betrachten das prächtige dicke Fotoalbum, das seine Kinder und Enkelkinder zu diesem Anlaß zusammengestellt haben. Darin sind, neben dem Familiären, noch einmal alle Stationen seines langen Lehrerlebens festgehalten.

„Für meinen Vater hätte ich alles getan"

Kindheit und Schule

Ich bin am 24. Dezember 1903 in Den Haag geboren. Mein Vater hatte ein Milchgeschäft. Er war ein sehr intelligenter Mann. Er wäre gern Lehrer geworden, aber das ließen die häuslichen Umstände nicht zu. Mein Großvater hatte das Milchgeschäft schon, als mein Vater noch zur Schule ging. Das Geschäft ging immer besser, er hatte Hilfe nötig, er konnte aber keine Hilfskraft bezahlen. Mein Vater mußte damals von der Schule abgehen, dabei hätte er sicher das Zeug gehabt, Lehrer zu werden. Er hat es immer bedauert, daß er nicht auf die höhere Schule konnte. Als er so sechzehn, siebzehn Jahre alt war, nahm er Französischunterricht und versuchte, aus dem Geschäft raus zu kommen. Das ist ihm nicht geglückt.

Er war sehr aktiv in der Vereinigung des Mittelstandes und immer unterwegs, um Mitglieder zu werben. Das war natürlich die katholische Vereinigung, jeder in seiner eigenen Ecke.[1]* Er sagte immer: Der Mittelstand ist dumm, der weiß von nichts.

Ich habe meinem Vater immer sehr nahe gestanden, vielleicht auch deshalb, weil meine Mutter starb, als ich vier Jahre alt war. Mein Vater blieb mit drei Jungen zurück. Er hat nie wieder geheiratet, seine Schwester kam zu uns ins Haus.

Es war mein Vater, der mir die Liebe zum Lehrerberuf eingegeben hat. Er wollte, daß ich das erreichte, was er nicht geschafft hat. Er interessierte sich auch sehr für die Politik, und er hatte große Hochachtung vor Lehrern, Journalisten und Schauspielern. Das waren für ihn die großen Menschen. Er dachte da so drüber: Wenn man Lehrer wird, dann kann man auch noch viel mehr werden. Es gab schließlich genug ehemalige Lehrer, die Abgeordnete im Parlament geworden waren; und Journalisten. Der Lehrerberuf war damals eigentlich das Sprungbrett zu etwas Höherem. Das Gehalt war es jedenfalls nicht, das war in meiner Kindheit noch sehr niedrig.[2]

In der Schule war ich immer gut, und ich hatte eine geradezu übertriebene Hochachtung vor meinen Lehrern. Für meine Begriffe wußten sie unendlich viel. Mein Lieblingsfach war Holländisch, und da ganz besonders Sprichworter, Redewendungen, typische Aussprüche, wie sich Kinder ausdrückten, die aus verschiedenen Elternhäusern kamen. Damals beobachtete ich das nämlich schon. Mein Vater hatte auch ein Auge dafür, der hatte Sinn für Sprache, für Ausdrücke, für Stil. Er hat immer wahnsinnig viel gelesen, obgleich das gar nichts mit seinem Beruf zu tun hatte, das hab ich von ihm. Mein Vater hat alles verschlungen, was er in die Finger kriegte. Ich weiß noch, wir hatten keinen Bücherschrank, sondern eine Bücherkiste. Die war

Der Vater

voll mit Jules Verne, Justus van Maurik, das ist ein Amsterdamer Volksschriftsteller, der Marktszenen beschreibt, Menschen und wie sie leben; auch Bücher über Amerika, Abenteuerromane, Livingston, Afrika, Entdeckungsreisen. Eigentlich durfte ich diese Bücher noch nicht lesen, weil ich noch nicht in dem Alter war, aber es wurde mir mit einem Augenzwinkern gestattet. Mein Vater war nie streng mit mir, das kannte er gar nicht, das war schon immer so in der Familie gewesen.

In Den Haag wohnten wir in einer Arbeitergegend, in der aber auch viele Mittelständler lebten. Es gab dort viele katholische Geschäftsleute, und wir rechneten uns natürlich auch zum Mittelstand, weil wir ein Geschäft hatten. Das war unser ganzer Stolz. Nicht so sehr dem Geld wegen. Ich kann nämlich nicht sagen, daß wir es besser hatten als eine Arbeiterfamilie. Für uns war das Wichtigste, daß wir selbständig waren und nicht von jemand abhängig. In der Praxis lief das natürlich darauf aus, daß man viel, viel länger arbeitete. Aber das empfanden wir nicht als Nachteil, das waren wir von kleinauf gewöhnt. Ich hab zuhaus immer viel mit anfassen müssen, vor der Schule und nach der Schule mußte ich im Geschäft helfen. Um halb sieben trug ich die Milch aus, zwei Kannen an jedem Arm. Dann war ich so viertel vor neun, zehn vor neun in der Schule. In der Schule war eine Besenkammer, da durfte ich die Kannen abstellen. Um halb zwölf nahm ich sie dann wieder mit. Ich fand das alles nicht schlimm, weil ich damit meinem Vater helfen konnte. Ich hatte meinen Vater so lieb, ich hätte alles für ihn getan. In der sechsten Klasse nahm ich noch ein Viertel dazu, mit dem Rad in der Mittagspause. Nach vier[3] half ich die Kannen auswaschen.

Ich ging auf eine katholische Volksschule, die Kinder saßen in Bankreihen, das war früher so. Heute ist man ja dagegen. Es herrschte Ruhe, man war zum Lernen in der Schule. Es gab wenig Lehrmittel. Ich erinnere mich, daß wir in der zweiten Klasse vier- oder fünfmal dasselbe Schulbuch durchnahmen, weil wir für ein ganzes Schuljahr nur drei bekamen. Wenn neue ausgeteilt wurden, war das ein festliches Ereignis und wir mußten sie so vorsichtig behandeln! Sie mußten jahrelang halten. Die katholische Schule wurde damals ja noch nicht vom Staat finanziert, es war damals also wenig Geld da.

Meine Fibel konnte ich schließlich auswendig. Manchmal durfte ich während des Unterrichts anderen Schülern helfen, zum Beispiel beim Rechnen. Ich fand es schon damals interessant, wie andere lesen lernten, und ich überlegte mir, warum sie Fehler machten. Ich war ein guter Schüler, und das entschädigte mich für alles andere, zum Beispiel, daß wir wenig Geld hatten und daß ich so hart arbeiten mußte. Sowas fühlt man schon als Kind, man muß etwas haben, worauf man stolz ist.

Das „Katholische" in der Schule damals. In meinem späteren Leben habe ich gelesen und gelernt, daß der Glaube alles in der Schule durchtränken muß. Und das war auch so. Es gab kein Fach, außer vielleicht Rechnen, wo das Katholische keine Rolle spielte. In den Fibeln wurde zum Beispiel das Leben einer katholischen Familie geschildert, wie sie zur Kirche gingen, vor dem Essen beteten, Mariaverehrung und so weiter. Jeden Morgen hatten wir eine halbe Stunde Religionsunterricht, den einen Tag Katechismus, den anderen Tag das Alte Testament, den nächsten das Neue Testament. Das war natürlich eine Kinderbibel.

Und dann hatten wir Physik, wenig Biologie. Da hatten wir die Schautafeln von Koekoek, der Wald, die Tiere, die Pflanzen, alles wurde als Lebensgemeinschaften dargestellt. Und in den höheren Klassen auch fremde Länder, das Amazonasgebiet, Australien, da wurde dann etwas von erzählt, aber das war selten. Physik fand ich nicht interessant, es wurde nicht gut gegeben. Wenn es zum Beispiel über kommuzierende Röhren geht, dann kann man das nicht aus Büchern lernen, sondern dann muß man Experimente machen.

Das Katholische war sogar in diesen Fächern, daß der Herr Pflanzen, Tiere und Blumen gemacht hat. Wie groß muß der Schöpfer dieser Dinge sein! Das wurde einem nicht aufgezwungen, das kam einfach überall vor. Die Evolutionstheorie: Es heißt, daß der Mensch vom Affen abstammt, aber das ist doch unmöglich. Das empfand man damals als etwas ganz Schlimmes, Gotterslästerung. Langsam übernahm man dann natürlich alle diese Anschauungen. Ich war ein sehr frommes Kind, ich ging jeden Tag in die Kirche, denn es war ja jeden Tag Schulgottesdienst. Aber auch außerhalb der Schule. Mein Großvater, der bei uns wohnte, sagte morgens immer: „Los, aufstehen!", und dann gingen wir schon morgens um sieben Uhr in den Frühgottesdienst. Das ging soweit, mein Großvater war darin so fanatisch, daß er manchmal schon um halb sieben bei der Kirche war, dann war der Küster noch nicht da, die Kirche war also noch nicht offen. Ich bin auch Meßdiener gewesen und hab im Kirchenchor mitgesungen – das tue ich übrigens heute noch. Mein Bruder ist Pfarrer geworden, der Bruder meines Vaters war auch Pfarrer. Wir waren eine ausgesprochen engagierte katholische Familie. Als mein Bruder aufs Priesterseminar ging, lag meine Familie dafür krumm, alles mußte dafür zurückstehen. Er war der Jüngste. Aber ich war nicht eifersüchtig, ich wollte das nicht, und zwar deswegen nicht, weil es das Zölibat

Illustration aus einem Katholischen Lesebuch

gab. Das Komische war, daß ich, obgleich ich sexuell natürlich völlig ahnungslos war, doch irgendwie fühlte, daß ich ohne Frau nicht leben könnte, das hab ich schon als Kind so empfunden. Vielleicht kam das daher, daß ich Mitleid mit meinem Vater hatte, der Witwer war, und daß ich dachte, ohne Frau leben, das möchte ich nicht. Denn wenn das Zölibat nicht gewesen wäre, wäre ich auf jeden Fall auch aufs Priesterseminar gegangen.

„. . . daß ich mein Handwerk recht gut beherrschte"

Normalschulausbildung

Die Volksschule hatte sieben Klassen. Als ich damit fertig war, war ich noch keine vierzehn, und man mußte vierzehn sein, um aufs Lehrerseminar zu kommen. Deswegen wurde ich auf eine andere Schule geschickt, wo ich die siebte Klasse nochmals machte. Das Zulassungexamen bestand ich dann auch ohne die geringste Mühe.

Ich ging danach auf die Normalschule in Den Haag[4], das war 1918. Im ersten und zweiten Ausbildungsjahr hatten wir tagsüber Unterricht, im dritten und vierten Jahr mußten wir tagsüber hospitieren und hatten dann von halb fünf bis halb zehn abends Unterricht.

Im dritten Ausbildungsjahr – ich war damals sechszehn und ging noch in kurzen Hosen – kam es vor, daß einem gesagt wurde: „Geh nach Hause und zieh dir eine lange Hose an, dann gehst du auf die Schule X, da ist ein Lehrer krank."

Tagsüber hospitieren und abends Unterricht war ungeheuer anstrengend. Ich erinnere mich noch, wie ich einmal aufgerufen wurde in einer Stunde, als ich gerade schlief, den Kopf auf den Armen. Bruder E. sagte: „Lassen wir ihn schlafen, wenn er so müde ist." Das war nicht ungewöhnlich damals.

Ich weiß noch, einmal mußte ich die Klasse von einem Bruder übernehmen, der einen nervösen Zusammenbruch hatte. 48 Kinder in der Klasse, da mußte ich hin. Und was tat ich? Ich nahm den Zeigestock und schlug damit laut auf eine Bank, damit endlich der Krach aufhörte. Zur Nachbarklasse war eine Tür mit einem Fensterchen, und der Lehrer von der Klasse schaute von Zeit zu Zeit durch das Fensterchen, wie es in meiner Klasse ging.

Der Tag war so eingeteilt, daß man sich morgens auf den Unterricht vorbereitete, mittags hospitierte und abends Unterricht hatte. Auf diese Weise lernten wir doch wohl unser Fach! Wenn man bei einem guten Lehrer hospitierte, konnte man sich viel abgucken, man kriegte ein Auge dafür, wie man mit den Kindern umgehen mußte, Abends wurde man dann in der Didaktik der verschiedenen Fächer unterwiesen. Wenn man dann Examen machte, hatte man durchaus eine gewisse Unterrichtserfahrung. Natürlich ging das nicht gleich alles wie geschmiert, man vergaloppierte sich schon mal, und die Schüler merkten natürlich, daß man noch kein richtiger Lehrer war, sondern noch Hospitant, und das haben sie auch weidlich ausgenutzt.

Unser Pädagogiklehrer war gleichzeitig Direktor von der Normalschule. Er gab ausgezeichneten Unterricht und ging auch auf die Schwierigkeiten ein, die wir mit dem Hospitieren hatten. Er war selbst dreißig oder vierzig Jahre Lehrer gewesen. Schon sein Vater war Lehrer gewesen, in Brabant, da hatte der eine Schule, wo außer ihm nur noch ein Hospitant war. Davon erzählte uns unser Pädagogiklehrer, wenn wir klagten, daß die Klassen so groß waren.

Die Normalschule war katholisch und natürlich eine reine Jungenschule, Jungen und Mädchen waren damals streng getrennt. Wenn man in der Stadt mit einem Mädchen gesehen wurde, war der Teufel los, da kannten die Schulbrüder kein Erbarmen. Und wenn man dabei mehr als einmal ertappt wurde, lief man Gefahr, von der Schule geworfen zu werden. Ich habe auch mal eine Ermahnung bekommen vom Direktor, er sagte zu mir: „Na, Pieter, hast du ein Henkelkörbchen?" Das war ein Mädchen, mit dem man untergehakt ging. Irgendein Lehrer mußte ihm das von mir erzählt haben.

Wenn man zu verstehen gab, daß man Schulbruder werden wollte, hatte man es gut. Man wurde zwar nie direkt danach gefragt, aber sie ließen einen doch deutlich merken, daß ihr höchstes Ziel war, die innere Berufung zu wecken, wie sie das nannten. Übrigens ist nicht ein einziger aus unserer Klasse Schulbruder geworden.

Wir hatten auch eine Theatergruppe an unserer Schule und führten Stücke auf, das organisierten wir alles selbst, und jedes Jahr gab es eine Vorführung für die Eltern. Einer aus der Abschlußklasse war der Regisseur. Aber dazu muß ich sagen, daß das Niveau erbärmlich war, überhaupt war das kulturelle Niveau auf dieser Schule erbärmlich. Die Unterhaltungen der Seminaristen waren platt und nichtssagend, das ist mir später aufgegangen. Man sprach Haager Dialekt. Es war überhaupt kein literarisches Interesse vorhanden. Ich hab das immer auf das Milieu zurückgeführt, aus dem sie kamen, die ungebildeten Elternhäuser. Ich glaube, erst wenn sie dann Lehrer waren, haben sie sich von diesem Milieu befreit, sie kamen nämlich aus den oberen Teilen der Unterschicht. Es ist ein Unterschied, ob einer Straßenarbeiter oder Straßenbahnschaffner ist, auch wenn sie beide dasselbe verdienen, das sind auch nochmal verschiedene Schichten, das hab ich später auch wieder gemerkt, bei den Gärtnern in Monster, da gibt es auch verschiedene Schichten.

Ich selbst las viel, angeregt durch meinen Vater. Er war so lernhungrig, daß er in meiner Ausbildungszeit meine Lehrbücher mitlas. Er hatte einen deutlichen Hang, höher zu kommen. Nach dem Tod meiner Mutter fing er zum Beispiel einen Abendkurs in Buchhaltung an. Er hatte auch ein Abonnement auf das Regierungsbulletin, er war über alles, was im Parlament lief, informiert und kannte selbst Abgeordnete.

Ich glaube, daß ich mein Handwerk recht gut beherrschte, als ich mit der Ausbildung fertig war. 1922 herrschte großer Lehrermangel, die Gleichstellung war noch nicht lange her, überall wurden katholische Schulen neu eingerichtet, die Lehrer brauchten. Am Abend nach meinem Examen konnte ich zwischen drei Schulen wählen.

„Der Übergang war enorm"

Mit 25 Jahren Rektor auf einer Eliteschule

Meine erste Anstellung erhielt ich an einer Schule, an der ich früher hospitiert hatte, da war ich vom 16. Mai bis zu den großen Ferien. Es kam nämlich der Rektor einer anderen Schule und fragte mich, ob ich zu ihm kommen wollte. Das hab ich gemacht, weil ich von den Schulbrüdern weg wollte. Dort unterrichteten auch Lehrerinnen in den unteren Klassen, es war eine katholische Volksschule. Da war ich sieben Jahre, von 1922-1929. Dann wurde ich Rektor an einer Schule in Wassenaar (Prominentenwohnort zwischen Leiden und Den Haag), da war ich von 1929 bis 1946. Ich wußte, daß da eine Rektorstelle frei werden würde, und ich wollte Rektor werden. Was mich dabei vor allem lockte, war das höhere Gehalt, als Lehrer verdiente ich 125 Gulden.

Ich hatte inzwischen meine zukünftige Frau kennengelernt, sie war 17 und ich 21, als wir uns kennenlernten. Das war bei einem Neffen von mir auf dessen Hochzeit, wir führten da ein Stück auf, in dem sie auch eine Rolle hatte. Sie war die einzige Tochter zuhause, ihr Vater war Schneider. Es war nicht leicht für meine Schwiegereltern, ihre einzige Tochter zu verlieren, ich war in der ersten Zeit da auch gar nicht so gern gesehen. 1930 haben wir geheiratet.

Nach dem Gesetz mußte man 25 Jahre alt sein, ehe man Rektor werden konnte, das war ich noch nicht, aber beinah. Ich bewarb mich beim Pfarrer, der war gleichzeitig der Vorsitzende des Schulvorstandes.[5] Die Stelle war mit keiner festen Anstellung verbunden, es war damals nämlich noch nicht klar, wie sich die Schule weiter entwickeln würde. Ich dachte mir: ich pro-

Hochzeitsphoto

biers auf jeden Fall für das eine Jahr, dann hab ich Erfahrung als Rektor und kann viel besser an eine andere Rektorstelle kommen, als wenn ich mich als Lehrer bewerbe.

Ich bin da also hingegangen, es war eine dreiklassige Schule mit einem Rektorzimmer. Ich war kaum zwei Monate da, da hörte ich vom Vorstand, daß die Schule vergrößert werden muß. Ich hatte damit natürlich überhaupt keine Erfahrung. Das Zentrale Bildungsbüro der katholischen Kirche hat mir damals viel Unterstützung gegeben, das war ein Büro, das den katholischen Schulen in allen möglichen schwierigen Situationen Hilfe bot, unter anderem auch beim Bau von Schulen.[5] a Denn die Schulvorstände hatten keine Ahnung von Schulbau, den gesetzlichen Bestimmungen und all dem. Das Büro sorgte für alles. Wir kriegten nun dazu: drei Klassenzimmer, einen Turnsaal, ein Lehrerzimmer und einen größeren Spielplatz. Es wurde ein wahrer Prachtspalast.

In den großen Ferien kam der Pfarrer und sagte, er habe ein Haus für mich. Inzwischen war ich nämlich fest angestellt. Ich verdiente 139 Gulden, das war nicht sehr viel mehr als auf meiner ersten Schule. Als ich heiratete, bekam ich Ehezulage und hatte 146 Gulden. Der Pfarrer fand, daß wir da-

Lehrerhaus in Wassenaar (das Photo ist später entstanden)

von nicht leben konnten, es war schließlich eine Schule im Villenviertel von Wassenaar.

Der Übergang war enorm. Ich hatte an einer echten Volksschule gearbeitet, hier in Wassenaar war es eine Eliteschule. Da saßen Kinder von Bankdirektoren, vom Direktor von Vroom und Dreesman, Aufsichtsräte, Handelsvertreter von englischen Garnfabriken, die das Monopol für ganz Westeuropa hatten – alles Villenbesitzer. Das war natürlich ein enormer Übergang, und das für einen jungen Mann von 25. Da muß man schon Mut haben! Mein Vater fand das natürlich phantastisch.

Ich sprach mit dem Pfarrer ab, daß er mir die Administration der Schule übertragen solle. Das tat sowieso meistens der Rektor, aber der Vorstand bezahlte mir dafür 10 Gulden im Monat. Außerdem gab ich den Nonnen der Jacoba-Stiftung vom Ursula-Krankenhaus Unterricht, das waren Nonnen vom Deutschen Orden der Salzkotterinnen, die mußten sich auf ein Schwesterndiplom vorbereiten. Das hatte mir auch der Pfarrer vermittelt. Ich unterrichtete Holländisch, Heimatkunde, Heimatgeschichte und Rechnen. Dafür bekam ich 1,50 Gulden in der Stunde, zwei Stunden am Samstag und zwei Stunden am Mittwoch, macht 24 Gulden im Monat, das war ganz hübsch. Insgesamt kam ich so auf 180 Gulden.

Es war nicht so, daß wenn man an einer Eliteschule unterrichtete, man unter seinen Kollegen mehr Ansehen genoß, sie hatten eher ein bißchen Mitleid mit einem, weil sie wußten, wie ungeheuer schwierig die Arbeit an so einer Schule war. Und zwar folgendermaßen: Pappi ist Bankdirektor – Söhnchen muß auch Bankdirektor werden oder sogar noch was Höheres, Der Kleine muß, er muß unter allen Umständen aufs Gymnasium, weil Pappi . . .

Aus meiner Klasse[6] mußten alle Jungs auf das Aloysius-Gymnasium in Den Haag vorbereitet werden. Von den 11 Jungens bestanden 10 die Aufnahmeprüfung. Die Eltern im Schulvorstand beschwerten sich, daß einer durchgefallen war. Ich ging daraufhin zum Direktor des Aloysius-Gymnasiums und sagte: „Zehn haben die Prüfung bestanden, aber der elfte – kann ich den nicht auch noch durchkriegen?" Er antwortete mir: „Verehrter, 6 Prozent aller holländischen Kinder sind für die höhere Schule geeignet – bilden Sie sich ein, daß die alle in Wassenaar wohnen?" Er hatte natürlich völlig recht. Später, auf der Volksschule im Gärtnerdorf Monster, sagten die Eltern: „Ob er wohl für die Mittelschule das Zeug hat?" In Wassenaar sagten sie: „Wir können ihn doch nicht auf die Mittelschule schicken!" Meine Schule stand an der Straßenbahnhaltestelle nach Den Haag. Wenn also Pappi und Mami nicht zufrieden waren, saß ihr Söhnchen – hopp – auf einem katholischen Internat in Den Haag. Und das sprach sich dann natürlich wie ein Lauffeuer rum, das taten die anderen dann auch. Es war ja eine nicht so dicht bewohnte Gegend, alles einzeln stehende Villen, ich hatte also fortwährend Probleme, um genügend Schüler auf die Schule zu kriegen. Ich weiß nicht, was ich alles getan habe. Zum Beispiel jemand ruft an: „Sagen Sie, unser Jan hat diesen Monat eine sieben in Holländisch auf seinem Zeugnis, vorigen Monat war es noch eine acht. Mein Mann läßt fragen, wie das kommt, wollen Sie so freundlich sein und heute abend eben bei uns vorbeikommen?" Dann stand ich an dem Abend bei ihnen an der Tür. Der Pfarrer sagte dazu nur: „Das sind die Leute hier so gewöhnt, das mußt du machen." Es war so, der Chef eines Großhandels zum Beispiel, der kommandierte den ganzen Tag, und diese Leute dachten, sie könnten mit mir dasselbe machen. Aber das ging natürlich nicht, jedenfalls nicht so einfach wie bei ihrem eigenen Personal.

Damals begann ich auch mit dem Schreiben, um noch etwas dazu zu verdienen. Ich habe zum Beispiel ein Sprachlehrbuch bearbeitet, eine Stillesemehode und eine Reihe Lehrbücher für Schwesternausbildung. Meine Frau nähte bei uns alles selbst, das ging nicht anders bei so einer großen Familie, obgleich wir immer ein Mädchen für den Haushalt hatten. Wir hatten damals noch nicht fünf Kinder, aber trotzdem. Abends war es bei uns so: ich kam um 10 Uhr aus einer Sitzung nach Hause – ich war Schriftführer hier und Kassenwart da –, dann wollte sie gerade noch was fertig nähen. Dann sagte ich, gut, ich schreibe noch ein Kapitel. Dann war sie fertig, aber ich noch nicht.

Oft wurde es halb zwei. Und um 7 Uhr wieder raus, denn es war Pflicht, jeden Morgen zur Frühmesse zu gehen, das stand auch in der Anstellungsakte. Der Pfarrer hielt da ein Auge drauf! Die Lehrer durften sich abwechseln, aber ich als Rektor mußte jeden Tag teilnehmen. Und sonntags war ich natürlich auch da, denn ich leitete zusammen mit dem Pfarrer den Kirchenchor. Ich machte die Verse, er komponierte die Musik dazu.

Jeden Sonntag wurde ein Evangelium und eine Epistel gelesen, das war dann eine bestimmte Geschichte aus der Bibel, sagen wir mal Der blinde Bettler. Ich machte dann ein Gedicht davon:

Ich bin der blinde Bettler
Zu Dir erheb ich meine Arme

– weiter weiß ich es nicht mehr. Ich machte drei Strophen, der Pfarrer schrieb die Musik dazu, und die Kinder sangen es, die waren im Chor, hauptsächlich Mädchen. Den einen Sonntag hielt er die Messe, dann dirigierte ich, den anderen Sonntag kam der Kaplan, dann dirigierte er. Jeden Sonntag machte ich ein Gedicht für den folgenden Sonntag. Montag Abend ging ich dann zu ihm, und er kam Dienstag Abend mit der Melodie zu mir. Mittwoch mittag hatten wir Probe mit den Kindern, und dann nochmal am Samstag. Am Sonntag wurde es dann gesungen. Und so jede Woche. Zur 25-jährigen Priesterweihe des Pfarrers haben wir ein Freilichtspiel aufgeführt, über die Missionierung glaube ich, alle Jungs als Negerlein. Das fand im Wald statt, denn es war da eine wunderschöne Umgebung. Aber natürlich war man mit sowas Wochen und Wochen beschäftigt, Bühnenbau, Kostüme machen, alles! Es ging soweit, daß ein Junge, der mit seiner Mutter in die Schweiz fahren sollte, solange gebeten und gebettelt hat, bis er zuhause bleiben durfte, denn am 15. August mußten wir das Stück aufführen, und er hatte die Rolle des Teufels. Ich sagte auch zu der Mutter, ich kann ihn nicht entbehren, er ist ein so ausgezeichneter Teufel ...

Doch, ich verstand mich gut mit dem Pfarrer, aber das Schwierige war, daß er unter dem Pantoffel des Schulvorstandes stand, weil die Kirche finanziell abhängig von diesen Leuten war. Ich hatte den festen Willen, es da zu schaffen, aber zum Schluß glückte es mir dann doch nicht. Ich bin nicht umsonst da weggegangen.

Frage: Hatten Sie es da auch deshalb so schwer, weil Sie der Sohn eines Milchhändlers waren?

Das wußte da niemand.

Frage: In Wassenaar hatten Sie es eigentlich mit zwei Klassen zu tun, mit der Oberklasse und der Dorfbevölkerung. Fühlten Sie sich nun mehr verbunden mit der unteren Klasse oder mehr mit der oberen?

Eh, ich kann eigentlich nicht sagen, daß ich mich mehr zu der einen oder der anderen hingezogen fühlte, ich konnte mich in alle beide hineinversetzen.

Frage: Sie gehörten zu keiner von beiden?

Nein.

Frage: Sie gehörten zur Mittelschicht?

Ja.

Frage: Und die gab es da nicht?

Nein, das war ich.

„Wir hatten unsere Freiheit verloren, unser Land, alles." Wir haben im Krieg eine schwere Zeit durchgemacht. Die Schule (in Wassenaar) mußte immer wieder geräumt werden, für Deutsche, Österreicher, russische Kriegsgefangene. Die waren auf dem Dachboden untergebracht, das waren gewissermaßen Arbeitssklaven. Es gab in Wassenaar wohl Menschen, die mir im Krieg geholfen haben mit Essen, aber es war knapp.

Ich wurde nicht eingezogen, ich war schon zu alt. Meine Frau und ich haben zusammen 50 Kilo abgenommen, das kam durch die schlechte Ernährung und das unregelmäßige Leben. Meine Schule hatte ich nicht mehr, da saßen die Deutschen und Österreicher. Da kam dann so ein Trupp deutscher Soldaten und besetzte die Schule. Dann wurde man morgens um 6 Uhr benachrichtigt, daß man um 9 Uhr geräumt haben mußte. Dann schickte die Gemeinde Arbeiter, die räumten dann die ganze Schule leer, Bänke und alles. Und dann mußte man den Kindern absagen, denn es war ja keine Schule. Ich ging dann zur Gemeinde, um zu sagen, daß ich doch Schule halten mußte, und dann kriegte ich zum Beispiel eine Villa zugewiesen, wo Juden drin gewohnt hatten, die nach England geflüchtet waren, da sollte ich dann unterrichten. Sie schmissen Koks in eine Ecke von einem Zimmer, da stand ein Ofen. Ich ging um 7 Uhr zu Schule, um den Ofen anzumachen, und dann wartete ich, wieviele Kinder wohl kommen würden. Die Lehrer kamen nicht mehr, die mußten ja alle aus anderen Ortschaften kommen, und es fuhr ja nichts mehr. Das war Anfang 1944.

Frage: Haben Sie in der Zeit der deutschen Besatzung auch was von den mehr politischen Dingen mitgemacht?

Ich habe illegale Zeitungen verbreitet. Nein, keine katholischen. Schaun Sie, alles war gut, wenn es nur gegen die Deutschen war.

Frage: Von wem bekamen Sie die Zeitungen?

Von Bekannten, die gaben sie mir, mit Adressen, da habe ich sie dann abends hingebracht. Ich fand das nicht angenehm, aber ich fühlte mich dazu verpflichtet. Man kann noch so viel Angst haben, aber wenn andere sehr viel aufs Spiel setzen – und ich wußte, daß sie das taten – und man selbst tut nichts, dann stimmt was nicht.

Frage: Was wußten Sie eigentlich von dem, was die Deutschen taten? Wußten Sie zum Beispiel auch, was im Ausland passierte, in Deutschland, in Polen?

Für mich war es eine nationale Angelegenheit. Schaun Sie, wir hatten unsere Freiheit verloren, unser Land, alles, wirtschaftlich ging es uns miserabel, die Schule war besetzt, ich mußte immer wieder räumen, unser Kind wurde unter Umständen geboren, die entsetzlich waren, ich mußte mit meiner Frau 14 Tage vor der Geburt flüchten, ich bitte Sie, und wir saßen direkt bei der Abschußrampe der V1, beim Schloß Alt-Wassenaar, da flogen die Engländer jeden Tag drüber, es war schon was.

Die Villa, in die ich mit meiner Schule einquartiert wurde, gehörte Juden, die geflüchtet waren, oder abgeholt, aber in Wassenaar konnten die meisten flüchten, denn das waren ja alles Menschen mit Vermögen, die konnten das Schiff nehmen.

„Es war ein Unterschied wie Tag und Nacht"

Das Gärtnerdorf Monster

Es war für meine Frau und mich schrecklich, aus Wassenaar wegzugehen. Ich verließ Wassenaar 1946 und siedelte nach Monster über, im Westland. Eine Gärtnergegend, nur Gärtner, Gewächshausgärtner, südlich von Den Haag. Nach dem Krieg sah ich in Wassenaar keine Zukunft mehr. Der Mann, der im Vorstand immer am meisten Schwierigkeiten gemacht hatte, war inzwischen pensioniert, der hatte nichts mehr zu tun, der war dann dauernd

Das Schulgebäude im Gärtnerdorf Monster, wo v. Adrichem Rektor war

in der Schule und steckte seine Nase in alles. Tag und Nacht war er in der Schule, alles wollte er regeln. Ich kam so unter Druck, daß ich da weg wollte.

Der Alt-Bürgermeister von Monster wohnte auch in Wassenaar, der sah, wie ich mich abstrampelte und wie das mit dem Vorstand ging. Eines Tages kam er und sagte: „In Monster bauen sie eine neue Schule, willst du da nicht Rektor werden?" Da sagte ich zu meiner Frau: „Das machen wir." Es war ein Unterschied wie Tag und Nacht. In Wassenaar waren wir die arme Lehrerfamilie mit den vielen Kindern gewesen, in Monster waren wir die reichen Lehrer mit einer kleinen Familie.

Ich stand mich gut mit der Bevölkerung. Zum Beispiel sonntags, dann kam ich aus der Kirche und sah so einen alten Gärtner. Ich denke so bei mir, dem will ich mal was Nettes sagen und sage: „Dein Enkel, das ist ein Schlauer!" Er: „Wieso, Herr Lehrer?" Ich: „Na, er lernt so gut." „Oh, das ist dumm", sagt er, „dann wird er nie ein guter Gärtner." Zu einem anderen sage ich:: „Du kannst deinem Jungen ruhig sagen, daß er sich ein bißchen anstrengen soll, in Holländisch ist er verdammt schwach." Er sagt: „Aber Herr Lehrer, das ist doch egal, ob er nun Salat mit einem oder mit zwei a's schreibt, wenn er sie mal für einen Groschen verkauft." Ja, so war das da, Lernen spielte keine große Rolle. Bevor ich dort hin kam, ging sowieso niemand auf die höhere Schule, nur wer Priester werden wollte, ging auf ein Seminar.

Ich habe da den ersten Schulausflug organisiert, sowas kannte man da gar nicht. Am nächsten Tag kamen die Eltern, um sich zu bedanken, mit Körben voll Johannisbeeren und Blumenkohl. In Wassenaar waren Schulausflüge die normalste Sache von der Welt gewesen.

Ich hab in Monster ein wunderbares Leben gehabt, ich habe mich mit den Leuten da sehr gut verstanden. Sie fragten mich bei allem um Rat, und in jeder Vereinigung mußte ich Mitglied werden. Wenn ich nicht Vorsitzender war, dann wenigstens zweiter Vorsitzender, das wurde sehr geschätzt.

In Monster war ich von 1946-1954. Ich bin meiner Frau und den Kindern zuliebe da weggegangen. Meine Frau fand es da schrecklich, das Rauhe und Ungehobelte, was die Leute an sich hatten. Sie war es natürlich auch nicht mehr gewöhnt, in einem Reihenhäuschen zu wohnen. Gegenüber war ein Kolonialwarengeschäft, mit Gardinen vor dem Wohnzimmer. Dann zogen sie die Gardinen auf, schauten uns in die Fenster und fragten zum Beispiel: „Nun, sind Sie gerade am Saubermachen?" oder: „Das war sicher Ihre Schwiegertochter, die gestern da war?" Meine Frau fand das entsetzlich, sie war die weite Umgebung in Wassenaar gewöhnt. Außerdem war die Kirche häßlich. In Wassenaar hatten wir eine prächtige Kirche gehabt. Bei der Einweihung haben wir mit den Kindern ein Stück aufgeführt, eine Art Mysterienspiel. Ich machte die Texte, der Pfarrer die Musik, meine Frau die Kostüme und das Altarkleid. Das gab es alles in Monster nicht, das war alles so ungehobelt, und das hielt meine Frau nicht aus. Ich selbst fand es schön da, ich stand nicht mehr unter Druck, hatte nichts mehr mit dem Getue zu tun. Allerdings hatten wir nicht soviele Bekannte wie in Wassenaar, wo meine Frau vor allem mit der Kindergärtnerin sehr befreundet war und wir auch viel Umgang mit dem Pfarrer hatten. Die Gärtner hatten es zwar sehr gern, wenn man zu ihnen nach Hause kam, dann packten sie aus, erzählten, aber sie kamen nie zu uns, dazu war die gesellschaftliche Barriere zu groß. In meiner Naivität dachte ich erst, ein Gärtner ist wie der andere, aber das ist nicht wahr. Es gibt Gärtner, die haben zum Beispiel fünf Gewächshäuser oder 12, aber es gibt auch welche mit 40. Und dann gibt es noch welche, die sind Mitglied vom Kirchenvorstand, die stehen dann wieder eine Stufe höher. Eine kleine Welt, aber die hat auch ihre Standesordnung.

Nach 40 Jahren Rektorschaft in Leiden auf Pension. 1954 zogen wir nach Leiden um, und da bin ich bis zu meiner Pensionierung 1969 geblieben. Letzten Samstag haben wir das 25jährige Jubiläum der Schule gefeiert, ich war der erste Rektor. Die Schule lag in einem besseren Arbeiterviertel, Busfahrer, Postboten, keine Straßenarbeiter oder sowas.

In Wassenaar bewertete man Schulbildung zu hoch, in Monster zu gering – in Leiden normal, so hab ich das jedenfalls erfahren. Die Eltern in Wassenaar setzten ihren Willen durch, die in Monster hielten nichts von der höheren Schule. Hier in Leiden sagten sie: „Wird er es schaffen, was denken Sie?" Dann besprachen wir das, ich beriet die Eltern, und die richteten sich danach. In Monster hab ich mich dafür eingesetzt, daß ein intelligenter Junge mindestens auf die Mittelschule kam, manchmal sogar auf die höhere. Die meisten Kinder gingen natürlich in die Landwirtschaftsschule. Gewiß lag das intellektuelle Niveau in Monster niedriger als in Wassenaar, aber nicht viel. Der Wortschatz der Kinder in Wassenaar war enorm, da gab es Kinder, die konnten argumentieren, unglaublich. Aber im Schriftlichen ließen sie oft zu wünschen übrig. In Monster war's grad andersrum, da sprachen die Kinder so platt Westländisch, daß man sie kaum verstehen konnte, und doch hatten sie was im Kopf. Das lag natürlich am sozialen Milieu, man war es in Monster nicht gewöhnt, daß Kinder weiter lernten, es war die selbstverständlichste Sache von der Welt, daß sie auch ins Gärtnerhandwerk gingen. Die Kinder in der sechsten Klasse wurden Sonntag nachts um halb vier geweckt, dann gingen sie mit der Taschenlampe in die Gewächshäuser, um Salat zu schneiden, der um sieben Uhr versteigert wurde. Dann kamen sie um halb neun zur Schule und zogen sich ihren Overall aus. Es hatte keinen Sinn, mit den Eltern deswegen in Clinch zu gehen.

„Die Religion ist eine enorme Stütze im Leben des Menschen"

Religion und Autorität

Ich finde, daß die Religion eine enorme Stütze im Leben des Menschen ist. Das war sie für mich immer, und ich sehe es auch bei meinen Kindern, obgleich es da weniger an die Oberfläche kommt. Wie das bei meinen Enkeln wird, muß man mal abwarten. Die Eltern heute haben nicht mehr die Autorität von früher. Wenn ich früher sagte: tu das, dann geschah das. Nun kann man natürlich sagen, daß dadurch die Freiheit eingeschränkt wird undsoweiter, aber ich glaube, daß Kinder früher gelenkt werden wollten. Heute dagegen wehren sie sich auf alle möglichen Weisen gegen die Autorität.

Frage: Finden Sie, daß es in der Gesellschaft wie in der Familie zugehen sollte, wo einer das Sagen hat und die anderen gehorchen?

Das finde ich absolut nicht, das finde ich viel zu gefährlich. Wenn einer die Macht hat, und es ist der Verkehrte, dann geht es schief. Die Demokratie

Klassenphoto der 6. Kl. in Monster 1948, es war eine Kombinationsklasse (6/7/8), insgesamt 53 Schüler

ist noch die am wenigsten schlechte von allen Staatsformen. Aber sie hat natrlich auch große Nachteile. Zum Beispiel, daß jede Stimme gleichviel zählt, das finde ich verkehrt. Ich finde, jeder muß sein Steinchen beitragen, aber daß die Stimme von einem Professor für Staatskunde ebensoviel wiegt wie die von einem debilen Frauchen, das finde ich nicht richtig.

Frage: War es eigentlich mehr Ihre religiöse Überzeugung oder mehr Ihr politisches Bewußtsein, daß Sie gegen den Faschismus waren?

Am Anfang von der Mussert-Bewegung[7] hatte ich so die Idee: ist es das? Aber ich habe schon bald gesehen, daß soviele Dinge falsch liefen, und auch was ich über Mussolini in Italien hörte. Wir fanden es allerdings eine tolle Sache, daß 1929, durch den Vatikanischen Vertrag, der Papst wieder unabhängig wurde[8]. Später hörten wir dann, was los war, zum Beispiel der Einmarsch in Äthiopien, das fanden wir so grotesk, daß da Menschen mit Lanzen gegen Panzer fochten. Und allmählich hörte man auch, wie es in Deutschland zuging bei den Nationalsozialisten, und daß Mussert dem zustimmte. Da war es aus. Ich bin nie Mitglied gewesen oder irgendwas. Unser erster Gedanke war immer: Was bedeutet das für die Kirche, diese Richtung? Unsere Überzeugung war, daß die katholischen Grundsätze in der Regierung eines Landes verankert sein mußten; auf dem Christentum mußte der Staat

Das Schulgebäude in Leiden, wo v. Adrichem seine Rektorlaufbahn beendete

aufbauen, danach strebten wir. Die Schule mußte die Partei unterstützen, die die kirchlichen Schulen beschützten. Deswegen waren wir damals auch so gegen den Sozialismus, weil der die Staatsschule propagierte.

Ich selbst habe mich politisch nicht betätigt. Man hat mich damals gefragt, ob ich Vorsitzender der KVP[9] werden wollte, aber das wollte ich nicht, in meinem Beruf muß man neutral bleiben. Es gibt immer Menschen, die einen wegen seiner politischen Meinung angreifen. Außerdem fand ich, daß die Politik mit zuviel Arbeit verbunden war, ich machte mir nicht genug aus Politik. Ich fand Politik gefährlich, das ist so ein Gefühl. Ich rede auch zu gern, das ist nicht gut in der Politik, da muß man berechnend sein und vorsichtig, taktieren – und ich mußte schon genug taktieren in Wassenaar.

„Ich bin heute viel toleranter". Es wurde uns eingetrichtert, daß der Sozialismus eine heillose und vor allem gottlose Sache sei, und daß die Sozialisten viel zu aufständisch gegen die Autoritäten waren. Sie kennen doch wohl das Lied: Weg mit den Sozialisten, hoch lebe die Königin? Sie waren nämlich auch gegen das Königshaus, und das fanden wir Katholiken natürlich unakzeptabel. Und dann der Aufstand von Troelstra 1918, wo Königin Wilhelmina auf der Malibaan war, war das ein Triumph![10]

Sozialisten, das waren in meinen Kinderaugen schlechte Menschen. Heute sehe ich das alles anders. Heute finde ich, was die Sozialisten wollen, in verschiedener Hinsicht gut, vor allem die Nivellierung von Macht und Geld. Ich finde nicht, daß jeder dasselbe verdienen soll, aber ich finde wohl, daß die Unterschiede zwischen den Ärmsten und den Reichsten kleiner werden müssen, das finde ich äußerst wichtig. Natürlich kann man sagen, daß das auch zum Programm der CDA[11] gehört, aber die Sozialisten haben damit angefangen. Und dann finde ich noch was gut am Sozialismus, und das ist ihre Liebe zum Nächsten.

Frage: Die Sozialisten sagen, das geht nur, wenn man den Reichen einen Teil ihres Reichtums und ihrer Macht wegnimmt. Finden Sie das auch?

Das geht natürlich nicht. Ich stelle mir vor, daß das Schritt für Schritt passieren muß. Wie man es ja auch schon sieht: höhere Steuern und geringere Einkommenssteigerungen (für die Gutverdienenden), so kann man da allmählich hinkommen.

Frage: Finden Sie Enteignung von multinationalen Konzernen auch ein Mittel, um dahin zu gelangen?

Es hängt davon ab, wie die ihr Eigentum gebrauchen. Wenn damit neue Arbeitsplätze geschaffen werden, können sie es von mir aus behalten. Es gibt ja schließlich ein Eigentumsrecht. Darum sage ich ja auch: Schritt für Schritt muß das gehen.

Frage. Das ist genau, was die PvdA auch sagt, Sie müßten eigentlich ein PvdA-Mann sein?

Nein, denn das ist nur *eins* ihrer Prinzipien, sie haben noch andere, die ich ablehne. Ich bin fest davon überzeugt, daß sie, wenn sie an die Macht kommen würden, Glaubenssachen in keiner Weise befördern würden. Ich hab gelesen, daß Marx gesagt hat: die Religion ist Opium fürs Volk. Das finde ich einen sehr schlechten Grundsatz. Das steht im ‚Kapital". Das las man zwar nicht direkt in katholischen Kreisen, aber man fand doch Zitate daraus in allen möglichen Blättern und Zeitschriften, auch katholischen. Und dann natürlich immer die negativen Dinge.

Frage: Ist es nicht so, daß jeder junge Mann sich gegen Autorität auflehnt, als eine Art Durchgangsphase seines Lebens? Bei Ihnen war das die Zeit des aufkommenden Sozialismus. Haben Sie nicht schon aus diesem Grund ein wenig mit dem Sozialismus sympathisiert?

Zum katholischen Tag der Mission wurden die Kinder in Mönchskutten und Nonnengewänder gekleidet (Leiden, 1958)

Ich sympathisierte absolut nicht damit! Wenn bei mir so etwas wie Aufmüpfigkeit war, dann richtete die sich gegen die Geistlichen. Ich fand, daß sie zu wenig taten, daß sie viel mehr tun konnten. Ich hab stundenlang mit unserem Kaplan diskutiert, der jeden Dienstag bei uns zuhause Kaffeetrinken kam. Er lachte sich kaputt über meine radikalen Meinungen. Damals war ich 16 Jahre. Zum Beispiel fand ich, daß sie zu wenig Jugendarbeit betrieben. Sie sagten, dazu hätten sie keine Zeit, und ich wußte doch, was sie mit ihrer Zeit taten! Ich sagte dann: Natürlich habt Ihr Zeit, das sind doch alles Ausreden, Euch geht es viel zu gut – der Geistlichkeit. Andererseits hatte ich auch großen Respekt vor dem, was sie taten und wußten.

Frage: Wie wollten Sie die Armut bekämpfen in Ihrer aufmüpfigen Zeit?

Durch Spenden von den Reichen, aber wie das genau gehen sollte, das überlegte ich mir als Junge nicht. Sie müssen sich die Gedanken eines Kindes aus jener Zeit primitiver vorstellen als heute.

Frage: Und mit 20, so nach Ihrer Ausbildung, als Sie erwachsen wurden?

Ich fand, daß die Löhne besser werden mußten, aber dann hörte man wieder, wie schwer die Unternehmer es mit der Konkurrenz hatten, das ist die andere Seite. Ich hatte schon bevor es Kindergeld gab die Idee, daß es das geben müßte, und ich war auch immer ein Befürworter des Prinzips Lohn nach Bedürfnis, also nicht nur nach Leistung, daß also zum Beispiel eine Familie mit acht Kindern mehr Einkommen haben muß als eine Familie mit zwei Kindern.

Frage: Das sagen die Kommunisten auch.

Na, das finde ich in Ordnung, es ist doch nicht so, daß die Kommunisten keine guten Prinzipien haben, das haben sie, vor allem heutzutage. Ich bin heute viel toleranter. Aber Sie müssen sich vorstellen, wie tief verwurzelt der Katholizismus in meinem Leben war, was es bedeutet, wenn man von Geburt an in der katholischen Kirche ist, sich damit so verbunden fühlt. Schaun Sie, ich war Meßdiener, Chorsänger, ich war auf einer katholischen Schule und habe immer an katholischen Schulen unterrichtet. Wir lebten also in einem festen Kreis, und das übt einen ungeheuren Einfluß auf einen aus, das kriegt man nicht mehr weg, das bleibt einem.

„Streiken, das fanden wir schlimm". Wir gehörten dem Katholischen Lehrerbund an. Die Gehälter der katholischen Lehrer lagen damals um 50 Prozent niedriger als die von den staatlichen angestellten Lehrern. In dieser Frage war unser Bund genauso kämpferisch wie die anderen Lehrervereinigungen, nur daß man nicht solche starken Sprüche machte wie der rote Bund, aber gekämpft haben sie genauso. Ohne unseren Lehrerbund hätten wir niemals die Gleichstellung und Gehaltserhöhungen gekriegt. Ich fand, daß sie es gut gemacht haben, bestimmt. Sie waren nicht zu scharf und nicht zu sacht, und sie haben erreicht, was sie erreichen wollten. Die Regierung hat in den dreißiger Jahren natürlich ganz schön an den Gehältern geknabbert. Aber wir waren davon überzeugt, daß das auch nicht anders ging. Wir durften natürlich nicht streiken, weil die Schule eine Gemeinschaftseinrichtung ist. Das fand ich richtig. Streiken war ordinär, das war was für Straßenarbeiter, das fand man unter seinem Niveau, schon gar als Lehrer, das müssen Sie verstehen. Streiken führte zu Keilereien, das fanden wir schlimm. Streiken an sich, dagegen hätte ich noch nicht einmal was einzuwenden, auch damals nicht, aber die Leute, die streikten, die widerstrebten mir, da saßen soviele ordinäre Leute zwischen.

Frage: Was wurde im Bund außer der Gehaltsfrage besprochen, in einem mehr pädagogischen Sinn? Ich habe den Eindruck, daß da überhaupt nicht soviel drüber gesprochen wurde.

Stimmt.

Frage: Und nach dem Krieg, wann kamen die Diskussionen über Bildungsreformen in Gang, Chancengleichheit und so etwas?

Nach meiner Vorstellung ging es nicht um gleiche Chancen, sondern darum, was ein Kind optimal erreichen kann.

Es ging ums Lernen, ob das nun das Kind von einem Millionär oder von einem Straßenfeger war, das war egal. Ich fand, daß die Eltern versuchen mußten, daß ihr Kind höher kam als sie selbst gekommen waren. Mir ging es immer ums Lernen. Einen Jungen einfach so von der Schule nehmen, das hab ich schon immer verkehrt gefunden.

Wir fanden, daß nur sehr wenige fürs Gymnasium geeignet waren, das fand früher jeder. Ich finde, daß man es heute ein bißchen übertreibt. Ich war Lehrer auf einer sehr exquisiten Schule, auf einer echten Volksschule, auf einer Dorfschule und auf einer Stadtschule. Jedes Kind ist intelligent, ich glaube gar nicht, daß da soviele Unterschiede sind. Aber der Milieueinfluß ist so enorm, daß das zum größten Hindernis wird. Und was tun sie dann mit ihren gleichen Chancen? Ich hatte zum Beispiel einen Jungen, den ich beinah zwingen wollte, auf die höhere Schule zu gehen, er war enorm intelligent, und er hat es auch weit gebracht. Ich ging zu seinem Vater und sagte: „Mann, laß den Jungen doch weiter lernen, er hat das Zeug dazu." Der Vater sagte nein, er hatte sieben Kinder und keins war auf der höheren Schule. Er wollte den Jüngsten auch nicht vorziehen, also tat er es nicht. Der Junge ist dann auf die Berufsschule gegangen, danach auf die Technische Hochschule, heute hat er eine phantastische Stellung. Das war für diesen Jungen der Weg.

„Ich würde wieder Lehrer werden, mit allen Hochs und Tiefs"

Damals – Heute

Früher wurde man nicht Lehrer, weil man viel verdiente, es war eher eine Berufung, ein Drang, Kindern etwas beizubringen, ihnen etwas zu bedeuten. Das war es, sonst wurde man nicht Lehrer, dann wählte man einen anderen Beruf, wo man mehr verdienen konnte. Heute ist da nicht mehr soviel Unterschied, aber früher war es eine Berufung. Schon auf dem Seminar bekam man die Überzeugung mit, daß das wichtig war für die Gesellschaft. Gute Lehrer trugen viel bei zu einer guten Gesellschaft, das galt nicht nur für die katholischen Lehrer. Wenn ich die Lehrer heute sehe – allein schon wie sie angezogen sind, das ist manchmal so unkorrekt. Meiner Meinung nach muß ein Lehrer korrekt angezogen sein. Und ich finde auch immer noch, daß ein

Kind zu einem Lehrer aufsehen muß. Ich erinnere mich noch an einen Lehrer in Monster, der an warmen Tagen sein Jackett auszog. Ich dachte, ich werd mal nichts sagen, aber korrekt ist das nicht. Früher wurde der Rektor mit Titel und „Sie" angesprochen, wohingegen er die Lehrer duzte, also ich duzte die Lehrer und sie siezten mich.

Wenn ich sehe, was heute an den Schulen los ist und was von einem Lehrer verlangt wird, dann kann ich davor nur Respekt haben. Aber nicht nur das, ich denke auch oft, Junge, Junge, das hab ich alles nicht gemacht. Zum Beispiel erzählte mir neulich eine ehemalige Kollegin, daß sie drei Wochen Vertretung übernommen hatte und daß sie in dieser Zeit 15 Konferenzen mitgemacht hat. Das finde ich idiotisch, lächerlich geradezu. Und dann denk ich, wie kommt das, daß das meiner Schule früher so gut gegangen ist? Natürlich hatten wir auch Konferenzen, aber ich dachte immer: soll ich nun eine Konferenz einberufen? Wir hatten doch erst letzten Monat eine, das kann ich ihnen doch ersparen, das können wir auch auf dem Schulhof besprechen.

Als ich pensioniert war, haben sie mich gefragt, ob ich aushilfsweise eine Vertretung übernehmen wolle, einen halben Tag in der Woche, in meinem alten Klassenzimmer[12]. Ich war an Bänke oder Tische und Stühle in Reihen gewöhnt. Ich komme in die Klasse, da steht mitten im Klassenzimmer ein riesiger Blumenkasten mit so hohen Pflanzen drin, 46 Vögel in einem Käfig, Wüstenratten, ein Kanarienvogel, Kaninchen. An einem Tisch saßen fünf Kinder, davon drei mit dem Rücken zu mir. Ich hab das ein Jahr gemacht, aber ich fand das ein Chaos. Wenn man eine Rechenaufgabe erklärte, fing dieser verdammte Kanarienvogel an zu singen. Und dann Schreiben. Da hatten sie so Blöcke, da schrieben sie immer nur eine halbe Seite voll – schade ums Papier. Ich bin noch einer von früher, wo wir mit Papier gespart haben.

Ich bin zufrieden mit meinem Leben. Wenn ich noch einmal leben müßte, würde ich wieder Lehrer werden, mit allen Hochs und Tiefs. Allerdings würde ich nicht nochmal so eine Rektorstelle annehmen wie in Wassenaar. Ich habe auch immer viel Freude an meinen Kindern gehabt, ich hab sie nie als eine Last empfunden, obgleich wir uns so abgerackert haben, um ihnen eine gute Ausbildung zu geben[13].

Frage: Was würden Sie eigentlich antworten, wenn ich Sie fragte, warum Sie ein so guter Lehrer waren?

Ich konnte Kinder fesseln, durch eine gewisse frische Art. Ich konnte sehr gut erzählen, mir Geschichten ausdenken. Zum Beispiel in Erdkunde, wenn wir da grade ein bestimmtes Land behandelt hatten, dann sagten die Jungen: „Mann, da war der auch schon!" – obgleich ich da nie gewesen bin.

Zum Abschiedsfest von seiner letzten Schule in Leiden malten und dichteten die Kinder und die Kollegen. Dies Portrait von Herrn van Adrichem stammt von Cora aus der 1. Klasse.

Ich habe immer viel gelesen und ich hatte schon in meiner Schulzeit Lehrer, die auch erzählten. Außerdem, diese Gabe zu erzählen habe ich von meinem Vater, das war ein geborener Schauspieler. Ich hab, glaube ich, mal erzählt, daß er sich den Spaß machte, die Aushangfotos von einem Film anzugucken und dann zwei Tage später meiner Nichte erzählte, wie toll dieser Film war, die ganze Handlung, obgleich er nie drin war, und dann fragte er sie: „Wie fandst du die oder die Szene?" Das konnte er unglaublich gut, und das machte ihm auch riesigen Spaß. Und dann gibt es die Reisebeschreibungen von Dominicus, von jedem Land, zum Beispiel Jugoslawien, wie die Frau da lebt, wie die Arbeit verteilt ist, die Kleidung, wie das Land aussieht, die Häuser. Sowas muß man den Kindern natürlich erzählen, sowas finden sie interessant, da können sie sich reindenken. Man muß immer so erzählen, daß die Kinder sich das vorstellen können. Statistiken und sowas, da hat man nicht viel dran. Heute kommt der Lehrer mit einem Diakasten in die Klasse, früher hatte man das nicht, also erzählte man. Wenn man erzählt, zwingt man die Kinder gewissermaßen, ihre Vorstellungskraft zu entwickeln, und das ist wertvoll.

Und Liebe zum Kind natürlich, sich in das Kind hineinversetzen können, dem Kind das Gefühl geben, daß man es gern hat, dann haben sie einen auch

Herr und Frau v. Adrichem beim Abschiedsfest, im Leidener Courant erscheint ein langer Artikel und dies Photo mit der Überschrift: Der letzte Teil der ‚Trilogie' – Abschied P.J.W. v. Adrichem. Ehemalige Schüler, Eltern, Kollegen und Alt-Kollegen aus Wassenaar führten ein Theaterstück auf, in dem die drei Hauptstationen des Lehrerlebens von Herrn v. Adrichem dargestellt wurden.

gern. Es muß ein Band sein zwischen dem Lehrer und dem Kind, das Kind muß von den guten Eigenschaften des Lehrers überzeugt sein, daß er freundlich ist, jemand, dem man sich anvertrauen kann, mit dem man reden kann. Gleichzeitig muß man über dem Kind stehen, das ja, es muß nach deinem Willen gehen, nämlich dem Sinn von Schule, dafür kommen sie, sie müssen lernen. Das vergißt man heute gern, daß die Schule zum Lernen da ist.

Sich stur ans Buch halten, finde ich ein Zeichen von Schwäche, ich finde es ein Zeichen von Stärke, wenn man davon abweicht, begründet abweicht. Wenn zum Beispiel etwas Wichtiges in England passiert, dann stehn da Photos in der Zeitung, über Krawalle oder so. Und natürlich auch Dinge, die mit der Kirche zu tun hatten, kamen auf einer katholischen Schule häufig zur Sprache. Zum Beispiel eine Papstwahl, solche Themen, da knüpft man dann bei an: wer war der vorige Papst, und der davor, was ist eine Kurie, solche Dinge zieht man dann heran, die bezieht man dann ein, das tut man gar nicht mal bewußt, das tut man, weil man eben so ist.

Frage: Was halten Sie im Nachherein von Ihrer Ausbildung?

Die Ausbildung war ziemlich primitiv, aber der Direktor, der konnte einen begeistern, wirklich begeistern, den habe ich verehrt. Und was tut man dann? Imitieren, es ihm gleichtun. Und dann das Vorbild von meinem Vater. Und eine Portion Ehrgeiz hatte ich doch wohl auch. Das war auch der Motor, daß ich mich auf Wassenaar eingelassen habe, obgleich ich dafür eigentlich viel zu jung war.

Frau Haas im Alter von fünf Jahren mit ihren Eltern und ihrer jüngeren Schwester (1911)

TOOS HAAS

Wenn ich je Kinder habe, dann das nicht

Frau Haas wohnt mit ihrem Mann und einem Pudel im ersten Stock eines flachen Miethauses in Süd-Leiden. Sie hat nichts Verbindliches, schaut dem Besucher scharf ins Gesicht und beginnt dann übergangslos und in einem Rutsch zu erzählen.. Dabei macht sie keinen Unterschied zwischen „Privatem" und „Beruflichem" – und so, wie ihr Leben verlaufen ist, ist der auch nicht zu machen. Bei der Bearbeitung ihrer Geschichte galt es, Teile und Sätze aus dem Erzählstrom herauszulösen und neu zusammenzufügen, um auch Dritten, die an der unmittelbaren Begegnung und Erzählung nicht teilhatten, das Wichtige dieses Lehrerinnenlebens zu vermitteln; eine unumgängliche Reduktion.

Frau Haas erweckt beim Zuhörer den Eindruck, daß sie sich der Außergewöhnlichkeit ihres Schicksals halb und halb bewußt ist. Den Stoff ihres Lebens verarbeitet sie im Sprechen und Erinnern zu einer nicht abreißenden Kette von Pointen und Episoden. Die Verblüffung ihres Zuhörers kalkuliert sie ein, bedeutet ihm aber gleichzeitig, daß sie ihr Leben trotz allem als ein normales Leben beschaut. Das ist eine verwirrende Gesprächserfahrung.

Kommt man das zweite, dritte Mal, so bellt der Pudel nicht mehr, und man nimmt schon teil am Leben der Kinder und Enkelkinder, von denen hübsche Farbfotos an den Wänden hängen. Herr Haas sitzt auf seinem Stammplatz am Fenster und hört zu, er kennt alle Geschichten.

Frau Haas liest ihre Lebensgeschichte, sie hat keine Einwände, ja, so war es. Sie will gern einen anderen Namen, Frau Haas also. Gern überläßt sie mir alle Fotos, die wir aus Alben und Schachteln heraussuchen.

Wenn das Telefon klingelt, geht es meist um ihren Verein, die holländischen Naturfreunde. Darin geht sie auf.

„Das ist meine Vorgeschichte"

Vater und Mutter

Ich war die Älteste, wir wohnten in Rotterdam, da bin ich geboren. Mein Vater ist Jahrgang 1869, er war 37, als ich geboren wurde (1906) und meine Mutter war 29. Sie waren beide noch frommer als der Papst, und das will was heißen. Meine Mutter hatte seit ihrer Geburt religiöse Wahnvorstellungen. Meine Großmutter war kränklich und meine Mutter war auf ein französisches Mädchenpensionat gegangen, deshalb konnte sie gut französisch, und damals wollte mein Großvater nach Lourdes, weil man da von allem möglichen geheilt wurde. Da sind sie hingefahren und meine Mutter mußte mit wegen der Sprache. Mein Großvater hatte einen Reitstall mit Manege und meine Mutter konnte reiten. Das war früher noch mit Damensattel auf einem Zelter, da kann man besser die Balance halten. Und was passiert? Sie waren da in Lourdes und machten Ausflüge so in die Berge auf Eseln und meine Mutter wollte nicht auf einem Esel reiten. Vielleicht daß sie zehn Schritt geritten ist, da wirft der Esel sie ab und mein Vater steht daneben. Und so haben sie sich kennengelernt.

Diese Quelle von Lourdes, das Wasser wird in Fässern nach Rotterdam und überall hin verfrachtet, um davon gesund zu werden. Also mein Vater, der wollte sich natürlich bei seinen zukünftigen Schwiegereltern einschmeicheln, deshalb paßte er auf, daß immer von dem Wasser da war, und dann haben sie nach zehn Jahren geheiratet. Meine Mutter hatte Angst vor der Ehe, sie wollte eigentlich nie heiraten, sie wollte ins Kloster. Noch auf ihrer Bronzenen Hochzeit wollte sie ins Kloster. Früher kriegte man zur Hochzeit immer diese abscheulichen Geschenke und die standen überall im Haus rum. Das mußte alles ins vordere Zimmer, sie wollte da nichts von sehen. Und so hat sie langsam den religiösen Wahn gekriegt.

Sie hatte eine entsetzliche Angst vor dem Jenseits. Immer und immer wieder das Jenseits. Wenn wir als Kinder was ausgefressen hatten, dann sagte sie: „Sündige nicht, sonst kommst du in die Hölle!" Wenn man auf dem Bahnsteig stand und auf den Zug warten mußte, wenn wir zum Beispiel einen Familienbesuch machten, dann sind zehn Minuten lang, wenn man dann so auf und ab geht. Dann sagte sie: „Zehn Minuten warten dauert lange, aber erst Stunden, Tage, Monate, Jahre, Ewigkeiten, und nie, nie hört das auf!" Für immer immer in der Hölle, nicht wahr. Sie hat uns also auf religiösem Gebiet auf eine so wahnwitzige Art erzogen, das kann man sich einfach nicht vorstellen.

Die ganze Sippe von meinem Vater saß im Kloster, die wollten mich auch da hin haben, aber daraus wurde nichts. Das Ende vom Lied war, daß ich

Frau Haas' Vater vor seinem Geschäft in Rotterdam (1912)

jemanden kennenlernte, der nicht katholisch war, und den ganzen Krempel hinter mir gelassen habe. Vater war auch so einer, aber anders. Er rannte Tag und Nacht in die Kirche, aber zugleich machte er sich darüber lustig und riß Zoten. Uns gegenüber verhielt er sich unglaublich. Als ich meinen Mann kennenlernte, hat er uns alles, was es nur gab, in den Weg gelegt, die gemeinsten Streiche hat er uns gespielt. Monsignore van Stee sagte damals mal zu meinem Vater: „Sie sind eine gesunde Familie, ein gesunder Stamm, aber da sitzt ein verrotteter Ast dran. Wenn Sie den Stamm gesund erhalten wollen, müssen Sie den Ast absägen." Also, die neun Jahre (1929-1937), die ich meinen Mann kannte, bis ich dreißig war und heiraten konnte, und dann noch die Krisenjahre, wo er arbeitslos war, das war die Hölle. Das ist meine Vorgeschichte.

Mein Vater tat nichts, er war Likörfabrikant. Wir hatten eine Fabrik und eine Destillieranstalt in Rotterdam, die gehörten ihm. Er belieferte auch Schiffe. Und als damals das Hurenviertel abgerissen wurde, da zog die ganze Bande in unsere Gegend am Deich, da blieben die guten Kunden weg. Da hat mein Vater eine Probierstube eröffnet, das ging aber nicht lang. 1913 oder 1914 sind wir umgezogen. Beim Umzug kriegten wir die Nachricht, daß mein Großvater einen Schlaganfall erlitten hatte, und da hat mein Vater dann das Geschäft von meinem Großvater übernommen. Wir sind also nach Den Haag umgezogen, wo er das Geschäft hatte, ganz kurz, bis dann mein Großvater starb und seine Söhne privatisieren konnten.

Pa ging also mit uns auf Reisen, mal hierhin, mal dahin. Und dann mußte Mutter in die Anstalt, das kostete Geld, auch wenn das Zimmer nicht größer war als eine Hundehütte. Das war im Krieg. Wir sind dann hier nach Leiden gezogen, er kriegte eine Infektion, sie haben ihm ein Bein abgenommen. Danach war er sehr vieil bei uns, obwohl wir ohne seine Zustimmung heiraten mußten und obwohl er uns, naja, so schrecklich im Weg gewesen ist. Ein Halbbruder meines Vaters war Direktor der Bergarbeiterkrankenkasse in Heerlen. Als ich das neulich einem guten Bekannten in Heerlen erzählte, sagte der: „Von diesem Schuft bist du eine Verwandte?". . . Nun können Sie sich ein bißchen ein Bild machen, aus was für einer Familie ich komme.

„Und jetzt wird's erst richtig schlimm"

Schulzeit und Ausbildung

1913 kam ich auf die Schule St. Lucia in Rotterdam. Da bin ich ein Jahr gewesen, das war eine Schule für bessere Leute, die wurde von Nonnen betrieben. In jeder Klasse saßen ungefähr 36 Schüler. Ich erinnere mich noch, die Klos waren in der Klasse, damit keine sündigen Handlungen begangen werden konnten. Die Nonnen waren streng, sie haben eine Strafe, die kein einziger Lehrer in staatlichen Schulen hat. Wenn man etwas ausgefressen hatte, dann hieß es: Schau, liebes Kind, unser Lieber Herr ist böse und Maria weint. Müssen Sie sich mal vorstellen, Sie haben was ausgefressen, und unser Lieber Herr sitzt dort oben in seinen schönen Gewändern und ist böse auf einen, das ist nicht schön!

Wir haben noch auf Schiefertafeln geschrieben. Auf der Armenschule hatten sie einfache Tafeln, wir hatten doppelseitige, die waren sehr kostbar, in einem Holzkasten. In der Weihnachtszeit wurde in der Klasse eine kleine Krippe aufgebaut, in der Aula stand eine ganz große. Die Aula war natürlich keine Turnhalle, nicht daß Sie denken, daß wir solche unsittlichen Dinge hatten. Zu Weihnachten wurden zwei arme Kinder ausgewählt, die mußten natürlich sehr anständige Eltern haben. Die Kinder wurden erstmal gebadet und dann mußten sie sich in der Aula neben der Krippe aufstellen in ihren Unterhosen und Leibchen und wir durften ihnen dann dic Kleider, die wir von zu Hause mitgebracht hatten, Stück für Stück anziehen, alles unter Gesang und Beten. Und wenn sie ganz angezogen waren mit Mantel und Schal, kam ein Kind mit einer Wurst und mit einem Sack Bohnen. Später kam die Mutter oder der Vater das Kind dann wieder abholen. Na, sie fielen nicht gerade auf die Knie, aber sie mußten wohl zeigen, wie dankbar sie waren.

Damals fand ich das eine gute Tat, bis ich älter wurde und mir eines Tages die Augen aufgingen und ich das meinem Mann erzählte. Dem stiegen die Haare zu Berge, daß es sowas geben konnte. Es ist ja eigentlich eine ungeheure Erniedrigung, aber so war das früher.

Wir sind dann nach Den Haag gezogen, in den Loosduinweg, da hatte mein Vater ein Geschäft gekauft, ein Gemischtwarengeschäft. Er schaute sich nach einer Schule um, da waren so liebe Nonnen, die zeigten uns die Klasse. Da sagte Pa: „Die Kinder sind ja alle kahl geschoren!" „Ja", sagte die Nonne, „dies ist ein Waisenhaus, aber wir haben hier auch andere Kinder". „Und warum kahl geschorene Köpfe?" „Nun, das ist bequem, man kann sie gut sauberhalten." Pa kam nachhause und sagte zu meiner Mutter: „Das ist dir hoffentlich klar, daß unsere Tochter nicht zwischen Waisen sizen wird", die waren in den Augen von Pa was Minderwertiges. Er hat mich zuhause gehalten, monatelang. Sein Geschäft war bis zwölf Uhr auf, dann machte er zu und ging mit mir auf Entdeckungsreise durch Den Haag, das war 1914, ich war damals acht Jahre.

Dann hat er eine Schule ausfindig gemacht und ich kam auf die Schule der Dames du Sacre Coeur, das waren französische Nonnen, die aus Frankreich verjagt waren. Damals gab es die 11-cent-Schule, die 16-cent-Schule, die Schule für drei Gulden und für sechs Gulden im Monat. Die Schule für sechs Gulden war in einem prächtigen Gebäude mit hohen Treppen untergebracht, da kam ich hin. Wir durften sogar auf dem Schulhof nicht mit den Kindern von der anderen Schule in Berührung kommen. Alles Nonnen, Adlige, und wir trugen tagsüber einen kurzen schwarzen Schleier. Hausaufgaben machten wir in der Schule und den ganzen Tag mußte man französisch sprechen. Ich habe französisch mit so einer Art Nadeldose gelernt, verstehen Sie, so ein rundes Döschen. Da war ein Stück Papier und ein Bleistift drin. Wenn man dann jemanden in der Pause was auf holländisch sagen hörte, zum Beispiel „kalte Füße", dann ging man zu dem Kind hin und sagte: „Voilà", und das Kind mußte dann das Döschen aufmachen und auf Papier seinen Namen schreiben, Marietje de Bruin, das Papier wieder zusammenfalten, in das Döschen stecken und das Döschen jetzt in seine Tasche stecken. So kam eine ganze Namensreihe zustande, und wenn man draufstand, kriegte man samstags keinen Riegel Schokolade. So hab ich französisch gelernt, ein richtiges Petzsystem! Ich war da neun Jahre, neun Jahre hab ich da französisch gesprochen, da bin ich noch heute dankbar für. Ich bin einmal sitzengeblieben, in der 8. Klasse.

Und dann ist etwas sehr Trauriges passiert. Ich spielte damals öfter Murmeln mit den Jungen von der Berufsschule, die war auf dem La Reyweg in Den Haag, und ich gewann oft und ging dann mit meinem Gewinn nachhause und bei unserer Schule hatten wir so einen großen Zaun und da saßen die

Frau Haas mit ihrer Schwester (1917)

Jungens drauf und riefen: „Toos, los komm her, du bist mit deinem Gewinn weggelaufen!" Sie haben damals in der Schule rausgefunden, daß ich mit den Jungens murmelte und daß ich mir auch mal ein Fahrrad von einem geliehen hatte, ein Herrenfahrrad, und da kriegte mein Vater einen Brief, daß er seine Tochter doch mal lieber von der Schule nehmen solle, aus der Traum . . .

Dann bin ich auf die Prins-Hendriksstraat-Schule gekommen, wieder zu Nonnen, da war ich nur ganz kurz, und dann in die Monstraat.

„Und dann war es fini, dann hatte ich ausgelernt". Vater wollte mich in ein Pensionat geben, das war in Bodegraven, es war eine Normalschule.

Frage: Wollten Sie Lehrerin werden?

Ich wollte gar nichts, auf keinen Fall wollte ich ins Internat. Er ging einfach nach Bodegraven, und hopp aufs Internat, basta. Ja, die Normalschule. Nach dem Krieg (1914/18) purzelte ja das Geld (in Deutschland) wissen Sie, so daß man Haufen von Geld brauchte, um was zu bezahlen. Ich konnte auf der Schule anstellen, was ich wollte, denn mein Vater bezahlte in holländischer Währung und es war ein deutscher Orden, deswegen. Einmal am Anfang fragten sie mich, ob ich nicht ein Lied singen wollte. Ich muß damals schon was Verhextes an mir gehabt haben, daß ich plötzlich anfing, die Marseillaise zu singen. Da mußte ich noch dran denken und grinsen, als ich neulich auf dem Platz stand, wo der Mann geboren ist, der das Ding gemacht hat, der stand da auf so einem Sockel – also das war natürlich auch verboten. Ich hab auch mal eine halbe Schüssel Erdbeeren aufgegessen, mir den Finger in die Kehle gesteckt und bin dann so liegengeblieben. Der Arzt merkte natürlich sofort, daß es Erdbeeren waren und nicht Lungenblut, also nach Hause durfte ich nicht. Ich hab auch mal den Klöppel von der Glocke mit Leim beschmiert und dann Watte drumrum und so.

Die Moffen[2] waren, wie soll ich sagen, auf eine viel feinere Art katholisch als die französischen Nonnen. Es ging so: man mußte, wenn man sich wusch, hinter einen Wandschirm, dann mußte man sein Nachthemd anbehalten und sich so waschen. Und wenn man seine Unterhose auszog, dann sah die Nonne das durch den Schirm, dann mußte man antworten, denn sie fing dann an zu beten, damit man nichts Unzüchtiges tat, ja so ging das. Aber sie waren auch viel zärtlicher als die französischen.

Frage: Spielten sich auf der Normalschule nicht auch allerlei Dramen ab, wenn ein Mädchen einen Jungen von „draußen" kennenlernte?

Von draußen?? Aber man kam doch nie raus! Immer in der Reihe, in Uniform, Spaziergang am Sonntag, von Bodegraven nach Zwammerdam und zurück. Diese Spaziergänge! Dann dachte ich: wenn ich je Kinder habe, dann das nicht, kein Pensionat. Einmal bin ich weggelaufen, und einmal hab ich eine Karte nach Haus geschrieben: „Wenn es dunkel wird, lauf ich weg". Dann kam die zuhause an und meine Mutter sagte: „Oh, Louis, fahr nach Bodegraven und schau mal nach ihr!" Das machte er dann und dann sagte er: „Wo ist meine Tochter?" und dann sagten die: „Aber die schläft!" Er durfte natürlich nicht in den Schlafsaal kommen . . .

Die Schule wurde dann aufgelöst, die Normalschulen abgeschafft und zu Akademien mit eigenen Examen umgewandelt[3]. Ich hatte gerade das erste

Frau Haas (sitzend) mit Freundin ein Jahr vor ihrem Lehrerexamen (1925)

Jahr hinter mir. Da bin ich krank geworden, meine Stirnhöhle explodierte sozusagen, ein Virus oder was, jedenfalls blieb ich eine ganze Weile zuhause. Und dann, als meine Krankheit vorbei war, gingen meine Mitschülerinnen schon in die zweite Klasse und ich mußte wiederholen. Da sagte ich zu meinem Vater: „Pa, wenn du mir 1000 Gulden gibst, dann gebe ich dir die Garantie, daß ich Ende des Jahres fertig bin, so billig kommst du nicht weg, wenn ich noch vier Jahre gehen muß!" Da sagte mein Vater: „Abgemacht. Wenn du es nicht schaffst, dann steckst du dein Haar auf und gehst dienen, dann suchst du dir eine Stelle." Wir kannten einen Lehrer, Herrn R., und eine Lehrerin, da sind wir hingegangen, und dann hab ich die vier Jahre in neun Monaten gemacht. Finger in die Ohren und lernen. Ich hab mich kaputt gearbeitet, ich hab so gearbeitet, daß ich nicht mehr wußte, wer ich war. Es blieb mir auch nichts anderes übrig, wenn ich das Staatsexamen in Rotterdam schaffen wollte[4]. Und dann hatte ich den Dusel, daß ich das geschafft hab. 26. Juni Mündliches, 26. Juni 1926, der ganze Saal voll Männer und ich als einzige Frau. Ich hatte eine 10 in Geschichte, eine 9 in Erdkunde, eine 7 in Rechnen[5]. In Geschichte haben sie mich alles gefragt, was man nur fragen konnte, und am Schluß hab ich gesagt: „Und jetzt weiß ich noch was, ich kann alle berühmten Schiffe der Geschichte aufzählen, die „Zeven Provincien', ‚Michiel de Ruyter', ‚Columbus' undsoweiter." Ich hatte also bestanden, und jetzt wird's erst richtig schlimm.

„Ich flog nur so von einer Schule zur anderen"

Anstellungen

Ich hatte in meiner Ausbildung kein Werken und Sport gehabt, in den beiden Fächern war ich also nicht lehrbefugt[6]. 1926, ich geh mich bewerben: „Haben Sie Werken- und Sportbefugnis?" Ich hatte inzwischen einen Freund. Das reichte. Mein Onkel, das war ein hohes Tier in der Textilbranche, der sagte: „Hör zu, wir werden bei Pater W. – der war Pfarrer in Noord Scharwoude – fragen, ob du nicht da auf die Schule kannst." Da sollte ich hingehen und bei Nonnen wohnen. Das wollte ich natürlich nicht, wieder zu den Nonnen, wo ich gerade frei war nach diesen schrecklichen Jahren. Da lese ich eine Anzeige im ‚Maasbode': Hauslehrerin in Haarlem bei einer Familie mit zwei Kindern gesucht, die Hilfe bei den Schularbeiten brauchen. Ich hin, das war bei der Familie Sch., die hatten einen Malereibetrieb, wo man Paletten und Pinsel kaufen konnte. Die Kinder gingen morgens zur Schule und die Mutter machte nicht viel im Haushalt, das sollte ich dann

Frau Haas als Hospitant im Lehrerkollegium einer Montessorischule (links stehend) (1927)

machen. Da kam mein Vater und erwischte mich grade, als ich den Gang wischte. Er sagte: „Das ist ja noch schöner!" Aber ich hatte natürlich einen Vertrag, Probemonat, ich konnte nicht einfach weglaufen. Inzwischen hatte ich mich auch bei der Gemeinde in Deen Haag für die Staatsschule beworben, aber natürlich saß ich immer noch da ohne Werken- und Sportbefugnis.

Frage: Wie kam es, daß Sie sich nun bei der Staatsschule bewarben?

Weil ich einen Freund hatte, der nicht katholisch war. Wenn ich mich bei der katholischen Schule beworben hätte, hätt ich überhaupt keine Chancen gehabt, und außerdem hatten die auch immer Nonnen vorrätig. Die ließen eiskalt die Tür zur Nebenklasse offen und setzten eine Nonne in die Klasse, die überhaupt keine Lehrbefugnis hatte[7]. – Gut, ich hatte mich also bei der Gemeinde beworben. Ich sitze also in Haarlem, da kommt plötzlich ein Telegram: Komm sofort nachhause. Vater. „Tja," sagt die Dame, „so geht das aber nicht", denn es war mitten im Monat, „Sie kriegen keinen Pfennig, wenn Sie jetzt gehen." Ich bin gegangen. Ich komm nach Hause und frage, was ist los, ich dachte, daß was mit Mutter war. Mein Vater sagt: „Morgen, am 1. Oktober (1926) gehst du auf einen Elternabend von einer Montessorischule, da kannst du als Hospitant[8] arbeiten." Da hab ich für 25 Gulden im Monat angefangen, es war sehr schön da.

Einmal ist was Dummes passiert, ich hab doch erzählt, daß meine Mutter den religiösen Wahn hatte und meine Schwester pflegte sie, aber die war natürlich auch manchmal mit ihrem Latein am Ende. Also hab ich sie manchmal nachts abgelöst. Und einmal hatte ich morgens solche Kopfschmerzen, ich sag zu meiner Schwester, hast du nicht eine Tablette oder was. Nun kriegte meine Mutter, wenn sie einen Anfall hatte, Morphium, und meine Schwester gibt mir aus Versehn eine Morphiumtablette! Ich sitze in der Klasse und nach kurzer Zeit schlief ich, und der Rektor, der holte den Inspektor.

Ich saß immer noch mit dem Problem Werken und Sport, ich ging also zu meinem Vater und fragte, ob ich nicht die Kurse machen durfte für diese Befugnisse. Ich hab durchgesetzt, daß ich gehen durfte, zur Schule für Körpererziehung auf dem Stadhouderplein in Den Haag, in Turnkleidung, nichtwahr. Sie hatten da diese hölzernen Degen, die standen auch auf der Rechnung. Einen Monat hat Pa bezahlt, dann sagte er: „Bist du verrückt, ich bezahl nicht mehr, du wirst es schon ohne Turnen schaffen."

Als das Jahr auf der Montessorischule rum war, hab ich mich wieder bei der Gemeinde Den Haag gemeldet. Aber sie wiesen mich ab, ich sollte erst die Werken-/Sportbefugnis erwerben. Mein Verlobter wohnte in Leiden und deshalb hab ich mich da gemeldet bei der Schule. Da konnte ich als

Hospitant anfangen auf einer Sonderschule, das war Ende 1928. Man saß in der Klasse bei einem Lehrer oder einer Lehrerin, aber wenn jetzt jemand krank wurde, durfte man für den einspringen, dann durfte man eine Klasse führen, man war ja befugt. Aber es war eine schlechte Zeit, die Krisenzeit[8] a rückte näher, und wenn dann ein Lehrer öfter krank war, wurde er auf Wartegeld gesetzt, das wollte natürlich niemand. Wenn sich also ein Lehrer am Ende von der Woche schlecht fühlte, legte er sich Samstagnachmittag ins Bett, blieb Sonntag im Bett, Montag, Dienstag, Mittwoch. Dann ging es ihm wieder besser und er kam Donnerstag wieder zur Schule. Währenddessen übernahm der Hospitant seine Klasse und kriegte dafür keinen Cent. Wenn der jetzt Donnerstag oder Freitag auch noch krank war, erst dann kriegte man bezahlt. Also ein Hospitant, der für einen Kollegen einspringen mußte, der sich das Bein gebrochen hatte oder Blinddarm, Magengeschwür oder sowas, der hatte es natürlich gut, weil der dann bezahlt kriegte. Aber die ersten Tage kriegte man nicht bezahlt. Nach einem Monat sagte mein Vater, er wollte Geld sehen. Nicht weil er das so schrecklich dringend brauchte, denn er privatisierte damals schon, aber wenn ich Geld hatte, konnte ich abends zu meinem Verlobten und der war nicht katholisch, ich kriegte also nie Taschengeld. Nach einem Monat sagte Pa: „Wo bleiben die 37,50 Gulden?" Ich erkundigte mich nach meinem Gehalt, da sagten die: „Das wird erst nach drei Monaten ausbezahlt." Da durfte ich von Pa aus nicht mehr weiterarbeiten, das können Sie sich denken. Da hab ich mich wieder in Den Haag gemeldet, ich dachte, ich krieg doch nichts, ich hab ja keine Befugnis in Werken und Sport. Aber ich kriegte was, denn inzwischen war der strenge Winter '29 angebrochen und es gab Krankenurlaub, ich flog nur so von einer Schule zur anderen als Vertretung, ein paar Tage hier, ein paar Tage da. Dann bin ich nach Leiden gekommen und hab mich als Aushilfslehrerin gemeldet, das war Ende '29. Mein Verlobter war arbeitslos. Ich war damals mal wo auf auf Besuch, da waren 22 Leute und davon waren 16 arbeitslos. Mein Mann war Metallarbeiter, aber damals gab es keine Arbeit. Und dann ging es wieder los: Sie haben doch keine Sport- und Werkbefugnis. Ich hatte Zimmer mit Frühstück für 1.50 die Woche, aber wenn man keine Arbeit hat und nichts . . .

„Mein Herr, kann ich Ihnen vielleicht helfen?"

Frage: Sie bekamen keine Sozialunterstützung?

Natürlich nicht, denn dann sagte mein Vater, sollen sie nur zu mir kommen, denn früher informierten sie sich bei den Eltern, der hatte mich also völlig in seiner Hand. Da stand in der Zeitung: Gesucht Hilfskraft für Finnische Bestrahlung (?) auf der Universitätsklinik. Ich denke mir, da geh ich hin. Ich bin da hin und zur Abteilungsleiterin, so eine Lange, wenn die einen so musterte, kriegte man das Gefühl, daß man einen Knopf vergessen hatte zuzuknöpfen. So ein Blick. Und die nahm mich an, für 16.80 in der Woche, das war damals nicht schlecht. In der Woche bevor ich anfangen sollte, erzähl ich meinem Hausarzt, daß ich in der Klinik anfange und er sagt: „Finnische Bestrahlung, na, na!" Da hab ich mich informiert, ich dachte, da ist doch was faul und da stellt sich raus, daß es sich dabei um die Bestrahlung von männlichen Geschlechtsorganen handelte. Wollte er (ihr Verlobter) natürlich nicht. Ich also wieder zu der Abteilungsleiterin, da sagt die: „Kannst du Wäsche falten? Ich richte eine Wäscherei ein, da kannst du als Wäschemädchen arbeiten, 16,80 die Woche." Na, das macht man doch in der Krisenzeit! Ich hab also am ersten Morgen angefangen, die Säcke mit schmutziger Wäsche einzusammeln und die Treppe zu wischen. Dann kamen die Maschinen. Der Mann, der die Maschinen aufstellte, der fing plötzlich an, einen Monteur von einer großen deutschen Firma anzuschreien, der verstand den natürlich nicht. Da sagte ich: „Mein Herr, kann ich Ihnen vielleicht helfen?" – „Kannst du deutsch?" – „Kann ich". Dann kriegten wir die englischen Bügeleisen, diese großen, da kamen englische Monteure, und da ging natürlich gar nichts mehr. Also bin ich wieder zu dem Menschen hin und sage: „Mein Herr, kann ich Ihnen vielleicht helfen?" – „Kannst du englisch?" Dann kriegten wir auch noch was aus Frankreich, da kam er und fragte: „Du kannst doch nicht etwa auch französisch?" Ich sagte: „Doch, ich kann auch französisch, und wenn es sein muß, auch Latein." In kürzester Zeit hatte ich die gesamte Administration von der Wäscherei und der Wäschekammer unter mir, aber mehr Geld kriegte ich deswegen nicht, in der Krisenzeit gingen die Löhne runter. Als ich da sieben Jahre und sieben Wochen gewesen war, verdiente ich immer noch dasselbe. Das war von 1930 bis 1937, ja.

Da kriegte er endlich Arbeit und wir konnten heiraten, das war am 17. Februar 1937. Ich wollte schon heiraten, als ich noch im Krankenhaus arbeitete, aber das erlaubte die Abteilungsleiterin nicht, das war absolut untersagt, keine verheirateten Frauen. – Ich hab also geheiratet, in der ersten Zeit schön ein bißchen gefaulenzt zu Hause, und dann wurde ich schwanger. Eines Tages steht ein Herr vor der Tür und sagt, ich soll mich bei der Gemeinde melden, Schulabteilung, das war 1943. Er sagte: „Schaun Sie, es ist Krieg, es laufen so viele Kinder unbeaufsichtigt raum". Weil nämlich so viele Lehrer untergetaucht waren. Wir hatten hier einen NSB'er[9] als Bürgermeister, und wenn der diese Kinder auf der Straße sah, dann fragte der, wo sind die Lehrer, verstehen Sie. Ich hab durchgesetzt, daß ich meinen Sohn immer in einem Kindergarten neben der Schule unterbringen konnte, wo ich arbeitete. Ich war wieder Aushilfsleherin, niemand fragte mehr nach Werken und Sport. Dann fingen die Bombardierungen an, niemand ging mehr zur Schule. Im letzten halben Jahr wurde hier bombardiert, überall fielen Bomben, die Eltern schickten ihre Kinder nicht mehr, ich war also eigentlich die ganze Zeit zuhause, jedenfalls im letzten halben Jahr, aber ich mußte natürlich immer bereitstehen. Mein Gehalt lief weiter.

„Haben Sie nicht was für mich?"

Nach dem Krieg hab ich einfach weitergearbeitet, bis ich 1947 wieder schwanger wurde. Verstehen Sie, mein Mann arbeitete, aber man hatte im Krieg doch eine Menge verloren, getauscht, alles war verschlissen. 1951 sind wir in die Ardennen gefahren, mein Mann und ich, auf unserm Moped, der Junge hintendrauf. Als wir zurückkamen, sagte ich zu meinem Mann: „Nun hör mal zu, der Junge muß einen neuen Anzug haben und einen Wintermantel, das Bettzeug ist hinüber und die Möbel auch, ich frag mal bei der Schule, ob sie nicht was für mich haben." Ich ruf an: „Haben Sie nicht was für mich?" Er sagt: „Sie sind verheiratet, da müssen wir erst in Den Haag anfragen, Sie hören von uns."[10] Telefon: „Frau Haas, kommen Sie morgen früh um halb neun in die Medusastraat-Schule, erste Klasse." In fünf Minuten war alles geregelt. Ich hatte keine Ahnung, was ich verdienen würde, denn ich hatte ja mit einem sehr kleinen Gehalt aufgehört, das mußte jetzt ungefähr das Doppelte sein. Ich sollte für sechs Wochen kommen, eine Lehrerin da hatte einen nervösen Zusammenbruch.

Aus den sechs Wochen sind schließlich zwanzig Jahre geworden.

Damals dachte ich, jetzt muß ich aber sehn, daß ich an meine Befugnis in Werken komme, Sport traute ich mich nicht mehr anzufangen. Ich hab also mein Werkexamen gemacht, Staatsexamen in Harlem, hab ich mit sehr guten Noten bestanden. Dem Rektor hab ich nichts gesagt, der wußte nicht, daß ich die Sportbefugnis nicht hatte, ich hab da nie was drüber gesagt und sie haben nie danach gefragt. Da stehen plötzlich (1955) zwei Schulinspekteure in meiner Klasse, ein Reichs- und ein Gemeindeinspekteur, die fragten, ob ich an einer festen Anstellung interessiert wäre[10a]. Und ob ich daran interessiert war! Ich dachte, nun kommen sie natürlich dahinter, daß ich keine Sportbefugnis habe, die feste Anstellung kriege ich nie. Abends lese ich die Zeitung. Da steht meine feste Anstellung drin[11].

Inzwischen war die Karel Doormann-Schule gebaut, da bin ich dann von der Medusastraat hingekommen und da bin ich bis 1971 geblieben. Ich hatte es schön da, ich war sogar mal stellvertretende Rektorin, als unsrer krank war, obgleich ich nie das 2. Staatsexamen gemacht hatte[12].

Frau Haas mit ihrer Klasse 1956

Aber dann hatte ich Wohnungsprobleme. Ich ging zur Gemeinde und sagte, es tut mir leid, aber ich muß meine Stellung aufgeben. Der sagt: „Oh, Frau Haas, es ist so eine schwierige Klasse und so eine schwierige Schule und Sie machen es so gut!" Na, wie das alles gegangen ist, weiß ich nicht mehr, jedenfalls kriegte ich dieses Haus mit vier Zimmern, ja.

Das ist eigentlich meine ganze Berufslaufbahn.

„Wir mußten nur pauken"

Damals – Heute

Nichts, aber auch nichts lernt man auf einem Lehrerseminar. An einem Tag vor der Klasse lernt man mehr als in vier Jahren Ausbildung, machen Sie sich das mal klar. Was lernt man denn in der Ausbildung? Ich will nicht aufschneiden, ich hab ein gutes Gedächtnis für Erdkunde, für Geschichte, ich kann sehr gut auswendig lernen, es gibt fast keinen Ort in Holland, den ich nicht blind auf der Landkarte finden kann, und das wird wohl bei allen Lehrern und Lehrerinnen meines Jahrgangs so sein. Heute lernen sie das ja im Auto, wenn sie rumfahren. Das ist natürlich das Problem mit der Fächerdifferenzierung. Auf der Schule wird auch kaum mehr Erdkunde gegeben, sie haben heute „Wirtschaftserdkunde" und so was, na ja. Ich hab das doch gesehen bei unseren Junglehrern, zwanzig Jahre lang. Das Seminar, das war Pauken, nichts als Pauken. Wie heißen die Nebenflüsse der Donau? Wenn ich heute jemanden von der PH frage, wo fließt die Donau lang, dann sagt er, Donau, ja, bin ich in den Ferien gewesen. Aber die Nebenflüsse der Donau – ja, der Inn vielleicht noch, weil der am Campingplatz vorbeifließt, aber die andern! Aufzählen, aufzählen! Wir haben alles auswendig gelernt, wir mußten auf einem Blatt Zeichenpapier aus dem Kopf die Karte von Holland zeichnen, dann wurde Provinz für Provinz durchgenommen, das lernte man dann zuhause und das konnte man dann alles auswendig. Man kannte alle Orte in Friesland und Groningen und Drenthe, ich kenne sie alle. Und so war es auch mit Holländisch und Sprachen. Ich spreche soviele Sprachen, das glauben Sie nicht, aber wenn Sie sehen, wie die heute einen Brief in holländisch schreiben, dann stehen Ihnen die Haare zu Berge, entsetzlich, das kenne ich nicht, ich war immer gut in Sprachen. Diese Studenten heute, die wissen natürlich eine Menge, wovon ich keinen blassen Dunst habe, Psychologie und so was. Heute können sie ein Kind von hinten und von vorne behandeln, mit Schularzt und Schulfürsorge und was weiß ich nicht allem, das gab es bei uns früher nicht, wir mußten nur pauken, und das mußten wir dann den Kindern beibringen.

Frage: Haben Sie den Eindruck, daß man heute anders über die Durchlässigkeit im Schulsystem denkt, Chancengleichheit?

Da hatte ich nichts mit zu tun. Auf der Karel Doormann-Schule natürlich wohl, denn da gingen Kinder aus den sanierten Vierteln der Innenstadt hin, das waren Leute, die früher in Bruchbuden gewohnt hatten und jetzt froh waren, daß sie eine Neubauwohnung hatten. Einmal kam eine Mutter zu mir, um ihre Kinder anzumelden und sagte: „Frau Lehrerin, da stehe ich mitten in meiner Wohnung und denke, hab ich nun eine Wohnung oder einen Palast?" Jedes Kind ein eigenes Zimmer. Ein paar Monate später. Der Junge hat sein Milchgeld vergessen, ich sage, komm Jan, ich leg's dir aus, denn Vater arbeitete und Mutter arbeitete, und abends trugen sie alle noch Zeitungen aus. Aber er sagte: „Ich kann ja eben nach Hause gehen." Aber deine Mutter arbeitet doch? Was war los? Sie hatten zwei Zimmer vermietet und nun schlief die ganze Meute doch wieder in einem Zimmer.

Schaun Sie, ein Jude, der sagt, meine Kinder müssen es zehnmal besser haben als ich, aber in den echten Arbeitervierteln damals, da sagte man, er braucht es doch nicht besser zu haben als sein Vater! Wir haben doch damals noch mit den Kindern und Enkelkindern von denen zu tun gehabt, die am Webstuhl standen, die da malochen mußten und eins übergebraten kriegten vom Meister, wenn sie einschliefen: die Kinder, die mit einem Jeneverschnuller im Mund ins Delirium fielen, während Mutter arbeitete, wo also das Gehirn nicht in dem Sinn schwachsinnig war, aber auch nicht das beste – davon die Enkelkinder[13]. So ein alter Lehrer, ein schrecklicher Mann, der sagte damals: „Ich erziehe die Kinder für Sex und für die Fabrik." Gut, sie mußten in die Fabrik, das ist nicht mehr; sie mußten eine Stelle nehmen als Hausmädchen, das ist nicht mehr. Wenn ich ein dummes Kind hatte und zu dem sagte: „Nimm eine Stelle im Haushalt an", wissen Sie was die dann antwortete? „Sag mal, Frau Lehrerin, hast du Lust, die Pißpötte von jemand anders auszuspülen?" Aber die Eltern, die denken, mein Kind lebt in der modernen Zeit, das lernt von selbst, und wenn ich es dann ablehnte, mich da extra drum zu kümmern, dann sagten sie, diese Zicke will nicht, die will eben nicht. Das Verkehrte bei den meisten Leidener Eltern war meiner Meinung, daß wenn ich sagte, tut ihn auf die Berufsschule, sie dachten, ihr Kind sei in meinen Augen nichts wert. Dann sagte ich: „Nun hörn Sie mal gut zu: als mein Mann auf der Berufsschule war, hatten sie sechs Fächer, jetzt haben sie 30!"

„Fräulein, Mutter hat grad was Kleines gekriegt"

Anekdoten aus dem Schulleben

Ich will etwas erzählen, eine Kleinigkeit: Eines Tages bekomme ich einen Brief von einer Mutter, die schreibt: „Frau Lehrerin, Karlchen kann nicht zur Schule kommen, denn er hat Kofpschmerzen in der Brust." Ich hatte eine Schwester von ihm in der Klasse, ich frag die also: „Was ist denn mit Karlchen los, hat er was am Kopf?" Nach der Mittagspause kam die Mutter laut schreiend in die Klasse, was mit ihrem Karlchen passiert sei. Ich sage: „Schaun Sie mal, was Sie geschrieben haben!" Fing die furchtbar an zu lachen! Was war passiert? Bei van Haren war Ausverkauf von Schuhen, wenn man dann mittags kommt, sind die Schuhe weg, deswegen hatte sie ihr Karlchen zuhause behalten. Aber wenn sie jetzt geschrieben hätte: „Frau Lehrerin, Karlchen kann nicht zur Schule kommen, denn er hat Kopfschmerzen", dann sagt die (ich also) „Ja nun, ich hab auch manchmal Kopfschmerzen, deswegen komm ich doch trotzdem zur Schule." Das hat sie sich aber zu spät überlegt und hat „Kopf" nicht durchgestrichen, sondern hat an Brustschmerzen gedacht, verstehn Sie, Kopfschmerzen – Brustschmerzen, na, das kann alles mögliche sein, Brustfellentzündung, nasse, trockene, TB – da wird die Frau Lehrerin schon einen gehörigen Schreck

Ein ehemaliger Schüler von Frau Haas. Auf der Rückseite des Fotos steht: „Vergessen Sie auch ihren Johan nie?"

kriegen. Sagt sie: „Ja liebe Frau, was soll's, wenn der Junge Schuhe haben muß, muß ich doch Schuhe kaufen gehen!" Da haben wir beide gelacht.

Sterne hatte ich unter den Kindern! Ein Kind aus einer Sonderschul-Familie, der zweite auf der Sonderschule, der dritte. Wir dachten, das geht so weiter. Da kommt wieder einer aus der Familie an. Kommt die Lehrerin aus der ersten Klasse zu mir und sagt: „Hör mal, aus der Familie! Wir haben noch nicht Weihnachten und er kann schon lesen!" Das Lesen, das war das Schlimmste bei der Familie. Das Kind haben wir jetzt also nicht mehr aus den Augen gelassen. In der dritten Klasse haben wir ihm Nachhilfestunden gegeben, mit Hilfe eines Freundes, der neben ihm wohnte. Auf die Oberschule. Da kriegten wir es ein bißchen mit der Angst zu tun, er kam nämlich aus einer Bauarbeiterfamilie und seine Brüder hatten alle ein dickes Motorrad, verstehn Sie. Wir dachten, das macht der natürlich auch, der hört mit der Schule auf. Hat er nicht gemacht. Er sagte: „Ich trag Zeitungen aus, dann komm ich auch an die frische Luft." Die Oberschule hat er im Sturmschritt durchlaufen, zuletzt hab ich ihn im naturkundlichen Museum getroffen, da erzählte er: „Jetzt bin ich zweites Semester Biologie." Drei Wochen später steht die Traueranzeige in der Zeitung. Goldener Schuß.

Ich treffe einen Vater und frage: „Wie steht's?" Der Junge ist Pfarrer geworden. Und dann hab ich einen, der hat eine hohe Stelle bei der KLM (Königliche Fluggesellschaft), der war auf der Universität. Ich hab auch eine ganze Mannschaft Straßenarbeiter abgeliefert. Wenn hier eine Straße aufgebrochen wird und ich geh vorbei, dann hör ich: „Hallo, Frau Lehrerin!" Einmal treffe ich einen im Mercedes: „Frau Lehrerin, wissen Sie noch?" Ja, mein Lieber, ich weiß es noch, sie hatten damals einen Volkswagen, einen Käfer. Ich war auf Besuch, er war krank, ich sage: „Na, sonntags fahrt ihr sicher mit ihm spazieren?" „Nee, Fräulein, Mutter hat grad was Kleines gekriegt, die geht jetzt nich auf Arbeit, aber wenn se wieder arbeiten geht, kaufen wir 'n Motor." – Und jetzt sitzt der in einem Mercedes, Straßenarbeiter.

Früher, ganz früher, da kamen die Kinder mit einem altklugen Gesichtchen und sagten: „Fräulein, heute nacht ist unser Brüderchen gekommen, meine Mutter liegt im Bett, der Storch hat sie gebissen." Heute: „Fräulein, wir haben ein Baby gekriegt, um halb neun gestern abend ging's los, um neun war alles vorbei, Nachgeburt und alles, und sie trinkt so lieb, Fräulein!" Ist so ein Kind nicht viel besser dran als das andere mit dem Getue? Oder nehmen Sie eine schlechte Ehe, das Blut fließt nur so die Treppe runter, das Kind wirft mir die Arme um den Hals: „Fräulein, gestern abend war's wieder soweit, der Nachbar hat Vater zusammengeschlagen und . . ." Das hätten sie sich doch früher nie getraut zu sagen, das haben sie alles in sich reingefressen und dann wußte man als Lehrerin nicht, warum da Flecken im Heft waren oder Fehler oder warum die Hausaufgaben nicht gemacht waren, weil die Kinder nur so vor sich hindösten. Früher war der Abstand zur Lehrerin ungeheuer groß, die saß an ihrem hohen Pult und die Mutter, die saß da unten. Während man sich jetzt in der Stadt trifft, wenn man mit seinem Mann und den Kindern Einkäufe macht, man ist ihnen doch viel näher.

„Wie er da Arm in Arm mit Frits Philips steht, dem Direktor"

Sohn und Tochter

Mein Sohn ist auf die Grundschule gegangen, dann war er fertig und ich sagte: „Was willst du?" – „Na, auf die Berufsschule, Vater ist Metallarbeiter, das will ich auch." Da ist er hingegangen, hatte schlechte Noten, er wollte was mit Elektrotechnik. Ich ging zu dem Direktor der Schule, der sagte: „Ich kenne den Jungen nur vom Sportplatz, daß er sich besonders angestrengt hat, kann ich nicht sagen, ich hab keinen Platz mehr, und selbst wenn ich einen Stuhl dazu setzen könnte, würde ich das nicht für eine Familie tun, wo doppeltes Einkommen ist." Da hab ich zu meinem Sohn gesagt: „Nun hör mal zu, hier geb ich dir einen Overall, ein Stullenpaket und einen Reichstaler, jetzt fährst du nach Den Haag zur Berufsschule und fragst, ob da noch Platz ist. Wenn die keinen Platz haben und dich nicht haben wollen, dann gehst du zur Arbeit von deinem Vater und fragst, ob die Arbeit für dich haben." Ich fand das alles sehr schlimm, aber was sollte man machen? Er ist dann da angenommen. Der Direktor von der Schule sagte: „Sie haben dich sicher in Leiden von der Schule geschmissen." Mein Sohn antwortete: „Nein, ich hab ein Abgangszeugnis", aber das hatte er praktischerweise vergessen. Er kam also dahin, und schon am ersten Morgen flog er aus der Klasse. Er saß hinten in der Klasse und ging mit seinem Heft vorn ans Pult von dem Lehrer. Der fragte: „Wie kommst du hierher?" – er meinte, ohne den Finger zu heben. Mein Sohn sagte: „Na, mit der Bahn." Er hat den Kursus da fertig gemacht . . .

Frau Haas' Mann: Ja, aber dann mußt du auch noch erzählen, daß er immer nur die besten Noten hatte!

Ja. Dann ging er zur PTT (holl. Post), da ist er in die Telefonzentrale gekommen als Hilfsmonteur. Da hat er sich ausgerechnet, daß 50 Menschen sterben müßten, ehe er was werden könnte, verstehn Sie. Da sagte er zu mir: „Mam, soll ich zu Philips gehen?" – Um es kurz zu machen, er hat da verschiedene Diplome gemacht, dann kam ein neues Examen für Elektromonteure, da hatte Philips besondere Leute für ausgesucht. Damals wurde eine Schule für Elektronik in Den Haag eröffnet, da ist mein Sohn auch hingegangen, es war ein zweijähriger Kursus. Mein Sohn war der einzige, der die Prüfung bestand. Da haben sie ihm einen eigenen Schreibtisch gegeben, ihn nach Ghana geschickt, da hatte er zwei Negerklassen, die mußte er im Bedienen von den Maschinen unterweisen, die Philips da aufstellte. Dann hat er geheiratet. Dann ist er nach Sierra Leone gegangen, Freetown, da hat er anderhalb Jahre gearbeitet, phantastische Stellung, kann ich Ihnen Photos von zeigen,

Frau Haas und ihr Mann 1930

wie er da Arm in Arm mit Frits Philips steht, wissen Sie, dem Direktor. Dann ist er Salesmanager geworden, und jetzt reist er so durch die Welt.

Marie ist auf die Mädchenoberschule gegangen, aber das gefiel ihr nicht, sie ist auf die Mittelschule übergegangen und hat die fertig gemacht. Sie hat einen Kopf für Naturwissenschaften, Sprachen liegen ihr nicht. Dann hat sie technisch-medizinische Assistentin gemacht, sie kam in die medizinische Chemie und hat an der Dissertation mitgearbeitet von Herrn S. Da kriegte der kein Geld mehr für seine Forschung, sie konnte dann eine andere Stelle kriegen, da hat sie gearbeitet bis Elise kam, ihre Tochter.

„So fest miteinander verbunden, das kann sich niemand vorstellen"

Mann und Frau

Wie wir zusammengekommen sind? Das war was! Meine Mutter war – das hab ich erzählt. Ich durfte keine Freunde haben, meine Schwester auch nicht, denn die Pflege von einer Geisteskranken, das kostet viel Geld, also Pa hielt uns zuhause. Wenn ein Verehrer in Sicht war, ja, Pustekuchen. Pa paßte auf wie ein Luchs, sonst verlor er womöglich seine Töchter. Bei mir ist ihm das nicht geglückt. Zufällig machte ich die Bekanntschaft von jemandem, der nicht katholisch war, aber du Himmel, entsetzliche Sachen. Erst heimlich, dann kam er dahinter und machte ein unglaubliches Spektakel, es war die Hölle, das können Sie mir glauben. Ich hab es so entsetzlich gehabt, Kleiderschrank abgeschlossen, Fahrrad weggeschlossen, ich durfte natürlich nicht zu ihm fahren, kein Taschengeld, genug und zuviel, um das alles aufzuzählen. Einmal hab ich, nachdem ich Mutter eine ganze Woche gepflegt hatte, gefragt, ob ich eine Woche nach Leiden zu einer Freundin dürfte. Das durfte ich, wenn ich abends um 10 Uhr wieder zuhause war. Da bin ich weggegangen, mit einem Köfferchen, und nie mehr zurückgekommen, naja, das ist übertrieben, aber jahrelang nicht. Und jeden Montagmorgen lag ein Brief im Kasten, da stand drin: Wieder ein Wochenende vorbei, sicher bist du mit dem Fahrrad in der Gegend rumgefahren, und wenn jetzt ein Auto gekommen wäre und dich totgefahren hätte, dann wärst du unvorbereitet ins Jenseits gekommen, entsetzlich, meine Tochter in der Hölle . . .

„Geben wir nun ein Fest, oder kaufen wir ein Radio?"

Frage: Hatten Sie Schwierigkeiten mit Ihren Kollegen, weil Sie mit einem Arbeiter verheiratet waren? Damals war das doch alles noch ziemlich förmlich, stell ich mir vor.

Schaun Sie, wenn was war, ein Geburtstagsfest oder so, dann ging man da natürlich hin und der Rektor war auch immer ungeheuer freundlich zu Jan, aber Verkehr wie das bei andern Kollegen war, auf Besuch kommen und dann anfangen mit, ich hab ein Kind in der Klasse . . . verstehen Sie, das war natürlich nicht, denn er hatte ja keine Kinder in der Klasse.

Frau Haas' Mann: Ich find das nicht wichtig.

Umgang, so ein angenehmer Umgang zu Hause, das hatten wir nie. Beim Rektor war ich mal eingeladen, aber sie ließen einen doch immer merken, daß er bei diesen Schulleuten nicht toleriert wurde. Hat uns nie was ausgemacht. Und einmal hatte ich einen Kollegen, der sagte: „Toos, vergiß nie, ein Lehrer kann Kinder erziehen, aber es gibt keinen einzigen Lehrer, der das kann, was dein Mann kann, und es gibt keinen einzigen Doktor, der operieren kann ohne die Instrumente, die dein Mann macht."

Frau Haas' Mann: Ich hab immer gesagt: die Facharbeiter, da hängt alles von ab.

Frage: Fanden Sie es eigentlich merkwürdig, eine Lehrerin zu heiraten?

Sie: Aber nein!

Er: Nein.

(Sie:) Sie dürfen nicht vergessen, durch die Kirche, durch meine ganze Familie hab ich soviel Entsetzliches mitgemacht, das hat uns so fest miteinander verbunden, das kann sich niemand vorstellen, so ein festes Band ist das. Als wir endlich heiraten konnten, hab ich gesagt: „Geben wir nun ein Fest" – denn man kann natürlich immer Leute kriegen für einen netten Abend – „oder kaufen wir ein Radio?" Haben wir ein Radio gekauft.

„Ein richtiger Hintertreppenroman"

Der Pflegesohn

Mit Robbie, das war so: ich war natürlich schon ziemlich alt, als wir heirateten, dreißig. Ich hätte vor dem Amtsrichter heiraten können – denn von Pa hab ich natürlich keine Erlaubnis gekriegt – aber das wollte ich nicht, ich wollte auf dem Standesamt heiraten[14]. Er war 27. Sollten wir nun noch Kinder kriegen, wo wir schon so alt waren? Wie würde das sein, so ein Kindchen? Stand eine Anzeige in der Zeitung: Babies aus Deutschland, die mußten flüchten, es wurde nach Menschen gefragt, die so ein jüdisches Kind aufnehmen wollten. Hab ich mich gleich gemeldet. Na, ich kriegte einen sehr höflichen Brief, daß es ihm (dem Beamten) sehr leid täte, aber in Leiden hatte sich nur eine Familie gemeldet, da lohnte es sich nicht, den Transport hier halten zu lassen. Und dann hörten wir nichts mehr. Bis eines Tages ein Herr vor der Tür steht: „Ich suche dringend eine Unterkunft für einen Jungen aus Berlin, der eine Ausbildung als Werkzeugmacher machen will." Er sagte: „Die Unterkunft wird natürlich bezahlt. Sie kriegen 25 Gulden im Monat." Ich sagte: „Wissen Sie, was ein 16jähriger Junge ißt?" – „Das weiß ich nicht, aber das werde ich schon merken, aber könnten Sie ihn nicht", sagt er, „für eine Woche auf Probe nehmen?" Er war einen Tag bei uns und wir wollten ihn nicht mehr hergeben, nein, unser Robbie. Anfang 1939, ja. Er war bei uns bis in den Krieg. Dann sollte was organisiert werden, daß er über Protugal nach Amerika, seine Mutter saß in England . . . Er wollte damals zu Freunden nach Eindhoven. Das fanden wir nicht so gut, denn er lief mit dem Judenstern und ich vertraute den Leuten nicht. Wir haben ihn nie mehr gesehen. Wir fanden einen Brief im Kasten, den hatte er schon lange vorbereitet, für den Fall, daß er abgeholt werden sollte. Er wollte nämlich auf jeden Fall zusammen mit seinen Freunden abgeholt werden, denn wenn die Deutschen kamen und ihn suchten und wir dann sagten, er ist weg, dann würden sie sagen, bringt ihn her, sonst nehmen wir mit, was in der Wiege liegt, und das wollte er nicht, er hatte unsern Jungen so lieb.

Er ist durchgekommen, durch das Konzentrationslager, er hat in Westerborgh[15] gesessen. Die Schwierigkeit war noch, daß seine Freunde, die später nach Westerborgh kamen, erklären mußten, daß er kein Verräter war, kein Verpfeifer, daß er ein prima Kerl war – denn wie überlebt einer sonst all die Jahre. Und der Clou ist, daß der Kampfführer[16], der hatte ein Holzbein und hatte mit Robbies Vater im Schützengraben gelegen, '14/'18, der hat Robbie in die Verwaltung geschleust. „Ein richtiger Hintertreppenroman", sagte Robbie, die Deutschen waren weg und sie liefen über die Heide, da kommt ein kanadischer Panzer und alle Judenjungen laufen hin, Robbie vorweg, und da sagt der Soldat: „Do you speak English? Kennst du einen Rob Ernst E.?" Robbie sagt: „Das bin ich." Der sagt: „Ich bin mit deiner Schwester verheiratet."

„Damals waren wir wirklich rot"

Die Naturfreunde

Frage: In der Broschüre, die Sie mir mitgegeben haben, steht, daß das Nederlands Instituut voor Volksontwikkeling en Natuurvriendenwerk (NIVON)[17] eigentlich einen sozialistischen Ursprung hat. Hat das für Sie eine Rolle gespielt, als Sie dort beigetreten sind?

Nein, nein! Ich war, als ich in der Universitätsklinik arbeitete, mit einem Mädchen befreundet, und die war da in den Ferien gewesen. Also fragte ich sie, wie das so ist in einem Naturfreundehaus. Ich bin damals mit ihr auf dem Fahrrad dahin gefahren. Ich fand es herrlich, sie fand's schrecklich. Am ersten Abend, als wir noch einen kleinen Spaziergang gemacht hatten durch den Wald, sagte sie: „Nun sitzen Vater und Mutter zuhaus und spielen mit meiner Oma Karten und ich . . ." Am nächsten Tag fuhr sie weg. Aber ich blieb, ich fand das herrlich, verstehen Sie, da waren Leute mit einer Gitarre und wir sangen Lieder. Nach einiger Zeit fragten sie, ob ich in den Vorstand wolle, das hab ich gemacht. Nun bin ich schon 30 Jahre Schriftführerin.

Frage: Und was halten Sie von den sozialistischen Prinzipien?

Sie: Damals wußte ich davon nichts, jetzt wohl.

Er: Heute machen da Katholiken und alle möglichen Leute mit.

Sie: Ja, das war für mich als Altgediente ein komischer Anblick, als ich zum ersten Mal jemanden ein Kreuz vor dem Essen schlagen sah.

Frage: Was halten Sie eigentlich vom Sozialismus?

Hm, er gab einem Hoffnung auf die Zukunft. Schaun Sie, ich bin groß geworden in einer Zeit, als die Leute am 1. Mai mit Steinen nach denen warfen, schimpften, die Zunge rausstreckten, so bin ich erzogen, denn Vater war noch frommer als der Papst und der ist fromm genug. Damals lernte ich Jan kennen, er war bei der Sociaaldemokratische Arbeiderpartij (SDAP)[17] organisiert. Er war damals in der christlichen Gewerkschaft organisiert, da ist er dann rausgegangen..

Er: Nee, damals war ich noch nicht bei der SDAP.

Sie: Nein, richtig, das ist erst in meiner Zeit gekommen. Wir waren Mitglied und wir gingen zu den Naturfreundehäusern, da wurde nicht der Sozialismus propagiert, aber es herrschte doch eine sozialistische Atmosphäre bei den geselligen Abenden und so. Ja, damals waren wir wirklich rot und wir waren auch auf Versammlungen.

Er: Heute ist es rosa.

Sie: Und auf den Naturfreundehäusern war das auch, da war das rot.

Frage: Sind Sie da eigentlich enttäuscht, daß es heute nicht mehr rot ist, sondern rosa, oder finden Sie das nicht so wichtig?

Er: Nee, nicht.

Sie: Aber doch, Jan, ich find wohl, sie haben heute doch keine Ideal mehr!

Frage: Was hatten Sie früher für Ideale, was mußte sich Ihrer Meinung nach ändern?

(Sie:) Wir haben viel Kummer gehabt und dann denkt man so bei sich, es muß doch mal besser werden . . . Als wir hörten, daß die Königin ihren „kleinen Ausflug" gemacht hatte[18], da wurden wir erst richtig rot, da sagten wir: die Ratten verlassen das sinkende Schiff. Aber dann kam man doch dahinter, daß sie in der Verbannung auch viel Kontakt mit Sozialisten und sozialistischen Führern hatte und wir merkten, daß dieser schreckliche Royalismus etwas verwässerte und daß auch sie ein bißchen mit der modernen Zeit ging. Ich kann das nicht so genau sagen, aber es wurde alles anders. Schaun Sie, meine Mutter ist Jahrgang 1877, und als sie vielleicht elf oder zwölf oder dreizehn Jahre alt war, das erzählte sie, war da ein Mann, der hatte seinen Vorhang ein bißchen zur Seite geschoben und eine kleine rote

Flagge gezeigt. Da haben sie ihm abends die Scheiben eingeschmissen. Und da war ein Mann in Rotterdam, der hatte am Königin-Tag, das wurde da sehr gefeiert, man sang „Oranjeboven", hatte der sich orange Pantoffeln angezogen und sang „Oranjebeneden"[19]. Da haben sie ihn auf den Kopf gestellt und so wurde es doch noch „Orangeboven". Ich hab auch erlebt, vielleicht sagt Ihnen das nichts, ich war dabei, wie sie hier 1918 den Aufstand machen wollten, mit Troelstra, da haben Sie vielleicht was von gehört. Troelstra wollte an die Macht. Damals war diese riesige Demonstration auf dem Malieveld in Den Haag[20], mein Vater drehte völlig durch und ich als Kind auch, uns die Königin wegnehmen, dieser widerliche Troelstra, entsetzlich, da war ich bei, Vater schleppte uns mit zu all diesen Dingen . . . Also, ich will mal sagen, wir sahen wie das alles so ein bißchen verwässerte und wie das alles irgendwie humaner wurde. Da sind wir Mitglied von der Partij van de Arbeid geworden.

„Juristin fand ich einen schönen Beruf"

Rückblick

Ich hab meinen Vater so lieb gehabt, so schrecklich lieb. Das erste Mal, als ich mit meinem Mann verreiste, wo ich ihm keine Postkarte schicken konnte, weil er tot war, stand ich da an der Mauer in Vere . . . so viel an ihm gehabt und plötzlich war er tot . . .

Frage: Eigentlich so eine Art Haßliebe?

Haß nicht, nein, wissen Sie, den Kummer, den er mir angetan hat, hab ich gleich vergessen und all die häßlichen Dinge, die er in unsrer Ehe gegen meinen Mann getan hat, wie er zum Beispiel meinem Mann im Krieg seinen Tabak klaute und seine Raucherkarte verkaufte. Immer machte er was Verrücktes, spielte einem einen Streich, in den letzten Jahren hab ich versucht, alles an ihm gut zu machen, er war alt und dann das Elend mit Mutter . . . Wissen Sie, er war so entsetzlich fromm, so unvorstellbar katholisch.

Frage: Wenn Sie so zurückschauen, sind Sie dann eigentlich gern Lehrerin gewesen, oder hätten Sie lieber was anderes gemacht?

Juristin, das fand ich einen schönen Beruf, warum weiß ich nicht.

Frage: Warum haben Sie das nicht bei Ihrem Vater durchsetzen können?

Das hätte er nicht bezahlt. Er ging damals zu seinem Bruder, das war so ein bißchen der Diktator in der Familie, und sagte: „Stell dir vor, sie will auf die höhere Schule und zur Universität!" Nun war das ein reicher Mann, hatte eine reiche Frau geheiratet, seine eine Tochter studierte Jura, die andere auch. Er sagte: „Nee, da fang mal nicht mit an, das ist was für uns, für euch nicht." So bin ich dann eben auf die Normalschule gegangen.

Frage: Warum dahin?

Warum nicht? Ich hatte so das Gefühl, wenn ich jetzt was lerne und einen Abschluß habe, dann kann ich vielleicht irgendwo wohnen, wo ich nicht so direkt Kontakt mit meinen Eltern habe.

Er: Man kann es so zusammenfassen: bei den andern war zuhause alles normal und bei ihr war zuhause alles unnormal.

Herr van Elsen als Hauptschulrektor (1943)

BART VAN ELSEN

Mein Ideal ist, daß es zugeht wie in der Schule

Als ich Herrn van Elsen besuche, um mit ihm das Manuskript zu besprechen, das seine Lebens- und Berufsgeschichte dokumentiert, und nachdem er alle ihn störenden Hm's und überflüssigen Und's herausgestrichen hat, auch kleine Mißverständnisse beseitigt und zwei Stellen leicht geglättet hat, sagt er: „Aber ja, Sie können das unter meinem richtigen Namen veröffentlichen, ich stehe dazu. Nur möchte ich dann gern einen Zusatz machen." Und er formuliert:

> *„Betrachten Sie dies bitte als sehr subjektive und spontan erzählte Geschichten; Erinnerungen und Gedanken, deren Richtigkeit nicht feststeht."*

„Und dann setzen Sie Bart, Bart van Elsen darunter, so haben mich immer alle genannt."

Bart van Elsen, geb. 1906, stammt aus einer holländischen katholischen Familie, auf die er stolz ist. Und zwar sowohl auf seine Eltern, die einfache Leute waren, als auf seine Brüder, von denen es zwei zum General gebracht haben, einer war sogar Verteidungsspezialist in der Christlichen Sammelpartei (CDA). Bart van Elsen selbst ist, wie seine vier Schwestern, Lehrer geworden. Wenn man seiner Erzählung zuhört, so liegt dieser Berufswahl ein widersprüchliches Motivbündel zugrunde.

Schon bei unserem ersten Zusammentreffen nämlich wurde deutlich, daß Bart van Elsen sein Leben lang gemalt hat. An den Wänden seiner Wohnung hängen größere und kleinere Ölbilder und Federzeichnungen. Eins stellt die Szene von Jesus bei Lazarus dar, in schönen bunten Farben. Einen „menschlichen Jesus" wollte er malen, und überhaupt war und blieb das Malen seine große Leidenschaft. Kunstmaler wäre er für sein Leben gern geworden. Er wurde aber Lehrer, er wollte sogar Bruder-Lehrer werden und wäre das auch geworden, wenn das Zölibat nicht gewesen wäre. Seine Frau hat er in seinen ersten Berufsjahren auf einer Armenschule kennengelernt, und beide erzählen davon heute noch mit regelrechter Begeisterung.

Aus allem, was er mir im Laufe mehrerer langer Gespräche erzählt hat, und wie, habe ich den Eindruck zurückbehalten, daß Bart van Elsen ein ebenso

Herr van Elsen als junger Hobbymaler

engagierter Katholik wie Volksschullehrer war. Und doch zitiert er lachend seine Bekannten, die immer fanden, er habe viel zu viele Hobbys, um ein guter Lehrer zu sein. Sein größtes Hobby, neben dem Malen, ist sein kleines Motorboot, mit dem er in den Sommermonaten mit seiner Frau durch die südholländischen Gewässer tuckert.

Wenn er erzählt – und er erzählt gern und selbstbewußt – so unterbricht er sich oft mit Lachen, es macht ihm sichtlich Spaß, sich zu erinnern.

„Mein Vater war streng und gut"

Die Eltern

Mein Vater ist ein Amsterdammer, Sohn eines Schiffers. Mit 13 fing er an zu arbeiten. Er war Steuerbeamter. Ich bin in Zeddam geboren, am 12. März 1906. Ich war der dritte von zehn Geschwistern, ich hatte zwei ältere Schwestern. Mein Vater hatte mit der Besteuerung von Vieh zu tun, beim Viehhandel mußten Steuern bezahlt werden. Da hatte er auch viel mit Juden zu tun, die saßen damals im Viehhandel. 1911 sind wir nach Rotterdam umgezogen, wahrscheinlich weil Vater da mehr verdiente, denn ich war ja schon der Dritte, dann wurde der vierte und fünfte geboren, so ganz genau weiß ich das nicht mehr, jedenfalls hatten wir es nicht dicke. Ich nehme also an, daß er nach Rotterdam umgezogen ist, weil er da mehr verdienen konnte. Wir wohnten am Afrikaanderplein, im Hafenviertel.

Mein Vater war streng und gut. Er las sehr viel. Ich kann mich noch erinnern, wie gründlich er sich in den „Kleinen Johannes" von Frederik van Eden vertiefte. Jan Lighthart hatte da eine Kritik drauf geschrieben, die besorgte er sich und nahm die Wort für Wort durch. Er besaß auch eine in Leder gebundene Encyklopädie, den „Vivat". Er hat auch immer Zeitungen gelesen, und immer hatte er Bücher aus der Bibliothek, viel Reisebeschrei-

Die Mutter mit ihren fünf Söhnen, kurz nach dem Krieg

Familie van Elsen im Ersten Weltkrieg

bungen und sowas. Was das angeht, stach er unter seinen Geschwistern hervor. Er hat sogar an einem Fortbildungskurs für Steuerrecht teilgenommen. Er pflegte zu sagen: „Die Leute, die das studiert haben, wissen da viel weniger von als ich." Er wollte alles wissen, und als ich später französisch hatte, lernte er mit mir mit.

Meine Mutter war die Tochter eines landwirtschaftlichen Verwalters aus Lobith. Sie hatte da die Volksschule besucht. Sie brauchte zuhause nicht zu helfen, deswegen blieb sie noch ein paar Jahre länger auf der Schule. Man kann sagen, daß der Rektor dieser Schule ihr eine gewisse Bildung mitgegeben hat. Sie wußte viel, auch über Gedichte wußte sie so das eine und andere. Sie war einfach, aber klug, und ihre Familie war ihr ein und alles.

Später ist mein Vater Gerichtsvollzieher in Leiden gewesen, aber er brachte es nicht übers Herz, die Leute aus ihren Wohnungen zu setzen, das hat er auch nie gemacht. Einmal hat er einen Räumungsbefehl überbracht, aber ausgeführt hat er ihn nicht. Man hat ihm seinen Posten gelassen, aber er ist wieder in den Innendienst gekommen, Steuererklärungen kontrollieren und sowas.

„Wir nannten sie die Rotzkinder"

Schulzeit in Rotterdam 1912-1918

Mit sechs mußte ich zur Schule. Wo wir wohnten in Rotterdam, war nur eine Mädchenschule. Ich bin da mit vier anderen Jungen auf der Schule der französischen Schulschwestern eingeschult worden. Das war eine katholische Schule, die aber noch nicht staatlich finanziert wurde, das kam ja erst 1920[1]. Ich weiß von der Zeit nichts mehr, nur daß die französischen Nonnen einen immer nur halb verstanden.

Wir sind dann in die Zwaardekroonstraat umgezogen und in eine andere Schule gegangen, auch eine katholische Jungenschule. Wir mußten 20 cent die Woche bezahlen. Das zweite Kind aus einer Familie mußte 15 cent bezahlen, das dritte 10 cent, und einmal ist es vorgekommen, daß vier Kinder aus derselben Familie auf der Schule waren, der Jüngste brachte 5 cent mit, aber das war zu wenig, es mußten doch 10 cent sein. Wir hatten 13 Klassen, 12 Halbjahrsklassen und eine Ganzjahrsklasse, das war die Handelsklasse. Da kriegte man vormittags und nachmittags eine Stunde Englisch.

Wir hatten auch Hospitanten von der Normalschule[2] auf der Schule, die saßen bei uns in der Klasse, die wurden da ausgebildet, und deswegen hatten wir es immer etwas besser als andere Schulen, die keine Hilfe hatten. Die saßen immer hinten in der Klasse. Wenn der Lehrer mal rausging, mußten sie für Ordnung sorgen, das wurde dann natürlich immer ein großes Durcheinander. Unsere Schule war keine Armenschule, aber es war doch eine Schule für Leute mit kleinem Einkommen. Wir hatten auch die Kinder von den Prostituierten vom Schiedamse Deich bei uns auf der Schule. Ich hab da in meiner Jugend Dinge gesehn – sowas hab ich später nie wieder gesehen. Aber im großen und ganzen war es eine schöne Zeit.

Ich war ein kleines Kerlchen, und da am Nieuwe Binnenweg, da bei der Gaffelstraat, wohnten die Arbeiterkinder. Wir nannten sie die Rotzkinder, aber wenn ein größerer Junge von der Schule mir zu nah kam, war immer einer aus der Gaffelstraat zur Stelle, der ihm eine Tracht Prügel verpaßte, denn ich war so ein Wicht, ich konnte mich nicht selbst verteidigen. Wir ware in der Gegend also durchaus eingebürgert.

Schaun Sie, damals war es so: in der Josefstraat war die Schule für die Armen, dann kam die Schule in der Boomgaarddwarsstraat, das war unsere, dann die Schule am Schiedamse Singel, die war wieder eine Stufe höher, und dann die Schule in der Mauritsstraat, die stand noch eins höher. So stark waren damals die katholischen Schulen unterschieden. All diese Schulen waren in der Vereinigung für katholische Schulen in Rotterdam zusammengefaßt.

Erste Kommunion

„Ich will Schulbruder werden." Nach der Grundschule habe ich dann auch noch die Handelsklasse besucht, das war schön! Und ungefähr in derselben Zeit sagte ich zu meinem Vater: „Ich will Schulbruder werden." Da ist mein Vater mit mir zu den Brüdern in Schiedam gegangen, die hatten eine Ausbildungsschule, und so bin ich am 12. Juni 1918 auf das Lehrerseminar der Schulbrüder in Maastricht gegangen.

Ich weiß nicht, wie ich darauf gekommen bin, Schulbruder zu werden. Wahrscheinlich wegen der sympathischen Lehrer, die ich in der Schule hatte. Das waren ganz ungewöhnliche ideelle Menschen, und das hing wieder damit

Bart van Elsen als Internatsschüler in Maastricht mit 12 Jahren (sitzend, 2. v.r.)

zusammen, daß es noch die Zeit vor der Gleichstellung war, diese Menschen verdienten die Hälfte von dem, was die Lehrer an staatlichen Schulen verdienten. Es waren Menschen mit Überzeugung, Menschen mit einem Ideal, die bereit waren, Opfer für ihre Überzeugung zu bringen, die gesellschaftlich auch zurückgezogen lebten und sich ganz dem Ideal der katholischen Schule hingaben. Ich glaube, daß mich das Vorbild dieser Menschen stark beeinflußt hat. Mein Vater hat jedenfalls nie gesagt, daß ich Lehrer werden sollte, er hätte es eigentlich lieber nicht gehabt, denn als ich nach Maastricht gehen sollte, wurde natürlich auch über Schulgeld gesprochen, das kostete ja was, und weil die Schule offenbar einen guten Namen hatte, hatte der Prior, bei dem mein Vater in Schiedam gewesen war, gefragt, ich war dabei, ob hinter meinem Gesuch nicht der Wunsch nach einer billigen Ausbildung stecke. Da hatte mein Vater gesagt: „Wenn ich ihn hier in Rotterdam lasse, kommt mich das viel billiger!" Ich weiß noch, daß der Prior 120 Gulden im Jahr forderte. Später habe ich ein Stipendium gekriegt.

„Die hatten es mit mir nicht immer leicht"

Katholische Lehrerausbildung 1918-1924

Ich war erst 12, ich konnte also noch nicht direkt mit der Ausbildung anfangen, da mußte man 14 für sein. Damals brauchte man nichts weiter, kein Diplom oder was auch immer, das einzige war, daß man 14 Jahre alt sein mußte, das war die einzige Bestimmung. Sie hatten da zwei Vorbereitungsklassen, die hab ich durchlaufen. Wenig gelernt, auf der Schule da saßen nämlich viel Bauernjungen aus Brabant, und das Niveau war viel niedriger als in Rotterdam, in den ersten zwei Jahren hab ich kaum was gelernt.

Inzwischen waren wir nach Leiden umgezogen, das war 1918, und ich kam nur noch in den Osterferien und den großen Ferien nachhause. Über Weihnachten blieben wir in Maastricht. In Leiden hatten meine Brüder und ich den Spitznamen „die Deppen vom Gerichtsvollzieher", ganz Leiden kannte uns. Wir kannten in Leiden niemand, wir waren Rotterdam gewöhnt, wo man tun und lassen konnte, was man wollte, auf der Straße wußte niemand, wer man war, aber in dem Provinzstädtchen Leiden war das natürlich anders, da kannte jeder jeden. Meine Mutter war wütend, als sie das hörte, „die Deppen vom Gerichtsvollzieher" . . .

Im Internat waren wie gesagt hauptsächlich Bauernjugen aus Brabant. Was ich davon noch weiß, ist, daß sie alle – natürlich nicht alle, aber doch die meisten – so eine Art Bauernstolz hatten, mit bestimmten Normen, sie waren auf eine bestimmte Art angezogen, ihre Eltern kamen zu bestimmten Zeiten auf Besuch und so weiter. Sie müssen sich vorstellen, wie das damals in den Bauernfamilien war, die lebten ganz abgeschlossen von der Welt, und wenn der Sohn sich dann zum Bruder berufen fühlte, dann stand er mit einem Schlag über seiner ganzen Familie, dann legte sich die ganze Familie für ihn krumm, er war dann etwas ganz anderes, einfach weil er sein Leben der Kirche weihen wollte. Man ging im Internat davon aus, daß jeder Mönch werden wollte. Man konnte da nicht hingehn und sagen, daß man nicht Mönch werden wollte, das gab's gar nicht. In jeder Klasse waren so 30-35 Schüler, davon wurden ungefähr ein Sechstel Mönche.

Die Ausbildung war außergewöhnlich gut. Ich hab mich in all den Jahren da nie unglücklich gefühlt, ich hatte auch nie Heimweh. Aber ich hab doch später zu meiner Frau gesagt: „Wenn wir Kinder haben, tun wir sie nicht auf ein Internat", die Ausbildung ist dann letztlich doch zu schmalspurig.

Unsere Tochter hat eine moderne Ausbildung gehabt, vom ersten Tag an stand die vor der Klasse, das war bei uns nicht so[3]. Ich mußte das später alles von der Pieke auf lernen. Was das betrifft, ist die Ausbildung heute viel besser, allerdings, was parates Wissen anlangt, ist sie schlechter. Ich glaube, daß man das nicht so eng sehen darf, ich konnte da in meinem Leben was mit anfangen, denn es ist ja nicht nur, daß man vor der Klasse steht, man stellt auch was in der Gesellschaft dar, kommt mit Leuten in Berührung, man lebt ja in der Gesellschaft, und da kann man immer was tun. Wenn Sie mich fragen, was an meiner Ausbildung besser hätte sein können, dann sage ich: mehr Freiheit!

Es ging da im Internat streng zu, aber Sie müssen es sich auch wieder nicht zu streng vorstellen, es war alles in allem eine ungeheuer humane Angelegenheit. Wir durften zum Beispiel auch raus. Dann hieß es zum Beispiel: „Ihr beiden geht heute nach Bemelen zum Bauer und sagt, daß wir morgen Äpfel essen kommen." Wir nahmen dann unsere Botanisiertrommel mit, und dann sagte der Bruder: „Ihr dürft den ganzen Nachmittag wegbleiben und Pflanzen suchen." Dann zogen wir also los, den ganzen Nachmittag, und kamen über Cadier und Keer zurück. Wir wanderten und stromerten durch die Gegend, einfach so. Oder wenn was zur Post gebracht werden mußte, dann sagten sie: „Bring das mal eben nach Maastricht", denn unsere Schule lag außerhalb, in Wolder. Und wenn ein Fest war im Dorf, dann gingen wir abends das Feuerwerk anschauen, dann saßen wir am Fluß im Stockdunkeln bis halb zwölf unter all den Leuten, dann wurden wir natürlich ein bißchen ausgelassen, und die Brüder, die waren gewöhnt, früh ins Bett zu gehen, die waren dann natürlich ein bißchen schläfrig, so gegen zwölf Uhr, und wir juxten so ein bißchen rum, nicht, wir fanden das herrlich, und dann wurden sie immer so ein bißchen ärgerlich, und wir machten natürlich immer weiter . . .

Bei einer Prozession waren wir auch immer dabei, so isoliert lebten wir nicht, und wenn was besondres war, ging man da im Internat auch drauf ein. Ich erinnere mich zum Beispiel noch an das Grab von Tut-ench-Amun, das wurde dann im Weltatlas nachgeschlagen, alles was darüber geschrieben war, wurde angeschafft, da wurde man dann drüber informiert, da beschäftigten die sich auch mit.

Dipenbrock, Sie kennen den Namen? Der Komponist, der hat eine Messe komponiert, die wurde in der St. Servaas-Kirche in Maastricht aufgeführt, und wer da hin wollte, konnte da hingehen. Jungen, die eine Anlage für Musik hatten, bekamen Klavierstunde von Herrn Gielen, das war der Musikdirektor der Maastrichter Oper.

Im Winter, wenn es gefroren hatte, gingen wir zu einem Schloßteich, da fuhren alle Kinder Schlittschuh, und wir auch, da traf man manchmal noch Jungs, die früher im Internat gewesen waren und die jetzt auf einer staatlichen Lehrerakademie saßen, mit denen redeten wir dann auch.

Die Brüder hatten einen Garten, da durften wir natürlich nicht rein, da hingen die herrlichsten Früchte. Und als wir einmal Fußballspielen gingen und vergessen hatten, die Bälle mitzunehmen, da dachte ich, verflixt, ich sag jetzt, daß ich die Bälle holen gehe, und dann kann ich gleich ein paar Äpfel und Birnen aus dem Garten klauen. Nun war es so, ich hatte so eine große Blechkanne, so eine Kaffeekanne, die stand immer auf der Staffelei, ich malte nämlich auch, die war natürlich leer. Ich denke, Mensch, da tu ich die Äpfel und Birnen rein. Aber nun kommt's: sie nahmen mir die Äpfel und Birnen aus meiner Kanne – ich konnte ja nicht protestieren . . .

Einmal hatte ich sechs Wochen lang keine Freizeit, das war als ich 14 war, in der ersten Klasse. Im Refektorium mußte man hinter seinem Stuhl stehen und durfte kein Wort sprechen. Unser Tisch stand in der Mitte, wir nannten ihn den Olymp, wir waren nämlich 12, die 12 Götter vom Olymp. Jeder hatte einen Namen, ich war Hera, die Frau von Zeus. Wir standen also hinter unseren Stühlen, und der Bruder, der Aufsicht hatte, war noch nicht da. Wir standen da so und ich schwieg. Da kommt er rein und sagt: „Du hast gesprochen!" Ich sage: „Ich habe nicht gesprochen!" „Zeichensaal!" Ich mußte zum Zeichensaal – kein Essen. Er kommt in den Zeichensaal, ich sollte das Buch von Zwier Jansma abschreiben, das war ein Zeichenlehrbuch früher. Ich durfte nicht ins Refektorium, wenn die anderen da waren, ich mußte nachessen und dann weiterschreiben. Na, ich bin ja stur, ich bin auch nicht zum Prior gegangen oder zum Direktor, um mich zu beschweren. Das fechte ich selbst aus, verstehen Sie. Das ging so sechs Wochen, aber ich blieb stur, sie konnten mich . . . Sie sehen, die hatten es mit mir nicht immer leicht, bestimmt nicht. Aber es gab natürlich auch diese Zuckerjüngelchen, die immer alles genauso machten, wie es vorgeschrieben war.

„Still, sonst hören uns die andern". Es ist da natürlich schon mal das eine oder andere vorgekommen, aber das beachtete ich damals nicht. So hatte zum Beispiel der Bruder, der Zeichnen gab, mal ein Auge auf ein paar Jungen geworfen, wahrscheinlich nichts Schlimmes. Als wir einmal von einem Spaziergang zurückkamen, wurde er ins Mutterhaus beordert. Wir haben ihn nie wieder gesehen. Die Jungs durften bleiben, daraus schließe ich, daß es nichts besonderes war. Ich wurde zum Prior gerufen, weil ich auch mal in Peinlichkeiten mit ihm gekommen war. Man fragte mich, ob ich was über diesen Bruder wüßte. Ich sagte: „Ich weiß von nichts" – und wenn ich was gewußt hätte, hätt ich auch nichts gesagt, das sollen sie alleine rausfinden. Aber dann haben sie einen anderen gerufen, und der hat offenbar was erzählt. Einmal ist auch ein Bruder im Schlafsaal zu mir gekommen, er hatte mir vorher leise zugeflüstert: „Ich komm gleich zu dir." Er kam in meine Schlafzelle, ich lag schon im Bett, zog mir die Decke weg und fragte: „Was hast du an?" Ich fing an zu lachen, und er sagte: „Still, sonst hören uns die

andern!" Ich lachte einfach weiter, da ist er weggegangen, das war ihm zuviel. Daran kann man sehen, daß ein Bruder auch nur ein Mensch ist.

Ein normaler Tag

6.00 Aufstehen und waschen im Gemeinschaftswaschsaal.
6.30 Morgenandacht in der Kapelle, das dauerte bis
7.00 oder viertel nach sieben. Dann Frühstück. Man mußte hinter seinem Stuhl stehen beim Gebet, dann durfte man sich hinsetzen, und wenn der Bruder Guten Morgen gesagt hatte, durfte man sprechen. Zum Frühstück gab es vier Scheiben Graubrot und eine große Kanne Kaffee. Dann ging man auf den Spielplatz, bis halb neun hatte man frei. Um
8.30 war Bibellesen im Studierzimmer. Ungefähr um
8.40 ging man in die Klasse zum Unterricht. Das dauerte bis
10.45, dann ging man nach oben, um sein Bett zu machen, und bis
11.00 wieder auf den Spielplatz. Danach bis zum Essen Unterricht.
12.30 Mittagessen, es gab sehr gut zu essen; Suppe, Fleisch, Gemüse und Kartoffeln, auch im Krieg, dazu ein Glas Wasser. Früher gab es Bier, aber das hab ich nicht mehr mitgemacht. Die Mönche tranken freilich Bier. Danach frei bis
13.30 Dann ging man in die Kapelle einen Rosenkranz beten, und dann von
14.00 bis halb fünf wieder Unterricht.
16.30 Vesper, zwei Scheiben Brot, und bis halb sechs Freizeit. Von
17.30 bis viertel vor acht studieren. Um
19.45 gab es Abendbrot, meist Brot mit Aufschnitt. Um
21.15 war Abendandacht, und danach ging man nach oben. Um
21.45 lag man im Bett.

Nach den vier Jahren Ausbildung begann das Noviziat, das war auch in Maastricht. Ich war als Lehrer ausgebildet und mußte nun ein Jahr bei den Brüdern dienen. Zum Beispiel ihre Zimmer saubermachen. Schrecklich, was ich da für Dreck weggemacht hab . . . Wir hatten auch Exerzitien, da mußte man dann sagen, daß man eintreten wollte. Ich sagte: „Das sag ich nicht, ich will kein Bruder werden." Der Novizmeister sagte: „Tu doch als ob." Ich sagte: „Nein." Ich habe einen Brief nach Hause geschrieben und bin nach Hause zurückgekehrt. Das war 1924, ich war 18 Jahre.

„Du mußt sie einfach rausschmeißen"

Lehrer in der Armenschule 1924-1927

Ich mußte eine Stelle haben. Der Vorsitzende des Schulvorstandes war ein Pfarrer, der sagte: „Die nächsten drei Jahre brauchst du da gar nicht drauf zu rechnen. Ein paar Lehrerinnen sind verlobt, wenn eine heiratet, kannst du ihre Stelle haben." Aber ich konnte Hospitant[4] werden. Mein Vater sagte, na dann mal los.

Zuerst kam ich auf die Schule in der Caeciliastraat, bei Herrn Vreeburg. Die Schule wurde 1924 eröffnet, das habe ich mitgemacht, als Hospitant. Ich verdiente 25 Gulden im Monat. Das war ich fünf Tage. Dann bin ich übergewechselt in die Herensingel-Schule, weil da eine Lehrerin krank war, da hab ich drei Monate in der ersten Klasse unterrichtet. Ich erinnere mich noch an ein Kind, es saß in der letzten Reihe, die ganze Zeit saß es da mit gefalteten Hände. Ich habe es angefahren, es soll endlich mal was machen, ich konnte das nicht haben. Und dann kann ich mich noch an ein Kind erinnern, das fragte, ob es auf die Toilette dürfte. Ich sagte: „Geh nur." Nach fünf Minuten kommt es mit offenem Hosenlatz zurück: „Herr Lehrer, ich hab kein Papier!"...

Jedenfalls, die Lehrerin kam am 1. Dezember wieder, aber inzwischen war von der Armenschule ein Lehrer nach Indien gegangen. Darauf kam der Schulleiter dieser Schule in meine Klasse und sagte: „Du kannst kommen, aber bei uns mußt du Haare auf den Zähnen haben, damit du's nur gleich weißt." Es war eine Stelle ohne feste Anstellung. Die Schule war in der Pelikaanstraat. Wenn ich Ihnen mal erklären darf, wie das damals mit den katholischen Schulen in Leiden war: da war die Armenschule in der Pelikaanstraat, in der Haarlemerstraat war die Bürgerschule, und auf dem Rapenburg die Schule für die Bessergestellten. Also drei Sorten Jungenschulen[5].

Ja, auf der Armenschule habe ich meine ersten Berufserfahrungen gemacht. Ich bekam die dritte Klasse. In der sechsten unterrichtete der Schulleiter, ein väterlicher lieber Herr. „Vergiß nie", sagte er, „wenn hier einer neu ist, kommen alle Eltern angerannt und meckern. Jag sie weg, als neuer Lehrer hat man damit immer Ärger, du mußt sie einfach rausschmeißen." Ich hatte so einen großen Jungen in der Klasse. Am nächsten Tag kommt die Mutter. Ich sage: „Machen Sie, daß Sie wegkommen!" In der Klasse stand ein Zeigestock, damit wurden die Kinder geschlagen. Eines Mittags gehe ich nach Hause, da sehe ich, wie ein paar Lümmel aus der Klasse des Schulleiters mit Steinen werfen. Ich am nächsten Tag zum Schulleiter. Der sagt: „Ich bring sie dir um halb zwölf in die Klasse." Ich hab ihnen mit dem Stock tüchtig eins übergezogen. Da sagte der Rektor: „So war's nun auch wieder nicht gemeint!" Danach hatte ich keine Schwierigkeiten mehr. Auf der Armenschule ging das so: das erste Jahr über war man der Feind der Kinder, im zweiten Jahr wurde man akzeptiert, und im dritten Jahr durfte einem keiner mehr zu nahe kommen. Wenn einer mit dem Finger auf mich zeigte, dann waren gleich welche zur Stelle, dann verteidigten sie einen, dann gehörte man zu ihnen. Wenn ich auf der Straße belästigt worden wäre – ich weiß nicht, was sie mit dem gemacht hätten.

Im September war Versetzung. Die schwierigste Zeit war dann immer zwischen September und dem 3. Oktober[6], dann war hier Kirmes. Dafür sparten die Leute, vor allem die Armen, das ganze Jahr, und dann hauten sie es an einem Tag auf den Kopf. Die Zeit war immer die schwierigste. Was machten wir? Wir kauften ..Oktober-Heringe" für 3 cent und Negerküsse, die legten wir vorn aufs Pult und sagten: „Wer gut aufpaßt, kriegt einen Hering und einen Negerkuß." Schon Mitte September, wenn die Kirmeswagen kamen, dann begann das Schwänzen, dann halfen die da beim Aufbauen und schliefen sogar da, die kamen dann erst nach dem 3. Oktober wieder zur Schule. Wenn man zu den Eltern sagte: „So geht das doch nicht", dann sagten die: „Ach, Herr Lehrer, er weiß doch jetzt schon mehr als ich, der braucht doch nicht mehr in die Schule."

Morgens ließ ich immer ein Weißbrot holen, und die Kinder, die kein Frühstück gehabt hatten, denen gab ich dann eine Schnitte mit Margarine, und wenn das zuwenig war, zwei. Das bezahlte ich. Es gab eine Armenfürsorge, diese Kinder bekamen alle drei Monate ein Paar Holzpantinen und jedes halbe Jahr eine Hose. In der Schule gab es Schulspeisung, das nannten wir das Suppenhaus, das wurde von der Gemeinde und der St. Vincentius-Vereinigung bezahlt. Jeden Tag kriegten sie eine Suppe, die mußten wir dann austeilen. Sie hatten einen kleinen Topf mit, und was übrigblieb, gab ich den Kindern um vier Uhr mit nach Hause. Einmal kam ein gewisses Fräulein Bout von der Gemeinde zum Kontrollieren: „Ich komme mal schauen, wie das hier läuft." Ich erklärte, daß ich, was übrig war, mitgab. Nein, das war verboten, das mußte zurückgehen, damit wurden die Schweine gefüttert. Nach sechs Wochen kam sie zum zweiten Mal, ich sah sie auf dem Flur. Ich sage also zu den Jungens: „Kinder, wenn ich meinen Finger hochhalte, dann geht ihr leise durch die Tür zur Nebenklasse und stellt dort eure Töpfe hin." Kein Topf mehr in der Klasse, als sie reinkam, ich hatte meinen Finger hochgehalten. Und als sie weg war, füllte ich die Töpfe wieder voll . . . Sie stahlen sich gegenseitig ihre Holzpantinen, wenn ihre eigenen abgelaufen waren. Im Winter hatten wir einen Kohlenofen, dann brannte ich mit einer Nadel die Initialen vorn auf die Pantinen. Als ich später auf eine andere Schule kam, störte mich das Gescharre von den Schuhen fürch-

Hochzeitsphoto

terlich, denn bei uns zogen die Kinder ihre Pantinen immer aus und liefen auf Strümpfen.

Die Väter saßen praktisch alle in der Armenfürsorge und waren arbeitslos, die Familien hatten nichts zum Leben. Sie müssen sich denken, früher waren das die Ausgestoßenen, die zählten nicht mit in der Gesellschaft. Wenn die um ein paar Pfennige aufs Amt kamen, dann sagte der Armenfürsorger nur: „Hier hast du zwei Reichstaler, aber jetzt mach, daß du rauskommst." Auf der Schule herrschte die Meinung: „Nie zu denen nach Hause gehen!" Wenn was war, ließ man die Eltern kommen. Das war natürlich damals alles ganz anders als heute. Damals hatte man auch die Vorstellung, daß arme Kinder nicht viel zu lernen brauchen. Ich weiß nicht, was ich sebst darüber gedacht habe, ich hatte natürlich meine Arbeit, ich machte meine Arbeit.

Herr und Frau Elsen fahren Schlittschuh

Herr und Frau Elsen auf der Breestraat, der Hauptstraße von Leiden

Die Kollegen hatten so die Vorstellung, sie fangen auf der Armenschule an, und dann sehen sie so schnell wie möglich, da wegzukommen. Das hab ich nie akzeptiert. Lieber bei den Einfachen als bei den Wohlhabenden. Na, aber dann lernte ich meine Frau kennen, die hatte die erste Klasse, und da mußte einer von uns beiden, jedenfalls fand man das doch besser, auf eine andere Schule. So bin ich dann auf die Schule in der Caeciliastraat gekommen. Wenn ein Lehrer krank war, hatte man 70, dann konnte man nicht mehr unterrichten, sondern nur noch für Ruhe sorgen.

Frage: Haben Sie mit den Kindern von der Pelikaanschule auch Ausflüge gemacht?
Nein, das ging nicht, da waren sie viel zu undiszipliniert zu. Damals mußten die Kinder ja noch in der Reihe gehen. Es waren keine 100 Meter von der Schultür zum Turnsaal, und doch mußte man wie der Teufel aufpassen, daß keiner weglief. Es wurde viel geschwänzt, die Kinder mußten zuhause helfen. Dann schrieb die Schule einen Bericht, und die Eltern mußten vor einer Kommission erscheinen. Dann kriegten die Väter zum Beispiel für ein halbes Jahr Schuleschwänzen von ihren Kindern 5 Gulden Buße, aber inzwischen hatten ihre Kinder schon drei Gulden oder mehr in der Woche verdient, das war also sinnlos, die Richter gaben viel zu niedrige Bußgelder. Sie müssen sich das vorstellen: Mutter krank, Vater arbeitslos, oder sitzt in der Kneipe oder im Gefängnis, dann haben sie den Jungen zuhaus nötig, da kann man doch nicht viel gegen machen . . .

Schülerauslese. Auf der Caecilia-Schule (1927-1943) hatte ich die sechste Klasse, die sogenannte Übergangsklasse. Aus der sechsten gingen die Schüler entweder auf die Berufsschule, auf die Mittelschule oder aufs Gymnasium. Dann mußte man die Kinder auf das Aufnahmeexamen vorbereiten; Geschichte, Rechnen, Erdkunde, Holländisch war das fürs Gymnasium. In diesen Fächern kriegten sie extra Stunden. Der Rektor gab Holländisch und Geschichte, ich Rechnen und Erdkunde. Im Oktober ungefähr wußte man: der will dahin und der will dahin. Im Laufe der Jahre kriegte man da soviel Erfahrung mit, dann wußte man schon, der kann auf die Mittelschule, der auf die Berufsschule, und der kann das Zulassungsexamen schaffen. Wir berieten die Eltern, und meistens hielten sie sich an unseren Rat. Der Erdkundeunterricht wurde zum Beispiel völlig auf das Zulassungsexamen abgestimmt. Die andern Kinder brauchten das eigentlich nicht zu lernen, die saßen da so bei. Man richtete es sich so ein, daß man bis Weihnachten den Stoff von dem Jahr geschafft hatte, dann ließ man die Klasse ein bißchen schwimmen und konzentrierte sich auf die Schüler, die aufs Gymnasium vorbereitet werden mußten. Ja, so war das.

Schulausflug mit der 6. Kl. der Ceciliastraat-Schule

Das Milieu, aus dem die Kinder kamen, spielte dabei keine Rolle. Wir hatten Schüler, da wußten wir, die konnten ohne weiteres aufs Gymnasium, Bertus Sch. zum Beispiel. Aber der sagte: „Nein, ich gehe ab." Als das Examen kam, sagte ich: „Willst du es nicht doch versuchen?" „Nein," sagte er, „ich werde Fahrradmacher".

„Es war hoffnungslos"

Katholische Lehrervereinigung

Ich war die ersten Jahre nicht organisiert, aber dann bin ich der Katholischen Lehrervereinigung, damals war das noch die St. Augustinus-Vereinigung, beigetreten[7]. Das war in der Zeit (dreißiger Jahre), als die Lehrergehälter dauernd gekürzt wurden, dagegen hat sich unsere Lehrervereinigung damals zur Wehr gesetzt, und zwar haben wir das hauptsächlich de Boer zu danken, unserm Vorsitzenden, das war ein phänomenaler Mann, dieser de Boer. Man kann sich das heute nur noch schwer vorstellen, wie die Regierung uns doch langsam anerkennen mußte und gesagt hat: die Position der Lehrer muß besser werden, es war also letztlich doch erfolgreich.

Das Collegium auf der Ceciliastraat-Schule (v. Elsen sitzend r., Kaplan l.)

De Boer war gegen Streik. Wir jungen Lehrer wären wohl zum Streik bereit gewesen. Aber de Boer sagte: Ein Streik wird auf den Köpfen der Eltern und Kinder ausgetragen, das ist unverantwortlich. Das war seine Meinung, und deshalb haben wir nie gestreikt. Ich hätte es ja so gemacht: erst kommen wir Montagmorgen nicht; wenn das nichts hilft, kommen wir in der darauffolgenden Woche auch Montagmittag nicht; wenn das nichts hilft, kommen wir in der darauffolgenden Woche auch Dienstagmorgen nicht – und so die ganze Woche durch. Aber es war hoffnungslos.

Frage: Haben Sie eigentlich den Eindruck, daß in den zwanziger, dreißiger Jahren wesentliche Bildungsreformen stattgefunden haben?

Nein, ganz und gar nicht, die Aufnahmebereitschaft für sowas war nicht da, verstehn Sie, in diese Richtung streckte man seine Fühlhörner nicht aus.

Wir hatten damals noch einen sehr autoritären Bischof, der wünschte, über alle Veränderungen der katholischen Schule genauestens informiert zu werden. Aber de Boer, das war ein Dickkopf, der redete solange mit dem Bischof, bis der Zugeständnisse machte.

Ich hab mich in der Gewerkschaft auch für Schulfragen interessiert. Damals gab es ja das Daltonsystem, das Montessorisystem, die Kommende

Schule, die war von diesem Deutschen, Kerschensteiner[8]. Damals habe ich auf einer Abteilungsversammlung den Antrag durchgebracht, daß unsre Gewerkschaft eigene Schulen mit diesen Systemen einrichten sollte. In Leiden kam mein Antrag sogar auf die Jahresversammlung, da mußte ich meinen Antrag verteidigen. Die Leute waren durchaus dafür. Und dann kommt de Boer, das ist ein ganz Ausgefuchster, der spricht dagegen. Darauf stimmen alle dagegen. De Boer fand das nicht wichtig, vielleicht auch zu viel Arbeit, er brauchte das nicht mal zu begründen, er konnte die Leute so überzeugen, was war der gerissen! Da war zum Beispiel auch ein Antrag, daß Lehrer gesundheitlich überprüft werden sollten, bevor sie eine Stelle kriegten, das wurde früher nicht getan. De Boer selbst hatte eine schwache Gesundheit, aber dann sagte er nicht: ich bin dagegen, sondern er sagte: ich bin dafür, aber dann setzt er hinzu: „Ich habe von einem Beamten gehört, der nicht angenommen ist, weil er Schweißfüße hat." Und alle Lehrer mit Schweißfüßen dachten sofort, dann werde ich auch nicht angenommen und stimmten prompt gegen den Antrag.

„Sozialismus läuft auf Diktatur hinaus"

Über die gesellschaftlichen Verhältnisse, Katholizismus und Sozialismus

Ich glaube nicht, daß ich, so wie ich damals lebte, imstande war, etwas zur Lösung des Problems der Armut beizutragen, irgendwie ging mich das nichts an. Nur in Unterhaltungen natürlich „Man muß was für die Armen tun". Das wissen Sie wahrscheinlich nicht, aber früher hatten die Bänke in einer katholischen Kirche Lehnen, und hinten waren die sogenannten Armenbänke, ohne Lehnen. Da haben wir uns früher für eingesetzt, daß die armen Leute in der Kirche nicht diskriminiert wurden. Wir haben solange protestiert, bis für diese Menschen normale Bänke kamen.

Frage: Haben Sie nie den Gedanken gehabt, daß der Staat und die Gesellschaft etwas tun mußten, zum Beispiel eine gerechtere Verteilung des Reichtums?

Nun, ich muß Ihnen eins sagen, ich bin nicht sozialistisch eingestellt. Der Sozialismus ist für mich keine Lösung, Sozialismus läuft auf Diktatur raus.

Ich will Ihnen sagen, ich fühle mich stark verbunden mit dem Frühchristentum: sie lebten in Frieden miteinander, und es war keine Armut, und sie verteilten, was sie hatten, untereinander . . . Ich bin nicht politisch geschult. Mein Bruder war Abgeordneter und Verteidungsspezialist. Ich bin auch bei keiner politischen Partei angeschlossen.

Einmal bin ich ja ins Abgeordnetenhaus gegangen, ich wollte mal sehn, wie das da war, das war 1933, ich weiß noch, daß Minister Marchant eine Rede hielt. Du liebe Zeit, wie im Käfig, noch nicht mal ein Fenster, um rauszuschauen, alles zu. Und dann liefen da die Parlamentsdiener auf Strmüpfen, um keinen Krach zu machen, und dann saßen da diese ganzen Leute und tricksten sich gegenseitig aus – nein, das war nichts für mich, ich war ein Draußenmensch, nicht in diesen geschlossenen Räumen ...

Ich hab immer gesagt, mein Ideal ist, daß es so zugeht wie in der Familie, in Harmonie. Wir waren zuhause mit 10 Kindern, und da war niemand der Boss, und man nahm ganz besonders Rücksicht auf Mutter, denn die schmiß den Laden, aber die hatte nicht das Sagen, und die Kinder durften durchaus mitreden. Das ging eben alles in Harmonie, und darum glaube ich auch, daß es im Staat nie so zugehen wird wie in der Familie, denn dann müßte man soviel Verständnis für einander aufbringen, das geht gar nicht. Trotzdem, in dieser Richtung denke ich. Übrigens glaube ich nicht, daß es soviel Unterschied macht, durch wen man regiert wird, jeder kriegt die Regierung, die ihm zukommt. Ehrlich gesagt, finde ich es nicht so wichtig, ob nun die CDA (Christelijk-Demokratisch Appel) oder die PvdA (Partij van de Arbeid) am Ruder ist, ich hab doch eine andere Überzeugung. Da ist EINER, der alles regelt, der über den Menschen steht, das ist meine Überzeugung, ja, ich glaube, daß Gott letztendlich doch alles regelt nach seinem Willen.

In jungen Jahren hab ich mich sehr engagiert in der Augustinus-Vereinigung, in der Lehrervereinigung, und da kriegt man dann auch Einfluß. Damals suchten sie einen Bildungsspezialisten als Abgeordneten. Wenn ich das gewollt hätte, hätte ich da vielleicht Chancen gehabt. Vielleicht. In derselben Zeit (1932) traten gewisse Veränderungen ein in der katholischen Jugendbewegung. Wir hatten da die Aufsicht, und da war es so, sonntags konnten die Jungs dahin kommen, da wurde Karten gespielt, man spielte Billard, Radau gemacht – es war ein Sauhaufen. Die Kinder wurden da einfach nur ein paar Stunden aufgefangen. Aber das war natürlich entsetzlich für die Menschen, die da die Aufsicht hatten. Langsam setzte sich dann die Idee durch, daß das alles mit mehr Ordnung durchgeführt werden mußte, auch mehr Bildungsarbeit getan werden mußte. Man hat mich damals gefragt, ob ich mich nicht da engagieren wolle. Das war dann natürlich eine so umfangreiche Aufgabe, daß man daneben nichts anderes mehr tun konnte. Und so bin ich in der Jugendbewegung gelandet und hab der Politik Lebewohl gesagt.

Der Katholizismus war früher stark auf Vorschriften basiert. Wir wußten, was wir tun mußten, wir hielten uns an die Vorschriften, das hatte man uns beigebracht. Bei uns gab es zum Beispiel den Unterschied zwischen gewöhnlicher Arbeit und sklavischer Arbeit. Sonntags durfte man keine Arbeit tun, darunter verstand man körperliche Arbeit, zum Beispiel Umgraben und sowas. Und es gab den Unterschied zwischen täglichen Sünden und Todsünden, bei einer Todsünde kam man in die Hölle, das war alles festgelegt. Sonntags durfte man also keine schwere Arbeit verrichten. Aber wenn man es nun doch tat, war das dann eine Todsünde? Ein kleines halbes Stündchen? Da wurde dann die Norm eingeführt: zwei Stunden, länger war eine Todsünde. Das war natürlich idiotisch, aber so wurde uns das gelehrt, es gab so ungeheuer viele Vorschriften, an die man sich halten mußte ...

Ja, in gewisser Weise läuft das Katholische im Unterricht natürlich auf Gehorsam im kirchlichen Leben raus, das ist eine Facette. Die andere Facette ist das gro-e Gebot der Gottesverehrung und Nächstenliebe. Zum Beispiel, wenn ich ein Brot holen ließ und ein Paket Margarine, wenn man seinen Nächsten liebt und die Unterdrückten. Schaun Sie, das sind Dinge, die sind naürlich nicht typisch katholisch, in allen westeuropäischen Gesellschaften finden sich soviele christlichen Elemente, da kann man nicht genau sagen, das ist katholisch und das ist nicht katholisch – dann würden wir ja wieder anfangen, Zäune um unsere Gärtchen zu ziehen[9]. Heutzutage wäre die Fürsorge für den Nächsten auch nicht so groß, wenn es den Sozialismus nicht gegeben hätte. Ein Sozialismus, der sagt – und dann komme ich auf den kommunistischen Satz, wo es heißt:

> Wacht auf, Verdammte dieser Erde,
> die stets man noch zum Hunger zwingt.

Diese Leute haben sich den Geringsten in der Gesellschaft zugewendet, und sie haben wohl den Klassenkampf gepredigt, was keine katholische Idee ist, aber durch diesen Klassenkampf haben sie wohl dafür gesorgt, daß die Menschen, denen es schlecht ging, die vor Hunger fast starben, daß die jetzt ein anständiges Leben haben, und das ist ein christliches Prinzip, das wäre nie gekommen ohne den Sozialismus.

Der Kommunismus ist ja nie durch die Kirche verurteilt worden, keineswegs, verurteilt ist der gottlose Kommunismus. Ich weiß nicht, ob Sie von Maxim Gorki „Die Mutter" kennen. Wie konnte es den kirchlichen Führern nur entgehn, wie da die Menschen füreinander einstehen, die Unterdrückten, daß die kirchlichen Führer sich dem widersetzt haben und die weltlichen auch, nicht wahr. So eine Mutter, die ihr Leben aufs Spiel setzt, um Flugblätter in die Städte zu bringen, wo sie noch nicht einmal weiß, was da drauf steht, aber sie tut es für ihren Sohn. Das ist in meinen Augen ein rein christliches Prinzip. Oder wie die Arbeiter, wenn einer in Not geriet, für einander aufkamen, streiken wollten und so weiter, das ist für mich Nächstenliebe. Wie ist es nur möglich, daß die Kirche das nicht zur Kenntis genommen hat.

Trotzdem war ich nie ein Anhänger des Klassenkampfes, der Kampf gegen eine Gruppe von Menschen zum eigenen Vorteil – das kann ich niemals unterschreiben. Wohl kann ich einer Bewegung anhängen, die danach strebt, daß jeder ein anständiges Leben führen kann. Klassenkampf – ich wende mich lieber an die, die die Verantwortung tragen für die gesellschaftlichen Zustände, daß die sich bewußt werden, daß alles ganz anders werden muß, verstehen Sie, in dieser Richtung denke ich eher, als daß abgesperrt wird, so daß Arbeitswillige nicht in die Fabrik können, einen Streik organisieren, der das gesamte öffentliche Leben lahmlegt – was ist, wenn die Milchhändler streiken, wer hat dadurch den größten Nachteil? Die Babies.

Trotzdem ist Streik manchmal das letzte Mittel, dann geht es nicht mehr anders. Was der Papst jetzt wieder in Brasilien gesagt hat, das ist doch dasselbe. Er sagt: Wenn es sein muß, dürft ihr streiken, es ist kein Prinzip von uns, daß nicht gestreikt werden darf, im Gegenteil. Aber das heißt nicht, daß ich für eine harte Linie bin. Wir haben damals monatelang am Ausgang der Kirche Kollekte gehalten für die Textilarbeiter in Twente, die im Streik waren und kein Essen hatten (1934). In allen katholischen Kirchen ging damals eine Schale rund für die Streikenden in Trwente.

Schaun Sie, es ist ohne weiteres möglich, daß ich streike, wenn ich als Arbeiter ungerecht behandelt werde durch meinen Boss. Aber wenn ich meine Arbeit niederlege, dann ist das viel nachteiliger als die Vorteile, die ich persönlich dadurch erlange. Gesellschaftlicher Wohlstand ist für uns nicht das Endziel, das ist nicht alles, das ist nun einmal so im Christentum.

„Mit anderen Worten – kein Kadaversozialismus"

Kriegszeit und was danach kommen soll

Ich war nicht im Widerstand, und zwar deswegen nicht, weil ich Widerstand nur sinnvoll fand, wenn er auch Aussicht auf Erfolg hatte. Ich finde es verrückt, Widerstand zu leisten, wenn das zu nichts führt. Kämpfen ohne Aussicht auf Erfolg, das ist ein blinder Kampf. Aber ich habe wohl mitgemacht. Am Anfang des Krieges hatten wir einen Juden im Haus, wir hatten öfter jemanden bei uns, der gesucht wurde durch die Nationaal-Socialistische Beweging (NSB)[10], der dann bei uns übernachtete.

Es gab wohl auch einen katholischen Widerstand, aber im Krieg waren alle Zäune (zwischen den Säulen) weg, es ging nur um *eine* Sache: raus mit

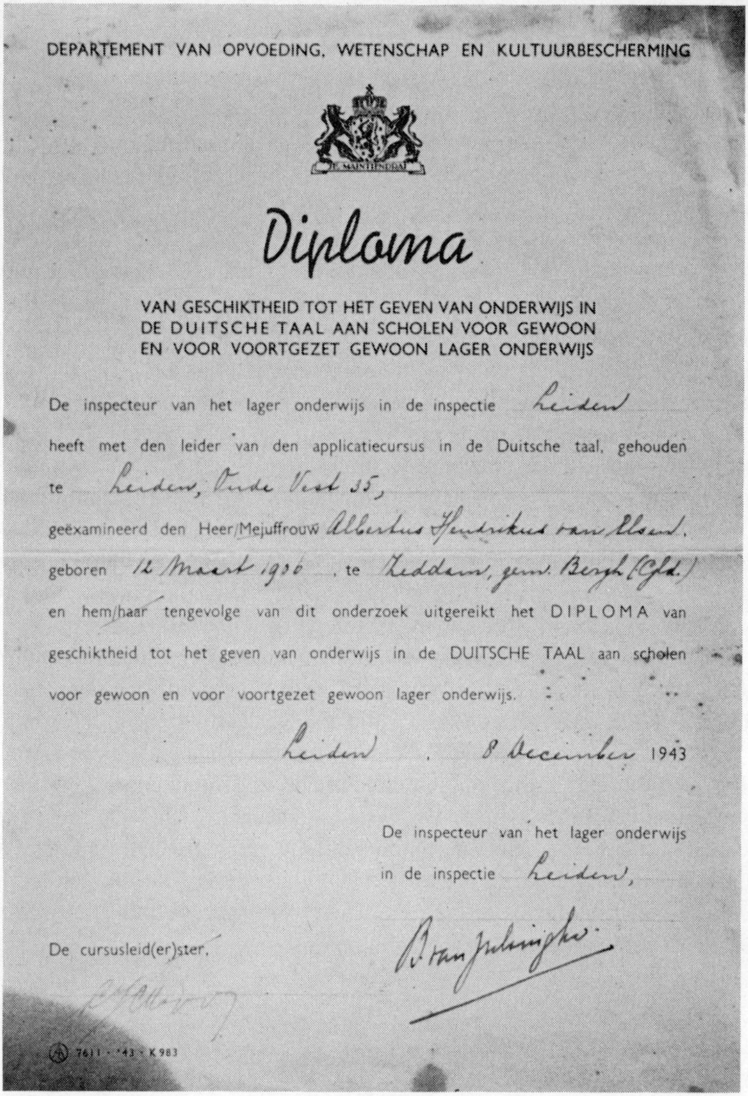
DEPARTEMENT VAN OPVOEDING, WETENSCHAP EN KULTUURBESCHERMING

JE MAINTIENDRAI

Diploma

VAN GESCHIKTHEID TOT HET GEVEN VAN ONDERWIJS IN DE DUITSCHE TAAL AAN SCHOLEN VOOR GEWOON EN VOOR VOORTGEZET GEWOON LAGER ONDERWIJS

De inspecteur van het lager onderwijs in de inspectie Leiden

heeft met den leider van den applicatiecursus in de Duitsche taal, gehouden te Leiden, Oude Vest 35,

geëxamineerd den Heer/Mejuffrouw Albertus Hendrikus van Elsen,

geboren 12 Maart 1906, te Zeddam, gem. Bergh (Gld.)

en hem/haar tengevolge van dit onderzoek uitgereikt het DIPLOMA van geschiktheid tot het geven van onderwijs in de DUITSCHE TAAL aan scholen voor gewoon en voor voortgezet gewoon lager onderwijs.

Leiden, 8 December 1943

De inspecteur van het lager onderwijs
in de inspectie Leiden,

B van Julsingha

De cursusleid(er)ster,

7611 - '43 - K 983

Unter der deutschen Besatzung mußten alle Lehrer einen Sprachkurs in deutsch absolvieren. Die meisten Lehrer, auch Herr v. Elsen, sprechen über dies Diplom abwertend, es „stellte nicht viel vor".

den Deutschen[11]. Darum lag mir auch die Volksbewegung[12] so am Herzen. Im Krieg hatten wir ein Ideal, das ist damals durch einen gewissen Nieuwenhuis, der hier in Oegstgeest untergetaucht war, vorbereitet worden. Die Nederlandse Volksbeweging strebte einen sogenannten personalistischen Sozialismus an, mit andern Worten kein Kadaversozialismus, sondern was man als Person ist, muß in so einem Sozialismus völlig zu seinem Recht kommen können. Zum Beispiel jemand, der reformiert ist, der muß seine Überzeugung einbringen können, und jemand, der Atheist ist auch, das darf nicht verschleiert werden, jeder muß Verständnis für den anderen aufbringen können. Darüber haben wir im Krieg in kleinem Kreis gesprochen. Nieuwenhuis ist nach dem Krieg mit Schermerhorn bei der Königin gewesen, um ein Kabinett zu bilden. Wir wollten also einen Sozialismus haben, der für alle Menschen gut war und das holländische Volk vereinigen sollte, darum nannten wir das auch die Nederlandse Volksbeweging. Nach dem Krieg wurde ein Manifest aufgestellt, das ist damals von 80 Menschen unterschrieben worden, da stand auch mein Name drunter. Schermerhorn war Vorsitzender. Und wissen Sie, was ich den Leuten übelnehme? Die Leute, die da am Anfang führend waren, haben alle andere Posten angenommen, immer kam wieder ein neuer Vorsitzender, weil die vorigen immer wieder andere Posten annahmen. Und Schermerhorn wurde Ministerpräsident.

Ich wurde nach dem Krieg zweiter Vorsitzender der Abteilung Leiden, Riedel war Vorsitzender. Und was passierte? Da drängeln sich dann Leute rein, die in die Politik wollen, die die Volksbewegung eigentlich nur als Sprungbrett benutzen. Die Nederlandse Volksbeweging ist auf diese Weise völlig ‚verpolitisiert', und die gesellschaftliche und moralische Seite interessierte die dann nicht mehr. Da hab ich abgedankt, ich sagte, an sowas arbeite ich nicht mit, denn ich war an dem Gesellschaftlichen und nicht an dem Politischen der Sache interessiert. Und aus diesem Politischen ist damals die sozialistische Partei, die PvdA, hervorgegangen, und die Volksbewegung ist bankrott gegangen.

„Das lag ganz auf meiner Linie"

Eine neue Hauptschule

In der Caeciliaschule war ich bis 1943. Dann wurde die neue Hauptschule (das VGLO[13]) eingeführt. Ich wurde Leiter der ersten neuen Hauptschule, das war wieder die Pelikaan-Schule. Das lag wieder ganz auf meiner Linie, denn hier ging es um einen Schultyp für Kinder, die nicht mitkamen. Das war ein Schultyp, der absah von Intellektualismus und reinem Wissen. Wir brauchten ganz andere Unterrichtsformen. Keine Schulbücher, Lektion Eins, Lektion Zwei, Lektion Drei, damit machten wir Schluß. Wir mußten die Kinder auffangen, die auf der normalen Volksschule nicht funktionierten – das hatte natürlich auch was mit den großen Klassen zu tun –, die nicht mitkamen. Die nur gelernt hatten, sich ruhig zu verhalten, nicht aufzufallen. Diese Kinder waren auf die Dauer völlig willenlos geworden. Wenn man einem Kind jahrelang sagt, sei ruhig, sonst nichts, dann treten bei so einem Kind natürlich bestimmte Verformungen auf.

Herr v. Elsen gibt bei seiner Pensionierung ein Interview in der Lokalpresse, Überschrift: „VGLO (s. Anm. 13) gescheitert aus zu großer Begeisterung". Er kritisiert die mangelnde Vorbereitung und Unterstützung seitens der Schulverwaltung und der Eltern, wogegen die Lehrer nicht ankamen.

Am Anfang wußte niemand so recht, was das VGLO nun eigentlich vorstellen sollte, wir mußten da selbst eine Form für finden. Als ich einmal zum Inspektor ging, um darüber zu sprechen, sagte er: „Reichen Sie Ihre Pläne ein, wir müssen erst noch sehen, ob so eine Schule eingeführt wird", ja, das war seine Antwort. Wir wußten natürlich verdammt gut, was in der Volksschule alles nicht gut war, und daß man zu anderen Formen kommen mußte. Am Anfang war die Schule zweijährig. Unter der Hand ist sie dreijährig geworden, das ist offiziell nicht bestätigt, das haben wir einfach gemacht. Pläne für eine neue Hauptschule gab es schon vor der deutschen Besatzung, die waren schon vor dem Krieg da. Damals ist dann auf Initiative der deutschen Besatzungsmacht dieser neue Schultyp eingeführt worden, jedenfalls soweit ich das weiß. Und darum waren wir auch so ein bißchen bibberig, weil wir das unter dem Druck der Deutschen machten. Aber gekommen wäre es auf jeden Fall, denn die Idee war, diese Kinder kriegen nicht, was ihnen zukommt, es muß eine Unterrichtsform kommen, die sich auf diese Kinder einstellt. Es war eigentlich so eine Art zweites Sieb, aus der ersten Klasse gingen zum Beispiel Schüler auf die Mittelschule über, die es am Anfang nicht geschafft hatten. Es war nicht meine Absicht, die Schüler zu halten, im Gegenteil, ich wollte sie auf die Schulzweige vorbereiten, die geeignet für sie waren. Zum Beispiel war es auch so, daß der Leiter der Mitteschule zu mir kam, so im November, dann hatte die erste Klasse bei ihm schon drei Monate angefangen, und der sagte dann: „Ich hab drei Jungs für dich, nimm die mal ein Jahr, dann brauchen sie nächstes Jahr bei mir kein Aufnahmeexamen mehr zu machen." Diese Jungs hatten dann bestimmte Rückstände, die mußten dann noch ein Jahr Allgemeinbildung kriegen, und dann waren sie soweit, daß sie die Mittelschule schafften.

Wir hatten die Auflage, Werken zu geben, das gab es auf der Volksschule nicht. Ich hab zum Beispiel damals in der obersten Klasse damit angefangen, ein Kanu zu bauen, schließlich gab es in Leiden ja genug Wasser! Sie müssen sich vorstellen, 1943, da war ein Kanu noch was! Wir haben das damals zu viert gemacht, unter der Leitung eines Fachmannes. Jedes Jahr bauten wir ein Kanu, das am Ende des Jahres verlost wurde. – Nicht das, was sie „Kreativitätstraining" nennen, das ist für mich überhaupt nicht kreativ, da gibt man ihnen Bücher, wo das sogenannte Kreative drinsteht, und das machen sie dann nach. Masken, Masken und nochmals Masken!

Wir hatten auch andere Lehrmittel. Wir hatten zum Beispiel ein wunderbares Erdkundebuch, aber die Schüler sagten: „Wann kriegen wir endlich Erdkunde?" Sie begriffen nicht, daß zum Beispiel eine Lektion über den Strand und die Dünenlandschaft, Flußregulierung, oder die Probleme des Rotterdammer Hafens, daß das Erdkunde *war*, Erdkunde war für sie Städtenamen auswendig lernen.

Es war eine völlig andere Art von Unterricht, es gab am Anfang keine Lehrmittel, nichts. Ich hab damals angefangen, einen Lehrplan zu entwickeln. Jede Woche konnten die Lehrer – denn die wußten natürlich auch nicht, wo's lang ging – auf diesem Plan ablesen, was sie in der Woche durchnehmen sollten und wo sie Informationen finden konnten, in welchen Büchern. Damals hab ich zum Beispiel mit Schiffsbau angefangen – da muß man dann richtig Fachliteratur zu Rate ziehen.

Wir hatten einen Beauftragten vom Ministerium, der war da extra für freigestellt, der kam dann zu mir und sagte: „Der Minister hat gefragt, was ihr in Geschichte macht, kann ich da was mitnehmen? Am liebsten die Hefte von der ganzen Klasse, um den richtigen Eindruck zu bekommen." Er hat dann alles mit zu Rutten genommen. Und was sagte der? Der sagte: „Das ist Geschichtsunterricht!" Das strahlte dann auch auf die höheren Schulen aus, da arbeiten sie jetzt auch mit Arbeitsaufträgen, Aufsätzen und derlei Dingen. Der Oberschulrat (hoofdinspekteur) hielt damals einen Vortrag, was ihm vorschwebte. Danach kamen die Lehrer zu mir und sagten: „Wie kommt das nur, der erzählt ja dasselbe wie du!"

Ich hab auch eine Art Daltonsystem eingeführt. Die Kinder bekamen Monatsaufgaben mit genauen Anweisungen, was sie tun mußten. Natürlich ging das nicht mit allen 16 Fächern, wenn ein Lehrer 25-30 Schüler hat, da wird der ja verrückt. Wir haben uns konzentriert auf Erdkunde, Geschichte, Biologie und Holländisch, für jedes Fach vier Aufgaben im Monat. Die Schüler konnten die Klassen wechseln wie sie wollten – außer eine Klasse war voll. Allerdings mußten sie, wenn sie zum Beispiel mit Erdkunde fertig waren, mit dem nächsten Fach anfangen.

Als ich dann auf die Boommarkt-Schule kam, mußte ich damit aufhören, es war kein Geld da. Man konnte natürlich nicht zur Gemeinde gehen und sagen: „Richtet mir die Schule so ein, daß ich mit dem Daltonsystem arbeiten kann", dann hätten die gesagt: „Das kostet zweihunderttausend." Was blieb einem übrig? Ich kriegte 250 Gulden pro Jahr für jeden Schüler, da mußte man für das ganze Jahr die Lehrmittel von bestreiten – und das bei soviel Fächern!

Kinderarbeit

Ja, aber das waren Ausnahmen. Zum Beispiel ein Junge aus Zoeterwoude (kleines Dorf bei Leiden), der schlief in der Klasse immer. Ich rief ihn zu mir und fragte: „Sag mal, was ist eigentlich los mit dir?" „Herr Lehrer", sagt er, „ich stehe jede Nacht um drei Uhr auf und mache den Stall bei einem Bauern sauber", vielleicht habe ich es auch an seinen Haaren gerochen, daß die so stanken, „um drei Uhr stehe ich auf, helfe dem Bauern und komme dann um 8 Uhr zur Schule." Da hatte der Junge dann schon fünf Stunden Arbeit auf dem Buckel! „Warum tust du das?", fragte ich. Er sagt: „Ich kriege von dem Bauern 25 Gulden, die geb ich meiner Mutter, mein Vater sitzt im Knast, und wenn er da nicht sitzt, dann sitzt er in der Kneipe, Geld kriegt meine Mutter jedenfalls keins." Dieser Junge hat also, als er bei mir auf die Schule ging, die Familie unterhalten. Das nenne ich Kinderarbeit. Ich hab nichts dagegen unternommen, was wär dabei rausgekommen?

Der Junge wär bei dem Bauern weggegangen und die Mutter hätte Not gelitten.

Am schlimmsten war es mit Stompwijk (kleines Dorf bei Leiden), die Schüler, die von da kamen, schwänzten praktisch dauernd. Ich bin dann da hingegangen, erst in eine Gärtnerei. Der Eigentümer sagte: „Mein Herr, bei mir sind sie nicht, die sind da bei dem reichen Bauern, schaun Sie da mal." Ich zu dem Bauern, der sagte: „Bei mir arbeiten keine Jungen, gehen Sie selbst und gucken nach!" Ich sage: „Wo soll ich gucken? Wenn ich hier langgehe, sind sie weg, und wenn ich da langgucke, sind sie auch weg, das könnte Ihnen so passen. Sorgen Sie dafür, daß sie morgen wieder auf der Schule sind, sonst schicke ich Ihnen die Arbeitsinspektion auf den Hals!" Da hatten sie Angst vor, denn dann mußten sie hohe Bußen bezahlen.

„Ich war kein so gesetzter Typ"

Rückblick

Ich wollte nicht Lehrer werden, ich wäre viel lieber Kunstmaler geworden. Dann wäre ich mit 18 Jahren fertig gewesen, und mein Vater, dem es nicht so gut ging, der mußte für die Familie sorgen, das kostete ja einen Haufen Geld, als Junge sieht man das schon, nicht wahr, und dann sagt man sich: „Als Lehrer kann ich was zum Familienunterhalt beisteuern." Soll ich dann meinen Vater sitzen lassen und sagen: „Bonjour, ich gehe nach Amsterdam (auf die Kunstakademie)?" – das macht man doch nicht, deshalb bin ich eben Lehrer geworden, ich fand, das mußte ich tun. Ob das richtig war, weiß ich nicht, ich bin nie ein guter Lehrer gewesen, ich taugte da eigentlich nicht zu, weil ich es eigentlich immer andersrum machte wie die andern. Meine Bekannten sagten immer: „Er spielt Krokett, er arbeitet in der Jugendbewegung, er fährt Schlittschuh, er spielt Karten, er geht angeln – und außerdem ist er auch noch Lehrer", das sagten meine Bekannten. Ich war kein so gesetzter Typ, der jeden Schritt, den er tut, kalkuliert und immer hübsch brav am Zügel läuft, das konnte ich nicht.

Frage: Haben Sie sich als Lehrer auch manchmal gelangweilt?

Ganz und gar nicht! Schaun Sie, Kinder, wenn man mit denen umgeht, mit Freude, das ist sowas Schönes, vor allem die Älteren. Am meisten hat mich die Arbeit auf dem Gymnasium befriedigt, wo ich nebenher 16 Jahre lang Zeichenunterricht gegeben habe, die 16-, 17-jährigen, die sind ansprechbar, da kommt was zurück. Aber am schönsten fand ich es doch auf der Armenschule.

Kommentierende Anmerkungen zu den holländischen Texten

zu: van Adrichem

1 *Wie alle sozialen, ökonomischen und kulturellen Einrichtungen in Holland, war (und ist) auch diese Vereinigung „versäult": öffentlich-staatlich, katholisch und evangelisch.*

2 *Vor 1920 mußte sich das katholische und evangelische Schulwesen (sowie nichtkirchliche Privatschulen) großenteils selbst tragen, d.h., die Kirchen und Eltern finanzierten es. Deshalb verdienten die Lehrer dieser Schulen sehr viel weniger als ihre Kollegen im staatlichen Schulwesen. Durch das Schulgesetz von 1920 wurde der seit Mitte des 19. Jahrhunderts geführte „Schulstreit" beendet: das private Schulwesen wurde dem öffentlichen gleichgestellt und mußte fortan vom Staat finanziert werden.*

3 *Die Schule begann um 9 Uhr und ging mit einer 1 1/2 stündigen Mittagspause bis vier Uhr.*

4 *In Holland gab es bis 1920 vier Ausbildungswege für Lehrer: 1. Erwerb der Lehrbefugnis im Selbststudium nach der Grundschule ab dem 14. Lebensjahr mit Privatstunden vom Schulrektor. 2. Eine Gruppe Schüler wird am Nachmittag und abends von Rektoren unterrichtet, das ist die normaalschool, oder normaalles. 3. Lehrerstudium über Tag an einer Lehrerausbildungsstätte (kweekschool), mit oder ohne Internat. Die Dauer dieser Ausbildungswege betrug vier Jahre. 4. Schnellkurs von 8 Monaten aufgrund einer höheren Schulausbildung. Alle Ausbildungen schlossen mit einem Examen unter staatlicher Aufsicht ab. – Übriggeblieben ist die Tagesausbildung (bis vor wenigen Jahren noch mit Internat), heute dreijährig, nach einer auf die sechsjährige Grundschule folgenden vierjährigen allgemeinbildenden Realschule, sowie das externe Staatsexamen nach Selbststudium.*

5 *Die konfessionellen Schulen stehen unter der direkten Aufsicht von Kirchen- und Elternvertretern. Die staatliche Schulaufsicht ist verantwortlich, ob die privaten Schulen den Rahmenanforderungen genügen.*

5a *Gegründet 1920, nach der finanziellen Gleichstellung des konfessionellen Schulwesens.*

6 *s. Anm. 12*

6a *In Holland gibt es die Noten 1-10; 10 ist die beste Note.*

7 *Anton Mussert, Führer der N.S.B. (Nationaal-Socialistische Beweging), die 1931 gegründet wurde. 1935 erreichte die N.S.B. bei den Parlamentswahlen ihren Höhepunkt (8%), danach verlor sie schnell an Einfluß. In der Besatzungszeit (1940-1945) kollaborierte sie eng mit den Deutschen.*

8 *Lateranverträge und Konkordat des Vatikans mit dem italienisch-faschistischen Staat, wobei dem Papst die Souveränität über die Vatikanische Stadt zuerkannt wird.*

9 *Rooms-katholieke Volkspartij*

10 *1918 unternahm J.P. Troelstra, Führer der Sozialdemokratischen Arbeiterpartei (SDAP), den Versuch, die Staatsmacht zu erobern. Dieser Versuch mißglückte, weil weder die Arbeiterklasse, noch seine eigene Partei und die Gewerkschaft den Aufruf zum Aufstand unterstützten. Aus der SDAP entstand nach dem Krieg die PvdA, die Partij van de Arbeid.*

11 *Christelijk-Demokratisch Appel – Zusammenschluß der konfessionellen Parteien.*

12 *In Holland unterrichteten die Lehrer in der Regel immer in derselben Klassenstufe in demselben Klassenzimmer. Der Rektor hatte die sechste Klasse, die Abschlußklasse. Diese Tradition hat sich bis heute erhalten.*

13 *Herr van Adrichem hätte es gern gesehen, wenn mehr seiner Kinder den Lehrerberuf gewählt hätten. Der Älteste ist Chemotechniker geworden, die älteste Tochter Krankenschwester. Der zweite Sohn ist Rektor an einer Sonderschule, die zweite Tochter war vor ihrer Heirat Sachbearbeiterin. Der Jüngste ist Lehrer.*

zu: Toos Haas

1 *s. Anm. 5 Herr van Elsen*

2 *s. Anm. 11 Herr van Elsen*

3 *Nach dem Schulgesetz von 1920 (s. Anm. 4 v. Adrichem) wurden die Normalschulen aufgelöst, wenn sie nicht bestimmte Normen, vor allem ein Minimum an Lehrerschülern und ein Minimum an erfolgreichen Examenskandidaten nachweisen konnten. Auch die Examensregelungen veränderten sich: die Tagesausbildungsstätten (kweekscholen) hatten nun eigene Examensbefugnis, der Prüfung wohnten drei staatliche Schulvertreter bei.*

4 *s. Anm. 4 v. Adrichem*

5 *s. Anm. 6a v. Adrichem*

6 *Mit dem Schulgesetz von 1920 wurden Sport und Werken Pflichtfächer der Lehrerausbildung; viele Normalschulen lehrten diese Fächer nicht.*

7 *Das katholische Schulwesen hatte vor der finanziellen Gleichstellung (s. Anm. 2 v. Adrichem) Lehrermangel. So wurden möglicherweise Nonnen ohne Ausbildung im Unterricht eingesetzt. In den früheren holländischen Schulen und auch noch heute sind die Klassen mit Türen zueinander verbunden. Die befugte Lehrkraft konnte so bei offener Tür die Nebenklasse mit beaufsichtigen.*

8 *s. Anm. 5 v. Elsen*

8a *„Chrisistijd" ist in Holland ein fester Terminus für den konjunkturellen Rhythmus der zwanziger und dreißiger Jahre, der 1923 einen ersten Tiefpunkt erreichte, sodann bis 1930 einen leichten Aufschwung nahm (im Vergleich zu Amerika und den europäischen Ländern also mit leichter Verspätung), um dann nach 1930 steil bergab zu gehen; 1937 nach kurzer Erholung erneuter Abschwung bis zum Kriegsausbruch und der deutschen Besetzung. – Vgl. auch Zeittabelle.*

9 *s. Anm. 7 v. Adrichem*

10 *Verheiratete Beamtinnen mußten bis Ende der fünfziger Jahre ministerielle Zustimmung haben. Von Gemeinde zu Gemeinde und abhängig vom Arbeitsmarkt wurde diese Regelung unterschiedlich strikt angewendet.*

10a *Die Aufsicht über das Schulwesen, auch das private, wird in Holland durch staatliche und Gemeindeinspektoren ausgeübt; sie entsprechen in ihrem Aufgabenbereich in etwa den deutschen Schulräten.*

11 *Derartige Informationen stehen in Holland in der Lokalpresse.*

12 *Bis zum Lehrerausbildungsgesetz von 1970 konnte eine erweiterte Lehrbefugnis, ie sog. „Hauptakte" (hoofdakte) nach der eigentlichen Ausbildung in Abendkursen erworben werden. Hier wurden die theoretischen Fächer vertieft. Die Akte berechtigte den Lehrer zur Rektorschaft und zum Unterricht an Haupt- und Berufsschulen.*

13 *Leiden war jahrhundertelang eine „Textilstadt". Die Verelendung des Proletariats im 19. Jahrhundert ging einher mit Alkoholismus, Jenever als Volksschnaps. Das Bild vom jenevergetränkten Schnuller, mit dem die arbeitenden Proletariermütter ihre Kleinkinder stillhielten, findet sich auch in der Literatur über jene Zeit und Verhältnisse.*

14 *Früher hatten die Eltern das Recht, ihren Kindern die Zustimmung zur Heirat auch noch nach deren Mündigwerden zu verweigern, und zwar bis zum 30. Lebensjahr. Im Konfliktfall konnte der Amtsrichter angerufen werden. Offenbar scheute Frau Haas diese Prozedur.*

15 *KZ in Drenthe in der deutschen Besatzungszeit.*
16 *Von Frau Haas benutzer deutscher Ausdruck; wahrscheinlich meint sie einen der SS Bewacher des Lagers.*
17 *1924 wurde von der Sozialdemokratischen Partei (SDAP) und dem Allgemeinen Gewerkschaftsbund (Nederlandse Vakbond Vereniging – NVV) das „Instituut voor Arbeidersontwikkeling" (I.v.A.O.) gegründet. Es sollte der Bildung und Schulung von Arbeitern im sozialistischen Gedanken- und Kulturgut dienen. Im Laufe von zehn Jahren hatte das Institut 30 000 Mitglieder.*
Eine Sektion dieses Instituts widmete sich der Naturfreunde-Arbeit, die bei der österreichischen Naturfreunde-Bewegung anschloß. 1928 wurde in Holland das erste Naturfreundehaus errichtet.
Nach dem deutschen Einmarsch wurde das Institut aufgelöst, die Naturfreunde-Häuser geschlossen. Nach dem Krieg wurde das Institut wieder geöffnet, seit 1959 unter seinem heutigen Namen. Die sozialistischen Ziele veränderten sich im Zuge der Nachkriegsentwicklung (vg. auch Anm. 12 v. Elsen) in „das Streben nach einer demokratisch-sozialistischen Gesellschaft, gegründet auf Freiheit, Gerechtigkeit und Gemeinschaftssinn" (Art. 2 der Statuten).
Heute gibt es 15 Naturfreunde-Häuser in Holland.
18 *Anspielung auf die Flucht der Königing nach England beim Einmarsch der deutschen Truppen 1940.*
19 *Lied der Royalisten; „boven" heißt „oben", „hoch" – „beneden" bedeutet „unten".*
20 *vgl. Anm. 10 v. Adrichem*

zu: Bart van Elsen

1 *s. Anm. 2 der Lebensgeschichte Herr van Adrichem sowie Zeittabelle*
2 *s. Anm. 4 v. Adrichem*
3 *Herr van Elsen spricht hier eine sehr widersprüchliche historische Entwicklung in der holländischen Lehrerausbildung an: die Vorbereitung auf die Praxis fand in den konfessionellen Internaten, schon gar wenn sie geografisch isoliert lagen, kaum oder gar nicht statt. Herr van Elsen z.B. hat in den vier Jahren seiner Ausbildung nie vor der Klasse gestanden, außer im letzten Jahr, als er seine Sportbefugnis erwarb und dafür in einer Maastrichter Schule hospitierte.*
Im Vergleich dazu hat seine Tochter, die in den sechziger Jahren auf die Lehrerakademie ging, wesentlich mehr praktische Berufsvorbereitung: In der „modernen Ausbildung" stehen die Lehrerstudenten schon im ersten Jahr vor der Klasse, und dieser Anteil des Studiums nimmt im Laufe der insgesamt dreijährigen Ausbildung kontinuierlich zu (im ersten Jahr pro Woche drei Stunden sowie zweimal im Jahr eine ganze Woche; im zweiten Jahr sechs Stunden pro Woche sowie zweimal im Jahr eine ganze Woche; im letzten Jahr eine halbe Schulwoche, wobei hier aber nicht Unterrichtspraxis im Vordergrund steht, sondern bestimmte Erkundungsaufgaben über z.B. die organisatorisch-administrative Seite der Schule sowie zwei verpflichtende schriftliche Aufträge über die Didaktik von zwei Grundschulfächern. – Es gibt von Lehrerausbildungsstätte zu Lehrerausbildungsstätte hierin geringere Variationen).
Anders lagen die Dinge bei der „kweekschool"-Ausbildung (s. Anm. 4 v. Adrichem), an die eine Übungsschule angeschlossen war. Zum Teil hatten auch konfessionelle Internate eine solche Übungsschule, aber eben nicht alle.
Für die Normalschul-Ausbildung (s. Anm. 4 v. Adrichem) lagen die Dinge wieder anders: theoretische Stunden am Nachmittag und Abend, aber der Lehrerschüler saß während der Schulzeit oft in der Klasse seiner Ausbilder, leistete dort auch

praktische Hilfsdienste und übernahm ev. stundenweise eine Klasse. Es konnte aber auch sein, daß er über Tag arbeitete und/oder sich nur auf die Ausbildungsstunden vorbereitete.

Diese verwirrende Vielfalt der Ausbildungsgänge und Inhalte wurde seit 1920 zugunsten einer Tagesausbildung mit festen Praxisanteilen vereinheitlicht.

4 *Die Lehrerarbeitslosigkeit der zwanziger und dreißiger Jahre brachte die Einrichtung des sog. „kwekeling met akte" hervor. Das waren befugte Junglehrer, die für einen Hungerlohn in der Schule arbeiten mußten. Sie hatten offiziell keine eigene Klasse, sondern sprangen ein bei Krankheit oder halfen sonst in der Klasse.*

5 *Wie in unserer Zeittabelle kurz angegeben (S. 202), ist das holländische Schulwesen „versäult". Herr van Elsen teilt uns hier nicht etwas über die konfessionell-staatliche Versäulung mit, sondern über eine klassenspezifische Dreiteilung innerhalb der katholischen Schulen (dies gilt entsprechend für die anderen beiden Säulen). Es gab bis zum Jahr 1920, der die finanzielle Gleichstellung der konfessionellen Schulen brachte (vgl. Anm. 2 v. Adrichem), (faktisch aber auch noch danach) in jeder größeren Gemeinde drei verschiedene Grundschulen pro Säule, die sehr präzis die gesellschaftliche Klassenstruktur spiegelten: eine für die Kinder der oberen Gesellschaftsklassen, die Schulgeld bezahlen konnten; eine für's Kleinbürgertum (die sog. „Zwischenschulen" – nomen est omen!) die wenig Schulgeld bezahlen konnten, und eine schulgeldfreie für die Arbeiterklasse und die Armen.*

Die Schulen unterschieden sich vor allem in Ausstattung, ev. auch Klassengröße und Lehrerbezahlung, sowie in der Vorbereitung auf das höhere bzw. mittlere Schulwesen bzw. Berufsausbildung (in den „besseren" Schulen wurde französisch unterrichtet).

Hinzu kommt eine geschlechtsspezifische Differenzierung, da zumindest die konfessionellen Schulen in der Regel nicht koedukativ waren. Freilich fiel diese Differenzierung für die Armenschulen weg. Überdies: je kleiner die Gemeinde (Holland war damals ja noch weitgehend ein Agrarland), umso geringer die Differenzierung der Schulen.

6 *Am 3. Oktober feiert Leiden den Entsatz von der Belagerung der Spanier im 80-jährigen Krieg (1574).*

7 *Mitte des 19. Jahrhunderts begannen sich die Lehrer in Lehrervereinigungen zu organisieren; die nicht-konfessionellen Lehrer zuerst (1842) in der „Nederlands Onderwijzers Genootschap" (NOG), sie entstand aus den sog. Lehrergesellschaften, die sich seit Anfang des 19. Jahrhunderts unter Leitung staatlicher Schulinspektoren gebildet hatten. 1874 spaltet sich von der NOG der „Bond van Nederlandse Onderwijzers" (BvNO) ab, der keine Rektoren zuläßt und sich zu einer wesentlich radikaleren Vereinigung entwickelt, in der sich auch sozialdemokratische Lehrer organisieren, was ihm den Namen „roter Bund" einträgt. – Eine parallele Entwicklung spielt sich in der protestantischen Lehrervereinigung ab, hingegen nicht bei den Katholiken.*

Auch die protestantischen Lehrer schlossen sich zu dieser Zeit (1854) in der „Vereniging van Christelijke Onderwijzers" (PCO) zusammen.

In derselben Zeit entstanden bei den Katholiken zahlreiche Kongregationen, in denen Bruder- und Schwester-Lehrer ausgebildet wurden (eine Folge des Schulkampfes, in dem auch die katholische Kirche um eigene Schule kämpfte und Lehrpersonal nötig hatte). Zu einer Vereinigung der katholischen Lehrerschaft kam es, mit aufgrund der Ausbildung in Kongregationen, wesentlich später. Erst Ende des Jahrhunderts wurde die erste Vereinigung errichtet. Bis in die dreißiger Jahre bestanden zwei Vereinigungen nebeneinander, die regional autonom operierten. Diese schlossen sich 1934 zur „Katholieke + Onderwijzersvereniging" (KOV) zusammen.

8 *Der Daltonplan hat seinen Namen nach der amerikanischen Stadt Dalton, wo Helen Parkhurst (geb. 1887) ihren Schulplan zuerst verwirklichte. Die Altersklassen werden durch Fachklassen ersetzt, in denen die Schüler der verschiedenen*

Altersstufen frei nach einem Fachlehrplan arbeiten. Individualisierung und Selbsttätigkeit der Schüler sind dabei leitende Prinzipien. Dieser Plan ist Teil der Deweyschen (John Dewey, 1859-1952) pragmatischen Erziehungsphilosopie. In Deutschland nahm vor allem Georg Kerschensteiner (1854-1932) die Deweyschen Gedanken in seinem Konzept der Arbeitsschule auf, in der das Prinzip einer werktätigen Erziehung zentral steht.
In diese Reformströmungen gehört auch die italienische Ärztin und Erzieherin Maria Montessorie (1870-1952), in deren Pädagogik ebenfalls das Prinzip der Individualisierung (Eigengesetzlichkeit der Entwicklung des Kindes) und Selbsttätigkeit (eigenbestimmte Lernschritte mit vorgegebenen Materialien) die Hauptrolle spielen.
Diese reformpädagogischen Konzeptionen haben in Holland zu nichtkonfessionellen Privatschulen geführt (heute etwa 2% aller Schulen), Montessori-, Daltonplan und Waldorfschulen.

9 *Anspielung auf die Versäulung*

10 *s. Anm. 7 v. Adrichem*

11 *„Weg met de moffen" – Moffen ist das Schimpfwort für die Deutschen seit der Besatzungszeit.*

12 *Nederlandse Volksbeweging (NVB): Zusammenschluß progressiv-christlicher und sozialistischer Kräfte als Reaktion auf den faschistischen Terror. Das Programm dieser Bewegung wurde im Krieg im Gefangenenlager St. Michielsgestel ausgearbeitet, in dem prominente holländische Politiker und Intellektuelle interniert waren, u.a. Prof. W. Schermerhorn, der nach dem Krieg der erste Ministerpräsident des Koalitionskabinetts PvdA war.*
Die Bewegung war einerseits gegen Kollektivismus und Klassenstreit gerichtet, andererseits aber antikapitalistisch orientiert. Vor allem sollten neben den Klassengegensätzen die „Säulen" aufgehoben werden. Ein konkretes politisches und vor allem wirtschaftliches Programm wurde nicht ausgearbeitet. Nach dem Krieg ging die NVB in der PvdA auf, nachdem sich die christlichen Führer aus der PvdA zurückgezogen hatten.

13 *VGLO – voortgezet gewoon lager onderwijs, in etwa entsprechend der 7./8. Kl. Hauptschule.*
1942 wurde unter deutscher Befehlsgewalt die Schulpflicht um ein Jahr auf acht Jahre verlängert. Im Krieg waren aber weder die politischen noch die finanziellen Voraussetzungen gegeben, um den geplanten neuen Schultyp, das zweijährige VGLO, auf breiter Basis einzuführen. Nach dem Krieg, 1950, arbeitete das Bildungsministerium unter F.J.Th. Rutten erneut Pläne für ein VGLO aus, ganz in der Richtung, wie van Elsen davon berichtet: neben den Grundschulfächern allgemeine Geschichte und Werkkunde (für das Mädchen-VGLO – denn Koedukation hielt man für unerwünscht – Handarbeit und Haushaltskunde) und regional spezifische Fächer wie z.B. Landbau- und Gartenkunde. Aufgrund des differenzierten Fächerkanons plante man größere Schulen, sowohl größere Stadt- wie Regionalschulen.
Da aber auch 1950 noch die Mittel fehlten, um diese Pläne zu verwirklichen, wurden nur einige dieser neuen Hauptschulen eingeführt und im übrigen an den bestehenden Grundschulen Kopfklassen gebildet. 1968 wurde das VGLO zugunsten einer dreijährigen allgemeinbildenden Schule, aufbauend auf der sechsjährigen Grundschule, abgeschafft.

Zeittabelle

Vorbemerkung

Diese globale Synopse der deutschen und holländischen Entwicklung betrachten wir als eine Art Lesehilfe bei der Lektüre der Lehrerlebensgeschichten, in denen „objektive" Daten nur am Rande notiert werden und in denen die gängige Systematisierung von historischen Ereignissen durch die subjektiv-individuelle Verarbeitung bestritten wird. Wir sind uns der Unvollkommenheit dieser Tabelle völlig bewußt; wenn man will, widerspricht sie sogar der Essenz dessen, was wir bei unserer Arbeit mit den alten Lehrer-Erzählern gelernt haben – daß es nämlich keine schematische und scharfe

Trennung gibt zwischen „subjektiven" und „objektiven" Ereignissen und Entwicklungen. – Die Tabelle ist überdies in vieler Hinsicht willkürlich und grob, viele wichtige Daten werden nicht genannt; schon gar nicht wird auf die kulturell-sozialen Alltagsdaten wie Wohnen, Ernährung, Sport usw. eingegangen. Den einzigen Zweck einer solchen Tabelle sehen wir denn auch darin, ein gewisses Hintergrundswissen beim Leser zu aktivieren, das ihm erlaubt, die Lebensgeschichten in Bezug zu Zeitereignissen zu setzen; dies schien uns vor allem auch für die holländischen Texte nötig.

Gesellschaftspolitische Entwicklung in Deutschland

1870-1900
Reichsgründung: Verfassung des Deutschen Reiches 1871. Gewaltiger Aufschwung der Industrialisierung, vor allem Stahlproduktion, Werkzeug- und Arbeitsmaschinen; Entwicklung neuer Produktionsverfahren und neuer Industriezweige (Chemie, Elektrotechnik; Ausbreitung der Verkehrswege; neue Nachrichtentechniken). – Großes soziales Elend der Arbeiterklasse: Wohnungsnot, Verschlechterung der Lebensbedingungen überhaupt. – Erstarken der Arbeiterklasse: 1875 Vereinigung der Lassaleaner mit der Sozialdemokratischen Arbeiterpartei zur Sozialdemokratischen Partei Deutschlands. – Der Militärstaat reagiert mit Polizeisäbel, Militär- und Terrorjustiz, schließlich 1878 mit den Sozialistengesetzen: Verbot aller sozialdemokratischen, sozialistischen und kommunistischen Vereine. 1890 Aufhebung des Sozialistengesetzes. Die SPD wird zur stärksten Reichstagsfraktion.

1901-1919
Verschlechterung der Lebensbedingungen der Arbeiter: Wochenlohn eines Arbeiters beträgt 20-25 Mark, einer Arbeiterin 12-13 Mark, einer Heimarbeiterin 6-7 Mark. – Große Arbeitslosigkeit. Es kommt zu Streiks und Massenaussperrungen, in Berlin zu Arbeitslosendemonstrationen. 1910 verbietet der Berliner Polizeipräsident Versammlungen unter freiem Himmel; dennoch kommt es zu Versammlungen gegen Lebensmittelteuerung und das Dreiklassenwahlrecht. 1912 findet eine große Kundgebung gegen die Kriegsgefahr in Berlin statt. Es kommt zu Zusammenstößen mit der Polizei. 1914 bricht der erste Weltkrieg aus, die Lebensmittelpreise steigen bis 1915 um das Doppelte. 500000 Menschen protestieren gegen den Krieg; die sozialdemokratische Reichstagsfraktion bewilligt die Kriegskredite, außer Karl Liebknecht, der dagegen stimmt. – 1916 verlieren in der Schlacht bei Verdun 700000 Menschen das Leben, in der Schlacht an der Somme 1.3 Millionen Menschen. – Winter 1916/17 ist der „Kohlrübenwinter": Unterernährung, Hungertyphus, Ruhr. – Nach der russischen Revolution gründet sich 1917 die Spartakus-Gruppe und die USPD. – Matrosenaufstand. – 1918 Ende des 1. Weltkrieges. Aufstand der Matrosen in Kiel. Beginn der Novemberrevolution. Wilhelm II. dankt ab. Ausrufung der Republik. Bildung von Arbeiter- und Soldatenräten. Einführung des gesetzlichen Achtstundenarbeitstages. Gründung der KPD. – 1919 Niederschlagung des Spartakus-Aufstandes. Ermordung Karl Liebknechts und Rosa Luxemburgs. – Zusammentritt der Nationalversammlung. – Unterzeichnung des Versailler Friedensvertrags.

1920-1939
Wachsende wirtschaftliche Schwierigkeiten durch Reparationen. Beginn der Inflation 1920. Rechtsradikaler Putschversuch 1920 (Kapp-Putsch). – Durch Eingemeindungen entsteht Groß-Berlin, damit die größte Industriestadt des Kontinents. – 1922: die Lebenshaltungskosten steigen um 1/3 schneller als die Löhne. – 1923: Höhepunkt der Inflation: ein Dollar = 4.5 Bill. Mark. – 1924: Durch Notverordnung wird der Achtstndentag wieder aufgehoben. 1928: Erneute Wirtschaftskrise. 1929: Zusammenbruch der New Yorker Börse; Weltwirtschaftskrise. 1.25 Mill. Arbeitslose. 1930: Spektakulärer Stimmenzuwachs der NSDAP bei den Reichstagswahlen auf 6.5 Mill. – 4,4 Mill. Arbeitslose. Kabinett Brüning regiert mit Notverordnungen. – 1932: Auflösung des Reichstags. – 1933: Ernennung Hitlers zum Reichskanzler. Reichstagsbrand. Verbot und Verfolgung aller sozialistischen und kommunistischen Organisationen und Parteien. – Beginn der Judenverfolgung: 1. KZ in Dachau. 1935: Nürnberger Gesetze: Beginn der staatl. Judenverfolgung; Ariernachweis. – 1936: Erklärung der Hitlerjugend zur Staatsjugend. – Olympische Spiele in Berlin. – 1936-1939: Spanischer Bürgerkrieg: 5000 Deutsche in den Internationalen Brigaden. – 1938: „Reichskristallnacht". – Überfall auf die Tschechoslowakei. – „Anschluß" Österreichs. – 1938 werden Juden vom Schulbesuch ausgeschlossen.

Gesellschaftspolitische Entwicklung in Holland

1870-1900

Liberal-antiklerikale Kabinette; im „Schulkampf" streiten die Liberalen für die Staatsschule, die protestantischen und katholischen Gruppierungen (die sich in dieser Zeit auch zu konfessionellen Parteien zusammenschließen) für eigene Schulen und staatliche Finanzierung. – Der anarchistisch-sozialistische Sociaal-Demokratische Bond (SDB) unter Domela Nieuwenhuis wird gegründet (1881). – Das ständische Wahlrecht wird schrittweise liberalisiert. – Die Industrialisierung kommt, wenngleich langsam, in Gang. – 1874 Verbot von Kinderarbeit für Kinder unter 12 Jahren. – 1890 stirbt Wilhelm III., Wilhelmina wird Königin (1890-1948). – 1894 Gründung der Sociaal-Demokratische Arbeider Partij (SDAP) unter P.J. Troelstra. – 1909 Absplittung der Sociaal Demokratische Partij (SDP) von der SDAP, aus der später die Kommunistische Partei (CPH) entsteht.

1901-1919

Koalitionsregierung Katholiken – Protestanten; 1903 große Eisenbahnerstreiks. – 1905 Koalitionsregierung Liberale – SDAP. – Holland bleibt im Ersten Weltkrieg neutral; 1917 neue Verfassung: Einführung des Allgemeinen Wahlrechts und finanzielle Gleichstellung des konfessionellen Schulwesens („Schulkompromiß"); 1919 Einführung des Frauenwahlrechts und 8-Stunden-Tag. – 1918 mißglückter Revolutionsversuch Troelstra.

1920-1939

In den 20er und 30er Jahren konfessionelle Kabinette, die die schwankende konjunkturelle Entwicklung mit eiserner Sparpolitik zu stabilisieren suchen; große Arbeitslosigkeit führt zu zwei großen Streikwellen in Twente und Amsterdam; – 1931 Gründung der Nationaal-Socialistischen Beweging (NSB) unter A. Mussert; – 1935 ist 40% der arbeitsfähigen Bevölkerung arbeitslos; im selben Jahr legt die SDAP einen „Plan van de Arbeid" vor, der auf Staatsinvestitionen drängt; 1936 Abwertung des Gulden; 1933 Verbot für Beamte, sich radikalen Organisationen anzuschließen. – Durchgreifende Versäulung des sozial-kulturellen, politischen und wirtschaftlichen Lebens (Medien, Schulen, Parteien, Gewerkschaften).

1940-1945
1939: Beginn des 2. Weltkrieges nach Überfall auf Polen. – 1940: Deutsch-sowjetischer Nichtangriffspakt. – Mai 1940 deutscher Angriff auf Holland, Belgien, Luxemburg, Frankreich. Sept. 1941 Einführung des Judensterns. Große Judenpogrome in Polen. – Angriff auf die Sowjetunion. – Januar 1942: Wannsee-Konferenz: Beschluß der „Endlösung" (Ermordung aller europäischen Juden). – 1943: Stalingrad – Beginn der deutschen Niederlage. – 1944: 20. Juli – Attentat auf Hitler. – Im Warschauer Ghetto werden bei einem Aufstand 250000 Menschen von den Faschisten ermordet. – Im März 1945 werden Jugendliche und alte Männer zum Volkssturm eingezogen. 16-jährige werden einberufen. – 8. Mai 1945: Kapitulation.

1946-1965
Im Potsdamer Abkommen 1945 wird die Entmilitarisierung, Demokratisierung Deutschlands und die Entflechtung der Konzerne beschlossen. – Als deutsche Ostgrenze wird die Oder-Neiße-Linie bestimmt. Berlin wird unter alliierte Oberherrschaft gestellt. – 1946: Nürnberger Kriegsverbrecher Prozeß. – 1947: Marshall-Plan. 1948: Währungsreform. – Blockade Berlins. – Teilung der Stadt. 1949: Aufhebung der Blockade. 1949: Gründung der DDR und der BRD. – 1950: Beginn der Remilitarisierung 1950/1960: Durchsetzung der Freien Marktwirtschaft: „Wirtschaftswunder". – 1953: Am 17. Juni Aufstand in der DDR. – 1956: Verbot der KPD. – Einführung der Allgemeinen Wehrpflicht. – Die Löhne stiegen von 1950 bis 1966 nominal um über 300%; real war das Wachstum bescheidener, denn Lebenshaltungskosten, Lohnsteuern und Sozialabgaben stiegen beständig.

Literaturhinweis zu dieser Übersicht:
Rainer Nitsche/Walter Kröber: Grundbuch zur bürgerlichen Gesellschaft. 3 Bde. Neuwied: Luchterhand 1979

Schulpolitische Entwicklung in Deutschland

1870-1900
Die einseitig religiöse und obrigkeitsstaatliche Ausrichtung, die die preuß. Volksschule durch die Stiehlsche Regulative 1854 als Reaktion auf die Revolution von 1848 erfahren hatte, wurde 1872 durch die „Allgemeinen Bestimmungen" des Ministeriums Falk verändert: die Zurückdrängung der Bedeutung des Religionsunterrichts und die Betonung math.-naturwiss. Fächer wurde aber schon 1889 – im Zusammenhang mit den Sozialistengesetzen – insofern revidiert, als Wilhelm II. in einer Ordre die „Bekämpfung sozialistischer und kommunistischer Umtriebe durch die Schule" forderte. In dieser Ordre wurden der Religionsunterricht und der Unterricht in vaterländischer Geschichte wieder in den Mittelpunkt des Unterrichts gestellt. – Methodisch-didaktisch ist der Unterricht bestimmt durch die Herbart-Zillerschen Formalstufen: der Grundsatz der Konzentration soll die ethisch-religiöse Gesinnungsbildung sichern.

1940-1945
Mai 1940 Überfall der deutschen Wehrmacht; Seyß-Inquart wird Reichskommissar des besetzten Holland und stützt sich auf den NSB von Mussert; Königin und Kabinett flüchten nach England. – Februarstreiks 1941 gegen Judenrazzias; 1942 Beginn der Judendeportationen und Einführung des Judensterns; Bildung einer nationalen Organisation für Hilfe an Untergetauchte; 100000 deportierte Juden sind am Ende des Krieges ermordet; 1943 Streiks gegen den faschistischen Terror; 1944 Eisenbahnerstreiks zur Unterstützung der Alliierten; 5. Mai 1945 Tag der Befreiung.

1946-1970
Hungerwinter 1946. – Durch die japanische Besetzung von Indonesien (1942), verliert Holland sein einflußreichstes koloniales Gebiet: 1945 wird Indonesien unabhängig. – Wiederaufbau mit Hilfe amerikanischen Kapitals (Marshall-Hilfe); durchgreifende Industrialisierung; Geburtenzuwachs; Wohnungsnot. – 1945-1958 „römisch-rote" Kabinette: Ausbau der sozialen Gesetzgebung („Wohlfahrtsstaat") unter dem Regierungseinfluß der Katholischen Volkspartei (KVP) und der PvdA, die sich aus der SDAP entwickelt hat und unter dem Einfluß national-vereinheitlichender Strömungen in der Besetzungszeit das Prinzip des Klassenkampfes aufgegeben hat. – Kalter Krieg. – 1948 Krönung Königin Juliana. – 1959-1965 Regierungskoalition konfessioneller Parteien und Liberale (VVD); seit 1973 Koalitionskabinett Den Uyl (PvdA). – 1965-1967 Provo-Bewegung; 1969 Studentenbewegung für Demokratisierung der Universitäten.

Schulpolitische Entwicklung in Holland

1870-1900
Seit 1806 sechsjährige staatliche Grundschule auf christlicher Grundlage. Seit Mitte des 19. Jahrhunderts Kampf der konfessionellen Kirchen um eigene Schulen. Das Grundschulgesetz von 1878 gibt den Kirchen in der Frage staatlicher Finanzierung nicht nach (300000 Unterschriften an Wilhelm III., das Gesetz nicht zu unterzeichnen). Das Grundschulgesetz von 1889 und weitere Erlasse gewähren zunehmend mehr finanzielle Unterstützung des konfessionellen Schulwesens, vor allem bei den Lehrergehältern. – Im Gesetz von 1878 wird die Lehrerausbildung an „kweekscholen" (Tagesausbildung; vierjährige Ausbildung nach der Grundschule; Mindestalter 14 Jahre) sowie der Ausbau von Normalschulen (Nachmittags- und Abendausbildung) stimuliert. Die Ausbildung findet sowohl an staatlich/gemeindlichen wie konfessionellen Einrichtungen statt (s. Anm. 4 v. Adrichem). – 1863 Gesetz zur Einrichtung des Realschulwesens (Hogere Burgerscholen). Für Volksschüler bestand die Möglichkeit, eine Art Hauptschule von 2-3 Jahren zu besuchen; daraus hat sich später die Mittelschule entwickelt. – 1861 wird die erste Berufsschule (allgemein-technische Bildung) in Amsterdam gegründet; dieser Schultyp breitet sich schnell aus. – Seit Mitte des Jahrhunderts Gründung staatlicher und konfessioneller Lehrerverbände (s. Anm. 7 v. Elsen). – 1900 Einführung der Schulpflicht bis 12 Jahre.

1901-1918

Karl Liebknecht kritisiert in einer Rede vor dem Preuß. Landtag die zunehmende Indienststellung der Schulerziehung zur ideologischen Kriegsvorbereitung. Symptomatisch für die staatliche Politisierung des Schulunterrichts ist die 1899 von der Königlichen Akademie gestellte Preisaufgabe „Wie ist unsere männliche Jugend von der Entlassung aus der Volksschule bis zum Eintritt in den Heeresdienst am zweckmäßigsten für die bürgerliche Gesellschaft zu erziehen?" Diese Preisaufgabe gewinnt Georg Kerschensteiner mit seiner Schrift „Staatsbürgerliche Erziehung der deutschen Jugend" (1901). – In dieser Zeit beginnt die von Ellen Key durch ihr Buch „Das Jahrhundert des Kindes" in Gang gesetzte Kritik an der autoritären Erziehung durch Elternhaus, Kirche und Schule, die in der Reformpädagogik verschiedenster Richtungen ihren Ausdruck findet: Jugendbewegung, Kunsterziehungsbewegung und Landerziehungsheimbewegung sind die ersten Ausdrucksformen. – Auf dem Mannheimer Parteitag von 1906 formulieren Clara Zetkin und Heinrich Schulz ein sozialistisches Erziehungsprogramm. – 1904 ist auf Druck der Arbeiterbewegung ein Kinderschutzgesetz verabschiedet worden. – Während der Novemberrevolution stellen die Arbeiter- und Soldatenräte schulpolitische Forderungen, in denen die Abschaffung des Religionsunterrichts und aller chauvinistischen Lehrplaninhalte gefordert werden. Es geht letztlich um die Trennung von Schule und Kirche, die allerdings von der Sozialdemokratie nicht konsequent durchgesetzt wird.

1919-1933

In der Weimarer Verfassung 1919 werden eine reichseinheitliche Regelung des Schulaufbaus und der Lehrerausbildung gefordert. Die privaten Vorschulen, mit denen bisher der Besuch der staatlichen Volksschule umgangen werden konnte und in denen die Kinder direkt für das Gymnasium vorbereitet wurden, werden abgeschafft. Es wird eine für alle gemeinsame Grundschule gefordert, die – als einzige der Verfassungsforderungen im Schulbereich – 1920 im Reichsgrundschulgesetz eingeführt wird. Die geistliche Schulaufsicht wird abgeschafft; der Religionsunterricht bleibt ordentliches Lehrfach. – Auf der Reichsschulkonferenz 1920 wird der – allerdings folgenlose – Versuch unternommen, alle schulpolitisch interessierten Kräfte zu einer Reform der Schule zusammenzufassen. Es kommt nur zu einer Darstellung der verschiedensten Strömungen der Reformpädagogik: im Mittelpunkt steht der Arbeitsunterricht. – 1930 wird der Nationalsozialist Wilhelm Frick Volksbildungsminister in Thüringen. – 1925 formuliert Hitler in „Mein Kampf" die „Erziehungsgrundsätze des völkischen Staates": der Staat gilt als „Mittel zum Zweck" der „Erhaltung der rassischen Urelemente" des Volkstums; dementsprechend steht die „körperliche Ertüchtigung" im Mittelpunkt der Schulerziehung.

1934-1945

Nach der sog. Machtergreifung werden 1934 mit dem „Gesetz zur Neuordnung des Reiches" die Voraussetzungen für eine Zentralisierung der Schulverwaltung geschaffen. Schon 1933 war mit dem Gesetz zur Wiederherstellung des Berufsbeamtentums die Grundlage für die Entfernung aller politisch oder rassisch mißliebigen Lehrer aus dem Schuldienst geschaffen worden. – Die Lehrervereine wurden aufgelöst (oder lösten sich selbst auf) und in den Nationalsozialistischen Lehrerbund (NSLB) überführt. – Die Bekenntnisschulen wurden in einem längeren Prozeß der Auseinandersetzung mit den Kirchen, der bis 1941 andauerte, abgeschafft. – 1938 beginnt die endgültige Auswei-

1901-1919
Eine Reihe von Gesetzen und Erlassen regelt den staatlichen Beitrag zu den Lehrergehältern, bis 1919 der Staat alle Gehaltskosten übernimmt. – Die Sozialisten stimmen 1917 der finanziellen Gleichstellung der konfessionellen Schulen (damit grundsätzlich konfessionellen Schulen) zu und setzen mit diesem „Schulkompromiß" („Pacificatie") das Allgemeine Wahlrecht durch. – 1919 gesetzliche Regelung des Berufsschulwesens. – 1916 Erste Montessorischule.

1920-1939
Finanzielle Gleichstellung bedeutet vor allem die Freiheit, Schulen zu gründen. – Enorme Ausbreitung der konfessionellen Schulen und Rückgang der staatlichen Schulen. Der Staat stellt finanzielle und unterrichtliche Rahmenrichtlinien fest. In der finanziellen Gleichstellung ist auch die konfessionelle Lehrerausbildung eingeschlossen. – Das Grundschulgesetz von 1920 (bis heute gültig) spezifiziert die Regelungen der Gleichstellung (Gehälter; Schulbauten, Ausstattung; Rahmenrichtlinien), schafft formal die Standesschulen ab (s. Anm. 5 v. Elsen) und sieht eine radikale Reform der Lehrerausbildung vor (vollwertige Tagesausbildung an kweekscholen und Abschaffung der Normalschulen; höhere Vorbildung der Dozenten; fünfjährige Ausbildung ab 15. Lebensjahr; eigene Examensbefugnis; Abschaffung der 2. Lehrerbefugnis (hoofdakte – s. Anm. 12 Frau Haas). – Aufgrund der Sparpolitik der Regierung wird die Reform nicht durchgeführt. Die Klassenfrequenzen sowohl von Schulen wie kweekscholen werden erhöht, um Neugründungen zu behindern. Die Lehrergehälter werden ständig gekürzt. – 1924 wird die Position des sog. „Assisten" geschaffen: Schüler in der Lehrerausbildung können ab 16 Jahren im Unterricht eingesetzt werden (im Zuge der 48-Klassenfrequenz, wodurch gleichzeitig viele Lehrer arbeitslos werden); lehrbefugte Junglehrer werden ohne vollwertige Bezahlung auf Schulen eingesetzt. 1934 Verkürzung der Ausbildung von 4 auf 3 Jahre. 1922 Einführung des Daltonprinzips (s. Anm. 8 v. Elsen) an einigen Schulen. 1926 errichtet der Schulreformer Kees Boeke seinen „Werkplaats Kindergemeenschap" in Bilthoven.

1940-1945
1940 kommt das Unterrichtsministerium unter deutsche Aufsicht (Dr. Schwartz). Jüdische Lehrer dürfen nicht mehr eingestellt werden bzw. werden entlassen. 1941 müssen alle jüdischen Schüler angegeben werden – die meisten Schulen verweigern dies. – 1941 wird die Lehrerausbildung wieder vierjährig; Vereinheitlichung des Abschlußexamens. – 1943 werden Razzias in Schulen und Lehrerausbildungsstätten durchgeführt nach Schülern für den „Arbeitseinsatz". Die Lehrerausbildung diente vielen Studenten und anderen als „Versteck", um nicht nach Deutschland zur Zwangsarbeit verschleppt zu werden.

sung der jüdischen Kinder aus den deutschen Schulen. – 1933 werden die Pädaogischen Akademien umbenannt in Hochschulen für Lehrerbildung, in denen als Fächer Vererbungslehre, Rassen- und Volkskunde, Wehrwissenschaft und Grenzlandkunde eingeführt werden. 1940 treten an ihre Stelle Lehrerseminare alten Stils. – In der Zeit von 1933 bis 1937 wird über Erlasse und Anordnungen versucht, alle Schulfächer nationalsozialistisch „auszurichten", 1937 bis 1940 geschieht dies durch die Einführung neuer Richtlinien und Lehrpläne: Wille und Gefühl der Schüler sollte zu „eigenem politischen Tun" im Sinne des NS aktiviert werden. – Für die schulentlassenen Jugendlichen wird das „Landjahr" eingeführt, in dem neun Monate lang auf dem Land gearbeitet und im Lager gelebt wurde. – 1936 wird die Hitlerjugend zur Staatsjugend erklärt. – Der Schulaufbau wurde gegenüber dem dreigliedrigen Aufbau nicht der Weimarer Republik nicht grundlegend verändert.

1946-1949
Basis für die Umwälzung des Schul- und Erziehungswesens durch die Alliierten ist das Potsdamer Abkommen, dessen Forderungen nach Demokratisierung und Entnazifizierung in unterschiedlicher Weise in der Sowjetisch Besetzten Zone und in den Westzonen umgesetzt werden. Wird in der SBZ durch das „Gesetz zur Demokratisierung der Schule" (1946) die Grundlage für eine Einheitsschule geschaffen, in Berlin ein Einheitsschulgesetz verabschiedet, das 1951 aufgelöst wird, so werden in den Westzonen die Re-education-Pläne der Amerikaner – die auf eine gesamtschulähnliche Organisation des Schulwesens abzielen, – nicht durchgesetzt. Es kommt zu einer Restauration des dreigliedrigen Schulwesens.

1950-1965
In Berlin wird das 1947 verabschiedete Einheitsschulgesetz im Zuge des Kalten Krieges und der Spaltung der Stadt (1948) durch die zunehmende Westorientierung der Berlin-Politik 1951 aufgelöst; bestehen bleibt daraus nur die sechsjährige Grundschule. Dennoch bleibt Berlin schulpolitisch gegenüber der Bundesrepublik in einer Reform-Vorreiter-Position. Die Versuche des Deutschen Ausschusses mit dem Rahmenplan zur Umgestaltung und Vereinheitlichung des allgemeinbildenden öffentlichen Schulwesens (1959) eine Reform (Einführung des 9. Schuljahres, Hauptschule, Orientierungsstufe, Oberstufenreform) durchzusetzen, entsprachen den in Berlin erreichten Reformen. – Auch der vom Deutschen Bildungsrat 1969 vorgeschlagene Plan, Schulversuche mit Gesamtschulen einzurichten, war in West-Berlin vorweg verwirklicht worden: hier hatten schon im Mai 1965 vier Berliner Gesamtschulen ihre Arbeit aufgenommen. Davor können als „pädagogische Verbesserungen" der „Berliner Schule" nach dem Scheitern des Einheitsschulgesetzes Klassenfrequenzsenkungen, das Lehrerbildungsgesetz, Versuche mit der Einführung des 10. Schuljahres genannt werden.

Literatur:
Politik u. Schule v. Franz Rev. bis zur Gegenwart. Hrsg. v.B. Michael u. H.-H. Schepp. Ffm. 1973, 2 Bde.

1946-1970
Nach dem Krieg herrscht Lehrermangel; Notkurse werden eingerichtet. – 1946 entwickelt Altminister G. Bolkenstein für das gesamte Schulwesen und die Lehrerausbildung einen Reformplan, dessen wesentliche Teile jedoch erst im Laufe der folgenden Jahrzehnte ausgeführt werden, vor allem die Vereinheitlichung des mittleren und höheen Schulwesens. – 1952 wird die Lehrerbildung gesetzlich neu geregelt in einer dreiphasigen Ausbildung: 2jährige Allgemeinbildung nach der Mittelschule; 2jährige theoretische Fachausbildung; 1jährige praktische Fachausbildung (2. Lehrbefugnis –s. Anm. 12 Frau Haas). – 1968 Verabschiedung des lange diskutierten sog. „Mammutgesetzes" (wegen seines enormen Umfangs und Eingriffs), das das in viele Schultypen zersplitterte mittlere und höhere Schulwesen neu organisiert; die Diskussion über die Gesamtschule beginnt jedoch erst unter dem sozialdemokratischen Bildungsminister J. v. Kemenade Anfang der siebziger Jahre. Im Zuge des „Mammutgesetzes" wird auch die Lehrerbildung neu geregelt, die alte „kweekschool" wird nun „pegagogische Akademie"; Zulassung nach der (neu geschaffenen) allgemeinbildenden Realschule; mehr Praxisstunden; mehr Didaktik. 1970 wird die dreijährige Ausbildung einphasig, die 2. Lehrbefugnis abgeschafft (s. Anm. 3 v. Elsen; 4 v. Adrichem). – Seit Mitte der sechziger Jahre wird eine grundsätzliche Reform der Grundschule diskutiert (Integration Kindergarten – Grundschule: 4-12 Jahre), die jedoch erst 1983 eingeführt werden wird. Zugleich soll die Kindergärtnerinnen- und Lehrerausbildung integriert werden.

Nachwort

> Wie werden die „versunkenen Erfahrungen" bewußt? Indem wir lernen, die Rätsel unserer Lebensgeschichte im Kontext der Geschichte unserer Gesellschaft zu lösen, und zwar im Detail. und indem wir der Reflexion vertrauen, solange sie Erfahrung und Objektivität fühlbar vermittelt.
>
> Peter Brückner (in: Das Abseits als sicherer Ort. Berlin 1980. S. 88)

Wie es in den Schulen um 1900, in der Weimarer Republik oder im Nationalsozialismus aussah, das können wir in schulhistorischen Untersuchungen nachlesen. Sind dann die Lebenserinnerungen alter Lehrerinnen und Lehrer[1] nichts weiter als Illustrationen?

Das hängt davon ab, was man unter historischem Wissen und historischem Bewußtsein versteht. Wenn man sich angewöhnt hat, zwischen „objektiven" historischen Daten und subjektivem Geschichtserleben und Erinnern zu unterscheiden, dann sind die Berichte der alten Lehrer wirklich nur subjektiv gefärbtes Quellenmaterial, das unter historiographischen Gesichtspunkten ausgewertet und interpretiert werden muß.

Macht man diese Unterscheidung nicht mit, sondern gesteht auch der Lebenserinnerung eigenständige historische Bedeutung zu, dann gehören die Erzählungen alter Lehrer und Lehrerinnen als eine ganz besondere Quelle zur schul- und berufsgeschichtlichen Überlieferung. Wenn zum Beispiel der Berliner Lehrer Erich Bieling über seine Auffassung von erzählendem Unterricht berichtet, so kann man das in einem traditionellen Verständnis als Beleg für eine reformpädagogische Tendenz kindzentrierten Unterrichts begreifen. Man kann den Bericht aber auch als Bestandteil einer persönlichen pädagogischen Praxis verstehen, als produktives Element einer individuellen Unterrichtspraxis, die an die Erfahrung des Erzählers gebunden ist.

Wäre eine solche Interpretation eine einseitige Personaliserung von pädagogischer Praxis? Diese Gefahr bestünde, wenn jede Lehrererzählung nur aus sich, aus der Individualität des jeweiligen Erzählers heraus interpretiert würde. Wir sind eher geneigt, eine solche Lehrererzählung als zugehörig zu einem allgemeineren *Lehrergedächtnis* zu verstehen, und dann gewinnt sie eine über die einzelne, sich erinnernde Erzählerpersönlichkeit hinausreichende berufsgeschichtliche und damit gesellschaftshistorische Bedeutung.

Die spezifischen Elemente des „Lehrergedächtnisses" sind aber nicht nur in Gemeinsamkeiten der sozialen Herkunft, Ausbildung und Berufspraxis zu finden, sondern vor allem in der *erzählenden Verarbeitung von Gesellschaftserfahrung,* die auf das Schulleben einwirkt. So erzählt die Berliner Lehrerin Else Krause zum Beispiel über ihre Erinnerung an den Tag der sogenannten Machtergreifung:

„Am 31. Januar 1933 hatten wir eine Lehrerkonferenz gehabt. Es war 19 Uhr abends, und wir hatten einen langen Tag hinter uns, waren müde und hungrig und freuten uns auf das Zuhause. Meine Straßenbahn fuhr damals über den „Großen Stern" im Tiergarten. Ein Riesenstau! Wir kamen nicht vorwärts. Keiner wußte, warum.

Plötzlich sah ich durch die Bäume einen Fackelzug. Ich denke, was blüht uns denn jetzt wieder? – Ich hatte keine Ahnung von der Masse dieser Bewegung. „Ja", klärte man mich auf, „das sind doch die Nazis!"

Sie berichtet über dies einschneidende gesellschaftspolitische Ereignis mit einer bemerkenswerten Distanziertheit. Eine ähnliche Distanziertheit ist auch in der Erinnerung Erich Bielings spürbar, wenn er über die Judenverfolgung im besetzten Polen spricht:

„Das war so: Da war eine breite Straße, hier war die Eisenbahn, da war noch eine Straße. Ich wohnte hier und konnte das alles sehen. Dann wurden die Juden zusammengetrieben, alle in diese Wagen gepfercht, und ich habe dann gesehen, wie einer ausstieg auf der anderen Seite, der wurde dann sofort erschossen, ja, die wurden sofort erschossen, wer herausging."

Oder auch, in weniger auffälliger Form, bei Bart van Elsen, der nüchtern konstatiert:

„Ich war nicht im Widerstand, und zwar deswegen nicht, weil ich Widerstand nur sinnvoll fand, wenn er auch Aussicht auf Erfolg hatte. Ich finde es verrückt, Widerstand zu leisten, wenn das zu nichts führt. Kämpfen ohne Aussicht auf Erfolg, das ist ein blinder Kampf."

Woraus resultiert diese Distanziertheit? Ist sie eine Form des gesellschaftlichen Überlebens und damit alles andere als rein persönlich? Ist sie möglicherweise auch zu verstehen als eine Besonderheit, die sich aus der Lehrerarbeit selbst ergibt? Die Abkapselung von gesellschaftspolitischen Erfahrungen durch das, was die geisteswissenschaftliche Pädagogik den „pädagogischen Bezug" zwischen Lehrer und Kind genannt hat? Erich Bieling, aber auch die anderen Erzähler suggerieren das an vielen Stellen:

„Ich bin nur als Beobachter dabei gewesen. Ich sagte ja, ich bin derartig geheilt aus dem ersten Weltkrieg nach Hause gekommen, die konnten nichts mehr bei mir gewinnen. Das war völlig ausgeschlossen. – Und, wie gesagt, ich hatte meine Fächer, und das hat mir Spaß gemacht und hat den Kindern vor allen Dingen Spaß gemacht. Ich hatte nie die geringsten Schwierigkeiten mit den Kindern."

Wie sich gesellschaftliche Erfahrung im Lehrerbewußtsein und Lehrergedächtnis niederschlägt, kann nicht losgelöst von den sozialen und ideologischen Bedingungen der sozialen Herkunft und der beruflichen Sozialisation erörtert werden, von Erfahrungen berufsfremder Arbeit und der politischen Verankerung des Lehrers in der Beamtenrolle (bzw. seiner Abhängigkeit von der Kirche, was Holland betrifft). Auf derartige „Faktoren" allein, die in rollentheoretischen Analysen des Lehrerberufs vorrangig diskutiert werden, lassen sich aber die Lehrerlebensgeschichten ebenso wenig reduzieren wie auf das pädagogische Verhältnis Lehrer – Kind.

In ihrer sprachlichen Form und in ihren Erzählinhalten repräsentieren die Biographien Gesellschaftsgeschichte aus der Perspektive des Volksschullehrers und der Volksschulehrerin einer besonderen Generation und in einem besonderen nationalen bzw. lokalen Kontext – in unserem Fall eine Generation, die die sozialen und politischen Katastrophen dieses Jahrhunderts in Deutschland und Holland nicht nur erfahren, sondern auch überlebt hat. Es sind also nicht nur Lebens-, sondern auch *Überlebensgeschichten*[2]. Herr Liebe aus Berlin bringt dies auf den schlüssigen Satz: „Ich habe Glück gehabt."

Das „Überlebensmotiv" bildet in einigen Lebensgeschichten überhaupt so etwas wie ein *Leitmotiv,* und wir haben aufgrund unserer Gesprächserfahrungen mit den alten Lehrern den Eindruck gewonnen, daß so ein Leitmotiv in jeder Lebenserzählung steckt, klarer oder verdeckter, gebunden an ganz individuelle Umstände oder verschmelzend mit allgemeineren Bewegungen.

In den hier präsentierten sechs Lebensgeschichten scheinen uns die folgenden leitenden Motive auffindbar:

Für die Erzählerin Else Krause könnte die Erfahrung des Widerspruchs zwischen behüteter sozialer Herkunft im gutbürgerlichen Berliner Haus und lebenslanger Konfrontation mit Kindern und Eltern aus nicht-bürgerlichen Häusern, aus Arbeiterfamilien zum größten Teil, ein die lebensgeschichtliche Erzählung bestimmendes Motiv sein. Auch hier ist die Erfahrung dieses Widerspruchs Basis für die Kraft der Erzählerin, sich als Frau und Lehrerin durch alle Katastrophen hindurch zu behaupten.

Die Erzählung des Berliner Lehrers Erich Liebe ist zentriert um die Erfahrung der Kriegsverstümmelung – des Verlusts der rechten Hand im ersten Weltkrieg – und das Erlernen des Überlebens. Diese Erfahrung, in langjähriger berufsfremder Arbeit als Bankangestellter in der Weimarer Republik wie später als Lehrer gewonnen, ist nicht nur lehrerspezifisch. Sie ist als Überlebenserfahrung – das spiegelt auch die Berliner Erzählweise Erich Liebes – kennzeichnendes Element der Lebensgeschichte jener Menschen, die als Berliner die Katastrophen ihrer Stadt erlebt haben.

„Ich hatte – wie ich immer sage – Glück", heißt im Kontext der Lebenserzählung Erich Bielings allerdings auch immer: „Ich habe mir das Glück genommen." – „Glück" war die Basis eines Lebens, in dem das Ich des Erzählers sich durchsetzen konnte – trotz der erdrückenden politischen und geselschaftlichen Situation der Kriege und des Faschismus in Deutschland. Erich Bieling wird nie zum Mitläufer; er bewahrt seine Identität als ein für die ihm anvertrauten Kinder engagierter Pädagoge und gleichzeitig als Mensch mit seinen privaten Interessen. Die ausgehaltene, gelebte Spannung zwischen beiden Polen ist der Inhalt der „Glücks"-Erfahrung.

Auch in den holländischen Lebenserzählungen sind Leitmotive erkennbar; zum Teil sind sie durch den anderen nationalen Raum, die andere historische Entwicklung geprägt, zum Teil sind es Themen, die von diesen Besonderheiten unabhängig sind.

Die Erzählerin, Frau Haas, stellt den Prozeß ihrer Auseinandersetzung mit dem Katholizismus in den Mittelpunkt ihrer Erinnerungen. Ihre Lösung vom Katholizismus ist dabei sowohl Teil ihrer Emanzipation als Frau wie Teil ihrer Emanzipation von der bestimmenden Gestalt ihres Vaters. Sie erreicht diese Emanzipation über ihren Beruf als Lehrerin, hiervon wird ihre pädagogische Arbeit mitbestimmt.

Eine dieser Erfahrung konträre Bindung an den Katholizismus durchzieht die Erzählung des Lehrers Bart van Elsen. Es ist die lebenslange engagierte Praxis eines überzeugten Katholiken und Lehrers, sozusagen ein pädagogisierter Katholizismus.

Auch sein Kollege van Adrichem ist überzeugter Katholik, und doch geht es in seiner Geschichte viel mehr um die Erfahrung des sozialen Aufstiegs und das in diesem Prozeß gewonnene gesellschaftliche Bewußtsein von einer in Klassen eingeteilten Gesellschaft. Die drei großen Stationen seiner Karriere – Eliteschule – Arbeiterschule – Mittelstandsschule –, führen ihm in der Klassengestalt der Schulen die Klassenstruktur der Gesellschaft vor Augen.

Dieser sehr vorläufige Versuch einer Benennung von Leitmotiven, die in den Lehrerlebenserzählungen enthalten sind, soll auf die besondere Aussagekraft dieser schul- und zeitgeschichtlich eigentümlichen Quelle aufmerksam machen. Anders als in den herkömmlichen sozialwissenschaftlichen Berufs- und Lehrerrollenanalysen, in denen von außen kommende, objekthafte Aussagen gemacht werden, produzieren sich in den Erzählungen die Subjekte selbst.

Wir betrachten den erzählenden Lehrer und uns zuhörende Fragende als Produzenten von biographischem und schulhistorischem Material, denn beide Seiten, Erzähler wie Zuhörer, sind in einem solchen lebensgeschichtlich ausgerichteten Gespräch aktiv und betroffen. Und was den mühsam und zeitaufwendigen Forschungsprozeß dann auch so befriedigend macht, verglichen mit anderen wissenschaftlichen Methoden der Erkenntnisgewinnung, wie standardisierten Befragungen oder klassischem Quellenstudium, ist eben diese Aktivierung beider Partner, des „Wissenschaftlers" und des „Informaten", das nicht Standardisierbare, das aus der Begegnung und der Kommunikation hervortretende Moment von Spontaneität. Für einen kurzen aber wichtigen Abschnitt im Erkenntnisprozeß ist die historisch gewachsene Trennung zwischen „Erkenntnisobjekt" und „Erkenntnissubjekt" wenigstens ansatzweise aufgehoben.

Freilich wird die Befriedigung über diese aufgehobene Trennung auf jeweils verschiedene Art erfahren: den alten Erzähler befriedigt möglicherweise, daß da einer kommt, der sich für seine Erinnerungen und Erfahrungen gründlicher interessiert als in der gängigen Alltagskommunikation; den jüngeren Zuhörer befriedigt, daß er direkt teilnimmt an der Produktion von Erinnerungsmaterial. Übrigens schließt diese Befriedigung keineswegs Erlebnisse von Ungenügen, Angst oder Trauer aus. Ungenügendes Einfühlungs- und damit Fragevermögen; Angst vor der Konfrontation mit unbekannten Erzählern (werden sie erzählen?); Trauer über unüberbrückbare Erfahrungen aufgrund der dreißig, vierzig Jahre, die zwischen „ihnen" und „uns" liegen.

Sechs Lehrerlebensgeschichten aus zwei verschiedenen Ländern – diese Angaben zeigen deutlich genug, daß es hier nicht um ein abgeschlossenes Projekt geht. Wir begreifen uns eher als Mitarbeiter an einer (Wieder-)Belebung der biographischen Methode und Oral History Tradition[3], die in den letzten Jahren auch in unseren beiden Ländern zu vielerlei Diskussionen und Projekten geführt hat. Dabei haben wir freilich den Eindruck, daß die Möglichkeiten von Oral History von den Erziehungswissenschaften, insbesondere der Lehrerforschung, noch kaum erkannt sind, und vielleicht kann unser Beitrag dazu dienen, daß sich dies verändert.

In unserem Verständnis vertritt die Oral History nicht nur eine besondere Wissenschaftstradition, sie beharrt auch auf einem erzählend-literarischen Moment. Erinnerungsinhalte werden nicht nur faktisch berichtet; sie werden im Akt des Erzählens in eine unverwechselbare sprachliche Form gegossen. Die Geschichten unserer Lehrer-Erzähler liegen in einem Übergangsfeld zwischen Wissenschaft und (Alltags-)Literatur; damit wäre auch das Interesse, sie zu lesen nicht rein wissenschaftlicher Art.

Im Gegensatz zu anderen schulhistorischen Quellen wird bei einem erzählend-biographischen Ansatz die Tatsache nicht ausgespart, daß das Berufsspezifische, die Arbeit als Lehrer, eingebettet ist in gänzlich andere Lebensbereiche und Lebenserfahrungen. Wir können die wissenschaftliche Bedeutung dieser Tatsache vergleichen mit dem Alltags-Ahaerlebnis des Schulkindes, das seine Lehrerin auf der Straße Arm in Arm mit ihrem Freund gehen sieht. Aus den Erzählungen wird auch deutlich, daß die Berufsinterpretation sich nicht in erster Linie (im Extremfall gar nicht) an den „offiziellen" Interpretationen wie Schulgesetzen und Erlassen, pädagogischen Konzeptionen usw. orientiert – so gesehen entzerrt das subjektive Material geradezu den objektivistischen „bias", der in der Arbeit mit traditionellen Quellen nur allzu leicht entsteht. Biographische Forschung ermöglicht es, einen historisch wirksamen „geheimen Lehrplan" aufzudecken, und zwar verbunden mit den gesellschaftspolitischen Ereignissen außerhalb des „pädagogischen Schonraums!"

In der biographischen Erzählung gehen Lehrer auch auf berufsspezifische „Überlebensstrategien" ein; im Umgangssprachlichen könnte man von „Tricks" sprechen, mit denen der Schulalltag bewältigt, die eigene Arbeitskraft erhalten bzw. verausgabt wird: Wie hält man Ruhe und Ordnung? Wie fesselt man die Kinder? Wie geht man mit den Kindern und Eltern der verschiedenen Gesellschaftsklassen um, wie mit den Vorgesetzten? Derartige Überlebensstrategien unterliegen zwar Veränderungen, heutige Lehrer überleben anders als damalige. Diese Veränderungen stimmen aber nicht unbedingt mit den offiziellen Zäsuren überein, die durch die Einführung neuer Schulformen oder einer reformierten Lehrerausbildung gesetzt werden. Damit machen die Lehrer-Erzähler uns darauf aufmerksam, daß wir vielleicht zu ganz anderen Forschungsfragen und -methoden kommen müssen, wenn wir Veränderungen im Schulwesen untersuchen. Interessant wäre in diesem Zusammenhang, aufeinanderfolgende Lehrergenerationen nach berufsspezifischen und durch die Zeitumstände beeinflußten Überlebensstrategien zu befragen.

Ins Auge springen schon bei unserer kleinen Auswahl Leidener und Berliner Lehrer die länderspezifischen Kontraste und verweisen damit auf die Fruchtbarkeit einer „interkulturellen" Oral History, insbesondere auch der Notwendigkeit regional-lokaler Schulforschung. Deutlich sollte sein, daß es hier nicht um d e n deutschen und d e n holländischen Lehrer geht, sondern um eine sehr besondere Gruppe aus beiden Ländern. Man müßte gewiß sehr viel mehr Lehrerlebensläufe sammeln, wollte man vergleichende Aussaugen in dieser Richtung machen.

Zum Abschluß wollen wir noch auf das Zutandekommen der hier dokumentierten Lehrerlebenserzählungen eingehen[4]. Beim Leser könnte der Eindruck entstanden sein, er läse erzählgetreue Aufzeichnungen. Das ist nicht der Fall. Die Erzähltexte in ihrer vorliegenden Gestalt sind vielmehr das Ergebnis eines mehrschichtigen Arbeitsprozesses, den man – etwas schematisch – in eine *Reduktions-*, eine *Rekonstruktions-* und eine *Vermittlungsphase* zerlegen kann:

Die Reduktionsphase

Bei der Bearbeitung der Gespräche lassen sich zwei Reduktionsstufen unterscheiden (was die holländischen Texte angeht, kommt die Übersetzung als dritte Stufe hinzu); sie dokumentieren sich in zwei Materialformen:

1. im Tonbandprotokoll:
   Die Reduktion der ursprünglichen Gesprächssituation, die im Tonbandprotokoll vorgenommen wird, läßt sich als Verlust des sinnlich-kommunikativen Kontextes charakterisieren. Es gehen eine Reihe sehr verschiedener Komponenten des Gesprächs verloren: die sozialen Rituale (Begrüßung, gemeinsames Kaffeetrinken, Unterbrechungen); die Atmosphäre des Raumes und seiner Einrichtung; die Gestik und Mimik vom Erzähler und vom Zuhörer/Fragenden. Ihren eigentlichen Ausdruck findet diese Reduktion in der Ablösung der Stimme vom sinnlich wahrnehmbaren Erzählkontext. (Hier stellt die audio-visuelle Präsentation eines Gespräches einen gewissen Komrpomiß dar.)
2. im Transkript:
   Die entscheidende Reduktion, die hier erfolgt, besteht in der Verwandlung des akustischen Materials in schriftliches. Das Gespräch erhält die Gestalt eines Textes. Jeder, der schon einmal ein Transkript gemacht hat, weiß, wie der Bedeutungsgehalt durch z.B. Interpunktion sich verändern kann. Der Widerstand, der noch vom akustischen Material ausging, fällt jetzt weg. Denn die lebendige und individuelle Sprachbearbeitung – in der Sprachfärbung, im Dialekt – kann textlich nur sehr unvollkommen dokumentiert werden.

Die Rekonstruktionsphase

In der *Montage* erfährt der Text selbst Veränderungen, die vom Weglassen einzelner Wörter, Satzteile oder ganzer Passagen bis zur Herstellung (durch Umstellungen zum Beispiel) neuer Sinnzusammenhänge reichen können. Ausschlaggebend dafür sind die Interessen des Monteurs, die im „Verdichten" des Materials zu leitmotivischen Aussagen zum Beispiel bestehen können oder methodisch orientiert sind. Im letzten Fall werden kurze Passagen des Gesprächs zitiert, um methodische Aussagen zu belegen. Wir haben vor allem „verdichtend" montiert und haben auch soweit als dienlich und möglich unsere Fragen weggelassen, um einen „Erzählfluß" zu suggerieren.

Die Vermittlungsphase

Die in den beiden vorangegangenen Phasen besprochenen Arbeitsprozesse werden in der Vermittlungsphase in drei verschiedenen sozialen Situationen sichtbar:

1. in der Konfrontation des Erzählers mit der Montage: Der Erzähler kann – kommentarlos oder ausdrücklich zustimmend – die Montage akzeptieren. Er kann aber auch korrigierend, glättend oder ergänzend eingreifen. Kennzeichnend für diese Situation ist die mögliche Eigentätigkeit des Erzählers; sie kann soweit gehen, daß er die Montage umschreibt und ein neues Produkt schafft.

   Unsere Erzähler machten, wie wir schon in den Eingangsskizzen angedeutet haben, unterschiedlichen Gebrauch von ihren Eingriffsmöglichkeiten. Dafür zwei Beispiele: Herr v. Elsen wies uns (die Leidener) schon am Ende des ersten „Gesprächszyklus" (zwei längere Gespräche), als wir ihn fragten, ob er mit den Gesprächen und deren Verarbeitung zufrieden sei, darauf hin, daß wir ihn nach einigen, ihm sehr wichtigen Schulerfahrungen nicht gefragt hatten. Dies nahm M. du Bois-Reymond beim zweiten „Gesprächszyklus" (wiederum zwei lange Gespräche) zum Anlaß, um ihn nun ausdrücklich nach eben diesen Erfahrungen zu fragen. An dem hieraus entstandenen schriftlichen Text änderte Herr v. Elsen dann nur noch marginale Dinge und war mit dem Produkt einverstanden. Er hatte also von seinem Eingriffsrecht relativ früh Gebrauch gemacht.
   Anders etwa Herr Liebe. Er nahm die Endfassung seiner Geschichte fast kommentarlos zur Kenntnis, hatte keine Einwände. Hier war offenbar bereits im Akt des Erzählens und Zuhörens der Konsens hergestellt.
   Wir haben noch zu wenig Erfahrung, um sagen zu können, an welchen Umständen es liegen kann, wenn ein Erzähler in dieser Phase stärker, ein anderer weniger „eingreift".

2. in der Integration von visuellem und anderem schriftlichen Material in die Montage:
   Das hieraus entstehende Produkt ist das Ergebnis der Arbeit des Erzählers und des Monteurs. Fotos und Dokumente, die in die Montage eingeführt werden, sind Versuche, die verlorene sinnliche Qualität der ursprünglichen Kommunikation zurückzugewinnen oder auch Vermittlungen mit außerhalb des Erzählers liegenden Quellen.
3. in der Vermittlung des Textes in seiner Endfassung an Dritte:
   Erst durch die Veröffentlichung und Verbreitung des Textes in seiner Endfassung wird die individuelle lebensgeschichtliche Produktion des Erzählers und die Bearbeitung, die sie erfahren hat, auch für Außenstehende rezipierbar. In diesem Augenblick ist eine neue historische Quelle verfügbar, die als Bestandteil einer öffentlichen gesellschaftlichen Handlung wahrgenommen und diskutiert werden kann.

In dem hier skizzierten Verstehens- und Arbeitsprozeß liegen auch Möglichkeiten, die dieser Art der Rekonstruktion von Lehrerlebens- und Schulgeschichte über ihre pädagogisch-historiographische Bedeutung hinaus eine praktisch-pädagogische Funktion für die Aneignung von historischer Erkenntnis gibt. Geschichte von Schule, Unterricht und Lehrerberuf kann hier im Prozeß der Begegnung zwischen alten, „gewesenen" Lehrerinnen und Lehrern und jungen, „werdenden" Lehrerinnen und Lehrern angeeignet werden. Aus den Erfahrungen der Alten lernen, heißt, ihre Lebensgeschichten nicht nur als Anekdoten zu genießen, sondern als Teil der Geschichte der gegenwärtigen Gesellschaft zu erkennen. Dieser Erkenntnisprozeß ist kompliziert. Er erfordert das Entschlüsseln der lebensgeschichtlichen Einzelheiten als Elemente der Teilhabe an gesellschaftlicher Praxis als Lehrer. Die lebensgeschichtliche Erzählung muß also in ihren gesellschaftlichen Kontext, der in den Erinnerungen selbst nur rudimentär und vermittelt erscheint, zurückversetzt werden. Das kann nicht nur mit akademisch-historischen Arbeitsweisen geschehen. Ohne die Teilnahme der alten Lehrer – der Erzähler – selbst, ohne Rückfragen an sie und vertiefenden Diskussionen mit ihnen kann das nicht gelingen.

Eine aktive Verarbeitung der Lehrerlebenserzählungen könnte zu einer anderen Form der Aneignung pädagogisch-historischen, aber auch pädagogisch-praktischen Wissens führen: Alte und junge Lehrerinnen und Lehrer könnten über ihre Geschichten sich selbst und ihre Gesellschaft besser erkennen lernen.

Anmerkungen

1 Wir haben Gespräche mit pensionierten Lehrerinnen und Lehrern in Westberlin (B. Schonig) und in Leiden/Holland (M. du Bois-Reymond) gemeinsam mit Studenten geführt. Im Berliner Projekt waren das Lehrerstudenten und Studenten der Sozialpädagogik, in Leiden Soziologiestudenten. Jeder von uns hat bisher mit seiner Gruppe etwa 30 Kollegen und Kolleginnen nach ihrer Lebens- und Berufsgeschichte gefragt, zum Teil in ein- bis zweimaligen Gesprächen, zum Teil wesentlich öfter. Dabei hat die Berliner Gruppe die Betonung auf die freie Lebenserzählung gelegt, während die Leidener Gruppe daneben deutlich auch schulhistorische und gesellschaftspolitische Fragen stellte und insofern strukturiertere Gespräche mit den alten Erzählern führte. Dies hatte nicht zuletzt damit zu tun, daß in Holland die historische Pädagogik bzw. eine historisch orientierte Erziehungswissenschaft im Vergleich mit anderen Ländern im Rückstand liegt.
Unsere Arbeit ist, soweit sie gemeinsam verlief, finanziell vom *Leids Universitair Fonds* unterstützt worden, wofür wir sehr dankbar sind.

2 Als wichtige Lektüre für unseren Vorschlag, die Lehrergeschichten auch im Sinne von „Überlebensgeschichten" zu verstehen, insbesondere was die Zeit des deutschen Faschismus betrifft, erachten wir das auf historischen Interviews beruhende Buch von J. Köhler: *Klettern in der Großstadt* (Berlin, 1979).

3 Eine sehr gute Einführung in inhaltiche und methodische Fragen der oral history ist der von L. Niethammer herausgegebene Reader: *Lebenserfahrung und kollektives Gedächtnis* (Frankfurt, 1980). Siehe auch D. Baacke und Th. Schulze (Hg.): *Aus Geschichten lernen* (München, 1979) sowie P. Gstettner „Biographische Methoden in der Sozialisationsforschung" und M. Kohli, „Lebenslauftheoretische Ansätze in der Sozialisationsforschung", beide in K. Hurrelmann und D. Ulich (Hg.): *Handbuch der Sozialisationsforschung* (Weinheim/Basel, 1980).

4 Der hier vorgelegten Veröffentlichung vorausgegangen sind: M. du Bois-Reymond und B. Schonig „Lehrerleben", in *Ästhetik und Kommunikation* H 39 (März 1980); dies. „Lehrerbiographien: ‚Und da sagte mein Vater, ich solle Lehrer werden'", in *päd extra* 9/1980; M. du Bois-Reymond „Die Fragenden und die Erzähler zu Produzenten machen" und Bericht der Berliner Projektgruppe „Lehrerlebensläufe", beide in *Mitteilungen & Materialien* Nr. 11/12 der Arbeitsgruppe Pädagogisches Museum 1980 (Westberlin, 1980); M. du Bois-Reymond „Erfahrungen mit erzählter Schulgeschichte" (unv. Man., Febr. 1981). Vgl. auch: Projekt Lehrerlebensläufe. In: Jahrbuch für Lehrer 6. Hrsg. v. I. Beck u. H. Boehncke, Reinbek 1981. S. 302-314.